免费打官司

牵手公平正义 播撒法治阳光

U0863216

法援集结号②

——《法律援助在行动》系列节目丛书

本书编写组 编写

中国出版集团
中国民主法制出版社

图书在版编目（CIP）数据

法援集结号 2 /《法援集结号 2》编写组编写 .— 北京：中国民主法制出版社，2018.2

ISBN 978-7-5162-1477-0

Ⅰ . ①法… Ⅱ . ①法… Ⅲ . ①法律援助 — 概况 — 中国 Ⅳ . ① D926.5

中国版本图书馆 CIP 数据核字（2017）第 054332 号

图书出品人 刘海涛
出 版 统 筹 乔先彪
责 任 编 辑 董 理

书　　名 法援集结号 2
作　　者 本书编写组 编写

出版 · 发行 中国民主法制出版社
地　　址 北京市丰台区玉林里 7 号（100069）
电　　话 63055259（总编室） 63057714（发行部）
传　　真 63055259
http: //www.npcpub.com
E-mail: mzfz@ npcpub.com
经　　销 新华书店
开　　本 16 开 710 毫米 × 1000 毫米
印　　张 16 **字数** / 221 千字
版　　本 2018 年 3 月第 1 版 2018 年 3 月第 1 次印刷
印　　刷 北京中兴印刷有限公司

书　　号 / ISBN 978-7-5162-1477-0
定　　价 / 32.00 元

编委会名单

目　　录

CONTENTS

I 刑事类

1. “妻子”老家有丈夫　主讲人：陈靖雅　1

六旬老汉娶了保姆，岂料保姆拿钱走人。老汉儿子追寻保姆下落，发现保姆竟是有夫之妇。老汉状告保姆重婚，可她却大呼冤枉。保姆究竟有什么不可告人的目的……

2. 招来的女婿是罪犯　主讲人：袁　琳　12

父亲一心要招上门女婿，并要求女婿签署了入赘协议，谁知如愿三年后女儿突然要告女婿强奸，女婿也声称若离婚要按协议索取赔偿，原来一切皆因几年前父亲拆散女儿和其前男友而起……

3. 丈夫外出打工之后　主讲人：刘　畅　21

村民丁大福一家全部意外死亡：一锅还没吃完的米饭旁边横七竖八地躺着5口人早已气断命绝，经查，米饭中含有剧毒鼠药。而端来米饭的，竟是一个6岁的孩子，更令人惊愕的是，指使孩子送饭的，居然是死者丁大福的弟媳妇……

4. 杀妻凶手来自首　主讲人：党红艳　31

正在外地打工的赵扬得到消息，说他在老家的儿子赵念亲涉嫌抢劫被警察带走。万念俱灰的赵扬回到了老家的公安局，但他不是来看儿子，而是来自首！一起沉寂了十三年的杀妻案终于告破……

5. 放不开手的爱情　主讲人：周　密　40

北京的一个冬天的早晨，贾立强的妈妈来到儿子家看孙女，打开门一股浓烈的煤气味儿迎面扑来，贾妈妈慌忙走进房门却发现儿媳妇谢彩霞惨死家中，儿子和孙女也不见踪影……

6. 教训“表哥”出人命　主讲人：张丽娟　49

一个软弱的中年男人怀疑妻子和她“表哥”关系不正常，于是试图找机会教训这个“表哥”，殊不知背后另有隐情，妻子早已对“表哥”动了杀念，一场误会将夫妻二人同时送进了大狱。

7. 谁害死了丈夫　主讲人：杨　琳　59

刘培红和丈夫在家大吵一场之后，丈夫摔门而出，一夜未归，第二天竟惨死河中。婆婆怀疑是自己逼死了丈夫，一群陌生的男人又上门追讨巨额债务，要求腾房。究竟是谁害死了丈夫？一张小叔子的保证书，揭开了一个惊天的秘密……

8. 山中猎“物”　主讲人：舒　盈　68

偏远的少数民族山寨频现怪事，寨民开始以为是神灵鬼怪作祟，于是设坛烧香、驱鬼作法。可是怪事依旧发生，接着“野人”之说由此传开，弄得全寨人惶惶不可终日。可是，偏偏有一个人不相信，半夜持枪进山猎“物”，没想到，却竟然意外地打死了一个人……

9. 被泼硫酸的女人　主讲人：陶立昕　77

丈夫遭遇车祸，为不连累妻子提出离婚，而妻子却无意间发现了精心设计的阴谋，丈夫竟然有了已经怀孕的情人，这场闹剧最终被一瓶泼在两个女人身上的硫酸叫停……

10. 金钱诱惑后求撤案　主讲人：陈海航　86

一个妙龄女子，披头散发，衣衫不整地跑到警察局报案，说自己被人强奸了。可是，几天之后她却要坚持撤案。当初那个强奸她的人居然变成了她的男朋友！警察通过抽丝剥茧，终于发现了这起真假强奸案背后的真相……

11. 被女友隐瞒的过去　主讲人：刘贺强　95

男子接女友下班，恰遇女友遭人骚扰。男子救下女友，追问之下得知女友竟然隐瞒了不为人知的秘密。男子一心只为保护女友，却不料自己与女友一同锒铛入狱……

12. 作伪证之后　主讲人：王　敏　104

师父被奶牛顶伤，找牛场老板索赔，徒弟贾龙作为目击证人却出卖了他。原来贾龙被被告收买了。事后贾龙向师父悔过认错，决定再次出庭为师父作证，不料却又出了事，被公安局抓了起来。徒弟被抓，二审开庭没了证人，师父的官司还能赢吗？

13. 杀夫盲女　主讲人：窦龙斌　113

美貌村姑叶小兰被未婚夫王水生残忍伤害。失去双目之后，她又遭遇两段不幸婚姻。最终，叶小兰不堪虐待，杀死了第二任丈夫。……惨案背后，她到底经历了什么？

14. 亡妻归来　主讲人：王立军　124

王宇因重男轻女的思想，经常酒后打骂妻子，妻子忍受不了喝农药死亡。妻子死后，王宇良心发现，感觉对不起妻子，陷入深深的自责，经常晚上梦见死去的妻子。一次王宇又梦到了亡妻，女儿也说母亲托梦给她，让用真钱到坟前祭拜，否则家里还要有血光之灾。为了弥补对妻子的愧疚，王宇信以为真，将真钱埋在坟前，当三天祭拜完后，真钱却不翼而飞……

15. 找老伴闹出人命　主讲人：孙军军　134

刘卫国中年丧妻，妻子给他留下了一大笔赔偿金，后刘卫国经人介绍认识了离婚女人张翠，两人已谈婚论嫁，刘卫国却突然将未婚妻杀死在出租屋内……

16. 捡来的儿子像丈夫　主讲人：蒋亚丽　143

妻子“偶然”捡到一个弃婴，在抚养过程中发现弃婴长得越来越像丈夫。满心疑虑的妻子下定决心去做亲子鉴定。鉴定结果印证了丈夫的出轨事实，妻子愤而将弃婴卖给他人。然而令妻子没有想到的是，弃婴的身世却另有隐情……

17. 绝望的爱恋　　主讲人：黄莉凌　153

午夜的街头，突然传来女子呼喊："救命！"的声音，一名男子正手持尖刀疯狂追赶她。警察赶到时，两人都身中数十刀倒在血泊中，一死一伤。他们竟是一对曾经的恋人，是什么原因导致悲剧的发生？

18. 谁侵犯了女儿　　主讲人：赵素玲　163

十三岁少女意外怀孕，是少女早恋，还是被人强暴？少女自己以为是早恋，为了保护自己的恋人，不得不去冤枉无辜的老人，可是少女不知道的是，使她怀孕的却另有其人……

Ⅱ民事类

19. 变心的妻子回来了　　主讲人：袁　琳　173

父亲听信算命先生之言，安排了儿子的婚事，儿子偶遇车祸，媳妇卷款出走，没过几天又突然出现，父亲才知道算命先生早被买通，而亲家此时为向儿子索要车祸赔偿款而来……

20. 离婚抢儿子　　主讲人：杨　帆　181

女子失恋后闪婚嫁给痴呆丈夫，却发现已怀有前男友的孩子。公婆勉强同意女子生下孩子，却始终心怀芥蒂。女子下定决心诉讼离婚，夫家却为延续香火强行抢走孩子。法庭上，律师调取铁证查清孩子身世，助女子争得抚养权。

21. 丢失的传家宝 主讲人：袁 琳 190

刘老夫妇祖传红木衣橱失窃，后在一家红木家具店被发现，店主拿出一纸合同称系出价9万元正规购买，合同上竟签着刘老夫妇儿子的名字，而老人的儿子突然死亡，衣橱能否追回……

22. 虚假的结婚证 主讲人：黄莉凌 199

身怀六甲的张琳正满怀欣喜地期待孩子的出生，而她的丈夫却突然失去联系，多方寻找之后，她才发现自己这四年幸福生活，竟然是这个男人编造的美丽谎言里，这究竟是怎么回事呢？

23. “骚扰”女下属，人财两失 主讲人：李 辉 208

她在和上司一起出差的途中被上司猥亵，报警后，上司被警方处以行政拘留10日的处罚。没想到，行政拘留结束后，上司不仅不悔改，还倒打一耙，四处散播是受她勾引的谣言，公司包庇纵容上司的恶行，她身为受害人却被公司劝退。面对困境，她该怎么维权？

24. 一张收条惹的祸 主讲人：崔保国 217

一张只有简单几行字的收条，源于一场简单的交通事故。却因为这张收条，引发耗时一年多的多场诉讼，先后产生三份不同的民事判决。为什么一起简单的交通事故，变得如此复杂呢？都是这张收条惹的祸。

25. 坠入桥下的小客车 主讲人：崔保国 226

一天深夜，一辆小客车正在通过施工中的公路桥，突然撞倒桥栏坠入河中，经过抢救车上两名男子均因溺水而死亡。车辆为何会突然坠桥，谁该为这起事故负责？

26. 婆媳矛盾丈夫身亡 主讲人：党红艳 234

大学毕业刚参加工作的李琴家境贫寒，与男朋友的婚事一直遭婆婆反对，奉子成婚后因买房子写谁的名字与婆婆发生矛盾。赌气与丈夫提出了离婚，收到离婚判决当天丈夫却意外身亡……陷入困境的李琴该何去何从？

跋 243

“妻子”老家有丈夫

推荐单位：黑龙江省法律援助中心

主讲人：黑龙江省法律援助协会志愿律师　陈靖雅

关键词　宣告婚姻无效、重婚罪

2015年4月的一天，下午4点多钟，退休教师老夏正如往常一样在家悠闲地看电视，这时电话响了，是他的大儿子夏明打来的。老夏刚接起电话，就听见电话里传出夏明焦急的声音：“爸，你实话告诉我，你银行账户里的钱都去哪儿了？”

老夏被问得先是一愣，然后开玩笑地说：“好小子，我身体还硬朗着呢，你就惦记上你爸这点儿钱啦？”

可夏明的语气却不像是开玩笑，夏明沉着声音说：“我找朋友刚查了你的银行账户，里面可一分钱都没有了，你不会把这钱都给那个女人了吧？”

老夏根本不理会他，说：“怎么可能，怎么能没钱呢，这存折一直好好地放在家里，你余阿姨保存着呢。”

听见这话，夏明恨不得把电话摔了，他几乎快吼起来，说道：“爸，你怎么这么糊涂呢，你怎么能把你的钱交给她呢，准是她把你的钱都拿跑了。”说着，没等老夏答话，夏明就挂断了电话，直奔老夏家。

老夏听得一头雾水，夏明口中的“那个女人”，实际是老夏一年前再婚找的老伴儿，叫余秋桂。老夏今年62岁，有一儿一女，3年前，老夏的老伴儿因病去世了，从此之后老夏的生活就完全被打乱了，饭没人做，家没人收拾，生病时连个倒水的人都没有。虽说有一儿一女，可儿女都有自己的家庭和事业，逢年过节的时候能来看一眼就不错了。

后来，老夏家请了个保姆，这个保姆就是余秋桂。自从余秋桂来了后，老夏的三餐每天有人准时准点做好，衣服三四天就有人洗好，吃饭时，有人给夹菜，在沙发上睡着了，有人给盖被子，老夏心里别提多美了。余秋桂爱说爱笑的，嗓门还挺大，平时只要余秋桂来家里，老夏家就顿时变得热闹起来。和老夏一样，余秋桂也是丧偶，她老家在农村，都 50 岁了，还一个人来城里打工，挺不容易的。两年多下来，老夏与余秋桂渐渐对彼此都产生了好感与依赖，于是，两个都失去另一半的老人最终走到了一起。

到了晚年，还能找到个知冷知热的人是多好的一件事儿啊。可老夏的儿女却不这么看，他们嫌弃余秋桂来自农村，又只是个保姆，对此事是一百个不同意。

大儿子夏明早早就表态了，说:“爸，你都六十多岁的人了，还要找老伴儿，不怕人笑话啊？就是你不怕我们还怕呢，传出去让人家以为我们不养活你呢。”

小女儿也嘀咕着:“我们给你找保姆是为了方便照顾你，你却一声不吭就和保姆好了，你怎么也是一个退休教师，娶家里的保姆就不怕人家说三道四吗！”

老夏气得肺都快炸了，心想着当初你们两个结婚，我可是一个“不”字都没有，凭啥我的婚事要让你们说三道四？最后，老夏不顾儿女们的反对，硬是和余秋桂去民政局办理了结婚登记。

在一起的想法是挺好，可婚后的日子却过得并不容易。主要原因就是老夏的儿女总来家里生事，特别是夏明，和余秋桂都闹了好几次矛盾了。在夏明看来，老夏之所以能看上余秋桂，绝对是老头岁数大了、糊涂了，让保姆花言巧语几句就给忽悠了。夏明觉得老头好骗，自己可不能认。夏明盘算着，这件事不能就这么算了，他要撵走余秋桂。

于是夏明三天两头往老夏家跑，来了之后就还像以前使唤保姆一样，叫余秋桂做这做那，而且以前叫余秋桂做事时还是客客气气的，现在可倒好，简直就是呼来喝去，故意让余秋桂难堪。不但如此，夏明还经常在余秋桂耳朵边念叨一些难听的话，说什么谁家的保姆不要脸，色诱男主人了，或者谁家再婚的老伴儿居心不良把老头给杀了的新闻。余秋桂知道他那是指桑骂槐，脸是红一阵白一阵，心里那叫一个不是滋味儿。

为这事儿，余秋桂也没少埋怨老夏，说："当初，是你说好都能摆平的，现在还不是我要受欺负，早知道这样我还不如不嫁了。"老夏也是左右为难，这一边是儿女，一边是老伴儿，自己也批评过儿女了，总不能以后和儿女断绝往来吧。

夏明就这么折腾了一年，除了给老两口儿添了不少堵，也没起到什么效果。夏明见人是撵不走了，决定换个思路，想着撵不走人的话，就得看着点儿老爸的钱包。于是，夏明就托银行的朋友，帮自己盯着老夏的银行账户。可他没想到的是，这一查可出了问题，银行的朋友告诉他，老夏账户里的钱几个月前都被取走了，现在卡里已经一分钱都没有了！

于是就发生了前面提到的那一幕，夏明心急火燎地给父亲打电话问是怎么回事，当他得知老夏把银行卡交给了余秋桂，夏明简直要气炸了，挂了电话就飞速直奔老夏家。

夏明赶到老夏家，正好余秋桂也在，夏明二话不说，上来就质问余秋桂："我爸存折里的钱怎么都没了？"

余秋桂一听，眼神有些躲闪，好半天才说："我和你爸结婚了，这是我们两个人的事儿，既然你爸把钱交给了我，钱怎么花就我说了算。"

夏明步步紧逼，说："我早就说你一个保姆本事真大，不但能勾引老头嫁进我们家，还能骗走他的钱。"

听夏明这话这么难听，余秋桂忍不住激动地喊道："我现在不是保姆了，我是你后妈，轮不着你管我！"

这时，老夏在一旁也终于不再沉默了，他大喊一声："都给我住嘴！"紧接着他又对夏明说："你先给我回去，有什么事我们自己谈。"

要说老夏此时，也是既纳闷又着急，开始时他还不相信，但看见余秋桂刚才这态度，老夏猜测，这钱应该是真的被余秋桂取出来了。存折里的钱说多不多，说少不少，8万多元，可是自己攒了一辈子的积蓄，是为了怕自己以后有个病有个灾，到时候拿出来的救命钱啊。存折是自己亲手交给余秋桂保管的，密码也是自己告诉她的，可这么大一笔钱，余秋桂就是想花怎么也该和自己商量一下啊。

夏明走后，没等老夏开口，余秋桂就开始又哭又闹，嚷嚷着这个家没法待了，所有人都可以欺负她，说她自己嫁过来之后受了多少气，早知这样真不如不嫁了。说着，还一个人跑回屋把门给锁上了。

老夏一看她这个样子，叹了口气，心想着等她明天情绪稳定了再谈吧。

老夏一觉醒来，余秋桂却不见了。开始时老夏还以为余秋桂是起得早去买菜了，可是从天明等到天黑，余秋桂仍然没回来，而且电话打了无数遍都没人接。眼见天越来越黑了，老夏慌了，害怕余秋桂出事，赶紧给夏明打电话，让他过来帮着找人。

夏明赶到后，脸拉得老长，说："还怎么找？准是事情败露，她心虚拿着钱逃跑了，她老家在哪儿？亲戚朋友你都能找着吗？"

老夏摇了摇头，说："我就知道她有一个儿子，叫小超，在老家。我只知道村子的名，具体在哪儿我说不清楚，要不我去找找吧。"说着，就要往外走。

夏明一把拉住父亲，说："你上哪儿找去，走吧，咱们报警吧。"

老夏和夏明来到了派出所，老夏对民警说："我想找人。"可夏明却突然眼睛一亮，提高了音量说："我们不找人，我们要报案，我爸后找的老伴儿骗婚，把我们家的钱拿跑了。"

没想到夏明会这么说，老夏狠狠瞪了他一眼，想叫他住嘴，可民警却让夏明继续说。

当夏明把这事情的来龙去脉告诉民警后，民警告诉他们："目前的这种情况不能认定为诈骗罪，因为余秋桂已经和老夏生活了近一年的时间，而且也没有证据证明余秋桂就是以非法占有老夏家钱的目的才接近老夏，嫁给老夏的。"民警说："这应该就是家庭矛盾，事情还得在找到余秋桂后再作了解。"

于是让他们先回去。

临走时，夏明特意让民警查了一下余秋桂的户籍所在地。

一夜过去了，余秋桂还是没有消息，这一宿，老夏是翻来覆去睡不着，第二天天一亮就嚷嚷着要去余秋桂老家找找。夏明由于担心老爸，所以前晚压根儿就没回去，早上还没睡醒，见老爸穿戴好衣服要走，连忙拦住老夏，打了个哈欠说："就你这身体，可别瞎折腾了，这要去我替您去还不成吗？你就在家等电话吧。"

按着民警给的地址，夏明坐了一天的客车，又跟乡亲们不断打听，总算找到了余秋桂的老家。进了村子，老乡热情地告诉他，沿着大路一直走，拐两个弯，看见一个刚盖好的二层小楼，就是余秋桂的家了。

到了门口，夏明"当当当"敲了三声门，不一会儿，门开了，而这开门的人，正是余秋桂。

看到夏明，余秋桂一愣，一时之间没反应过来，不知道他是怎么找到自己这里的。

夏明冷笑着说："怎么？我找到你可不容易，也不请我进家里坐坐？这房子不错啊，挺新的，这盖房子的钱不会就是从我爸存折里取的吧？"说着，也不等余秋桂招呼，就推门走了进去。

刚进门，一个二三十岁的壮小伙子就从里屋走了出来，他就是余秋桂的儿子，叫周超。

这自己儿子在身边，余秋桂可算有了底气，说："你跑这儿来干什么，我还是那句话，你爸把存折给我了，我爱怎么用就怎么用，你管不着。"

一听余秋桂上来就胡搅蛮缠，夏明对她说："那你和我回去，咱们找我爸当面把这事说清楚。"

余秋桂瞪了他一眼，说："我还不准备回去了呢，回去等着看你们几个儿女都给我摆脸色啊，你帮我告诉你爸，以后我就和我自己儿子过了！"

夏明一见余秋桂不肯和自己回去，就连蒙带吓地对她说："我告诉你，你偷我爸的钱这是犯法，我都报案了，你要不把钱拿回来到时候警察就来抓你。”

余秋桂吓了一跳，当初她之所以把钱偷偷取出来，是因为周超给她打了电话，说要结婚，可是盖房子的钱不够，如果余秋桂能想办法把钱给他凑上，周超承诺，以后余秋桂养老送终的事他绝不含糊。余秋桂眼见老夏儿女个个不是省油的灯，以后肯定指不上他们给自己养老。而且老夏都这个年龄了，万一哪天说没就没了，自己到时候不得被他儿女撵出家门啊。但自己手上的钱并不够，于是她就偷偷把老夏存折里的钱取了出来，汇给了周超。那天夏明来家里这么一闹，余秋桂自知理亏，也没想好怎么办，于是第二天天没亮就跑回了老家，想找儿子商量。现在听夏明说他们竟然报案了，余秋桂暗想，自己这么做不会真的犯法吧？

余秋桂在心里还盘算着这事怎么办，半天没说话。周超以为自己妈这是被吓着了，对夏明叫骂道：“你爱上哪儿告就上哪儿告去，我妈还能白嫁你爸一回啊，拿他点钱花怎么了？你给我出去，我家不欢迎你。”

夏明也毫不示弱：“今天不把钱拿回来，我还不走了！”

周超一看夏明在自己地盘还敢闹事，就对他说：“有本事你就别走。”说着就跑了出去。也就十来分钟的工夫，周超带着一个五六十岁的男人，两人各抡着一个棒子跑进了门，追着夏明就是一通暴打。

夏明被打出了门，心里真是窝火，心想着你们不但拿了我们家的钱，还敢打人？还有没有王法了？看我不报警抓你们。于是夏明一瘸一拐地跑到了派出所。很快，民警就把周超和另一个打人的男人带回派出所讯问。根据民警的讯问，夏明这才知道另一个打他的人叫周子富，然而，让他意想不到的还在后面，民警调取了周子富的户籍证明，配偶一栏竟然赫然打着三个大字：“余秋桂！”

周超？周子富？夏明恍然大悟，这不就是父子俩吗？夏明怒火中烧，好你个余秋桂，骗我爸说丈夫死了，然后拿着我爸的钱，在老家一家三口团聚！这次算是被我抓着证据了！这回夏明没有鲁莽，他把周子富的户籍证明复印了一张，决定先回去，把整件事情告诉父亲从长计议。

老夏听夏明讲完事情的原委后，简直要背过气去，他不敢相信余秋桂真的会这么欺骗自己！但是想想又不对啊，他们两人领证的时候，他可是看过余秋桂的丧偶证明啊。夏明对他说："爸，你可别再信她了，那丧偶证明就不能是假的啊？她就是一骗子，处心积虑到咱家来骗钱的。"

老夏一遍一遍地拨打余秋桂的电话，可对方始终是无法接通。这时当初接待他们的民警给夏明打来电话，问："余秋桂是否找到了？"夏明回答说："找到了，人好好地在老家待着呢，不过就是不肯回来。"紧接着夏明又把他这两天的遭遇和他的新发现告诉了民警，问现在该怎么办。民警告诉他："如果事情属实，那余秋桂可能涉嫌重婚罪，不过重婚是刑事自诉案件。如果想追究她的刑事责任，可以自己直接去法院起诉。"

几天过去了，余秋桂还是没有一点儿消息，老夏的心渐渐凉了，自己真是遇到骗子了吗？最终，老夏来到了法院立案庭，提起刑事自诉，以重婚罪的罪名起诉余秋桂。

很快，开庭的日子到了。老夏没想到，这一别后再次与自己的"妻子"相见竟然是在法庭上，余秋桂看见老夏，就像见着仇人似的，狠狠地瞪了他一眼。

这一眼，老夏感觉很委屈，明明是余秋桂骗他在先，怎么好像又成自己错了。老夏定了定神，拿出了夏明当时在余秋桂老家派出所调出的周子富的户籍证明，他对法官说："余秋桂在和我结婚时仍然和周子富是婚姻关系，依据法律应该构成重婚罪。"

余秋桂一听，扯开了嗓门，激动地对法官说："我和周子富早就离婚了，我们是办过离婚手续的！"

说着，余秋桂还拿出了一张有些斑驳的《离婚调解书》，上面依稀能看见村委会的红章和村长的签字。

法官问她："那你和老夏登记时拿的那份儿死亡证明是怎么回事？"

余秋桂叹了口气，说道：“和周子富离婚后我又找了一个男人。都是二婚，也就没登记，在村里简单地摆了几桌酒，就算是结婚了。也不知道是我的命不好，还是那男人命不好，这好日子没过上几年，那男人就出了一场交通事故，让人撞死了。当时法院判交通肇事方赔偿家属丧葬费和死亡赔偿金一共二十多万，但当时我和那男人并没有领结婚证，想领这笔钱就要先开一份《丧偶证明》，证实我们是夫妻关系。我就去找了派出所，派出所了解情况后认为我们属于事实婚姻，所以就给我开了这份《丧偶证明》。”

听完余秋桂讲述的这些事，老夏的心情有点复杂，如果余秋桂说的都是真的，那她至少在感情上没有欺骗他，但是老夏之前从没听余秋桂说过，她曾经结过两次婚，老夏这时才觉得自己对这段婚姻是多么缺少了解。但是既然余秋桂和周子富已经离婚了，那怎么周子富的户籍证明上配偶一栏还会写着余秋桂的名字呢？

当法官仔细看过余秋桂提交的这份《离婚调解书》后，说了一句让所有人都震惊的话：“《离婚调解书》无效。”

无效？余秋桂傻眼了，她和周子富都分开这么多年了，而且和别人都再婚过两次了，这怎么离婚还能无效呢？

法官告诉她：我国法律规定只有双方在民政局办理的离婚登记手续或者是人民法院判决或调解离婚的，才具有法律效力。而其他部门或组织无权解除婚姻关系。从这个《离婚调解书》的落款和盖章上看，这个《离婚调解书》是由村委会出具的，所以并不具有法律效力，在法律上余秋桂与周子富仍然是夫妻关系。

如果余秋桂与周子富并未解除婚姻关系，那么她与老夏再婚，甚至是和第二个丈夫的事实婚姻都是一种重婚行为。根据我国刑法规定，有配偶又与他人登记结婚的，应构成重婚罪。但是法庭考虑到余秋桂的重婚是基于其主观上的一种误解，误以为村委会有调解离婚的行政职权，以为自己已经完成了离婚程序，所以余秋桂并没有重婚的主观故意，最后法院判决余秋桂不构成重婚罪。

离开法庭时，老夏叫住了余秋桂，没等老夏开口，余秋桂抢先说："你竟然想让我蹲监狱，那以后咱们两不相欠，不要再来往了。"

老夏又急又气，说："谁说两不相欠的？那我们现在还算不算夫妻？"

"法官说了，我和周子富才是夫妻。我和你没有一点儿关系。"余秋桂冷冷地回答。

老夏心灰意冷，对余秋桂说："那咱们就分开吧，但是我的钱你得给我拿回来，那可是我的棺材本，你不能说拿就给拿走了。"

余秋桂冷冷地说："钱是你自己给我的吧，不是我偷的、抢的吧？给出去的东西还有要回来的道理吗？"说完就转身而去。

这官司输了，老夏人没留住，钱也要不回来，急得都快病倒了。居委会主任在了解他家的情况后，主动来到了家里，对他说："你可以去咱们区的法律援助中心问问，咱们区有一个《老年人法律援助工作暂行办法》，凡是年满60周岁的老年人都可以申请免费的法律援助。听了居委会主任的话后，老夏立即来到法律援助中心。法援律师热情地接待了他，在了解了案情后，法援律师告诉老夏：现在要想把钱要回来，首先要解除这段婚姻关系，因为一般在婚内是不可以分割财产的。可现在不能通过正常的离婚程序解除，只能先起诉这段婚姻无效。在认定婚姻无效后，就可以要求余秋桂返还财产了。

那么老夏为什么不能直接起诉余秋桂离婚呢？离婚和宣告婚姻无效有什么区别呢？

从形式上看，离婚与宣告婚姻无效都是对婚姻关系的解除，但实际上两者却有着本质的区别：首先，离婚与婚姻无效产生的原因不同。离婚原因产生于夫妻感情确已破裂，而婚姻无效的原因是基于一种违法的事实，例如未达到法定结婚年龄，或者属于禁止结婚的亲属关系。

其次，离婚与宣告婚姻无效发生效力的时间也不同：离婚的法律效力是从婚姻关系解除之时开始，而宣告婚姻无效是一经法院判决，就绝对无效、自始无效，而且不适用于调解。

最后，离婚是对合法有效婚姻的解除，而婚姻无效则是用于对违法婚姻关系的解除。在本案中，余秋桂的重婚行为虽然不构成犯罪，但是客观上仍是一种违法的重婚行为，所以她和老夏的婚姻不受法律保护，不能通过正常的离婚诉讼程序解除，只能选择宣告婚姻无效。

老夏在法援律师的陪同下再一次提起民事诉讼，起诉与余秋桂的婚姻无效。法庭审理后认为，我国《婚姻法》第十条规定了重婚的，婚姻无效。老夏与余秋桂属于同居关系，依据婚姻法司法解释一第十五条的规定，被宣告无效的婚姻，当事人同居期间所得的财产，除有证据证明为当事人一方所有的除外按共同共有处理。本案中，老夏的存款都是在和余秋桂登记前就已经存在的，所以应属于个人财产。最后法院当庭作出判决，余秋桂与老夏婚姻无效，余秋桂返还老夏全部存款 8 万元。

听到判决，余秋桂愣在那里说不出话来，她有些后悔，自己折腾了这么些日子，不但竹篮打水一场空，而且又一次失去了自己的婚姻。这时她看到老夏走到她身边，听见老夏对她说："8 万你留下 2 万，还我 6 万就行，以后你照顾好自己。"余秋桂终于泪如雨下，她这时才意识到自己真正失去的是一个曾真心对她好的人。

律师点评：

在余秋桂与老夏登记时，是由于不懂法而不自知自己的行为可能触犯法律，但在老夏真心待她时她却卷走了老夏的毕生积蓄，这于情于法都难以让人接受。晚年的幸福已经向余秋桂敞开了大门，但是她的狭隘却让她错失了自己的幸福。这个案例暴露出老年人婚姻脆弱的一面，儿女问题、财产问题，如果处理失当，每件小事都会成为老年人婚姻道路上的障碍。老年人的婚姻如何呵护？这不只是个法律问题，更是一个社会问题。当法院宣布余秋桂和老夏的婚姻自始无效的时候，不知道在佘秋桂的内心，和老夏这些年的相处是否也可以当作从未发生过。

律师介绍

陈靖雅，法律硕士，黑龙江省法律援助协会志愿律师，哈尔滨市律师协会劳动关系与社会保障专业委员会委员。执业律师以来，并重律师实务与法律宣传。秉承法律援助宗旨，致力律师公益事业。现为中央电视台社会与法频道《法律讲堂》栏目主讲人。

本期节目总编导：郝燕飞

编导：李　威

招来的女婿是罪犯

推荐单位：上海市法制宣传教育联席会议办公室

主讲人：上海市法律援助中心　袁琳

关键词　入赘协议、婚姻自由不可违

2012年2月14日是西方的情人节，也是皇历上适宜嫁娶的好日子，这天，林盛带着自己26岁的女儿林燕和同样26岁的女婿李昊参加亲戚家的婚礼，就在全场安静地期待新人出场的时候，林燕突然冲着丈夫李昊拍案而起，大叫一声："我就是要离婚！"林盛脸一红，赶忙想拉女儿坐下，谁知林燕又对李昊说了一句震惊全场的话："你不同意离，我就去告你，你这个强奸犯！"林盛一惊，没想到女婿李昊也开了口："离婚可以，我们结婚的时候签过协议的，要离你得付我3年工资！"本来鸦雀无声的婚礼现场顿时炸开了锅，妻子为什么叫丈夫强奸犯？结婚怎么还有签协议的道理？离婚了竟然还要付工资？林盛在议论声中，连拉带推地把这对小夫妻带出了饭店。

林燕和李昊吵架已经是家常便饭了，可大庭广众下还是头一遭，着实让林盛在亲戚朋友们面前无地自容，岳父林盛心里清楚，当时女婿李昊是入赘来到林家的，婚前确实让他签过一份入赘协议，但没有想到，结婚后二人矛盾不断，但现在女婿李昊竟然在这么多人面前提出索要三年工资作为离婚赔偿也太不懂事了。当初结婚为什么要签一份入赘协议，女儿林燕说李昊是强奸犯，这又是怎么回事呢？

回到家，在父亲林盛的逼问下，林燕一把鼻涕一把眼泪地埋怨起父亲来："还不都怪你非要拆散我和刘义超！"刘义超又是谁呢？事情要从2008年开

始说起了。

刘义超是林燕的前男友，他们从大学时代就在一起了，眼看着毕业了，二人又被同一家公司录取了，上班后没多久，林燕就发觉刘义超和公司的一位女同事关系暧昧，这个女同事家庭条件极好，大家都传说她很快要辞职移民了，有好几个男同事都开玩笑，说要跟着她出国去做上门女婿。看着刘义超和别的女孩子在办公室打情骂俏，林燕心里不是滋味，有一次忍不住质问刘义超，刘义超信誓旦旦地说自己这都是装的，刚参加工作，要和同事们打成一片。又解释说：“公司有规定，不准搞办公室恋情，你看我们的关系都没敢公布，我怎么可能明目张胆地毁自己前途是不是？”说到这儿，刘义超索性叫林燕把工作辞了，说再筹备几个月就跟林燕结婚，以后自己来养家。听他这么说，林燕有些释怀，还真的就把工作给辞了，正当林燕满心欢喜要准备婚礼，半路却杀出了林燕的父亲林盛。

50 多岁的林盛是北方人，早年来到上海靠四处打工扎下了根，还供他的独生女儿林燕上了大学。他这个人性格豪爽，为人正直，但思想很守旧，总为了自己没有儿子而遗憾烦恼。正因为如此，他早就暗下决心，女儿林燕今后大了找男朋友，条件怎样都不重要，但一定要愿意入赘林家，改姓林。既然女儿林燕现在要结婚，那对方当然必须遵守他的规矩。

听到这个消息，刘义超的反应格外激烈，用他的话说，他的字典里根本就没有“入赘”这个词。面对刘义超前所未有的强硬态度，林燕心里头有些委屈，父亲思想守旧也就算了，毕竟几十年形成的观念很难改变，可刘义超的反应也太反常了，谈恋爱的时候，他还甜言蜜语不离口，现在真遇到困难了，怎么连商量的余地都没有呢？

一边是父亲林盛不断施压，声称刘义超不愿做林家的儿子，就不准林燕嫁给他；另一边是恩爱四年的男友，说要么林燕嫁到刘家，要么就分手，当时才 22 岁的林燕不知如何是好。想来想去，没法儿说服父亲，于是林燕想，何不趁父亲不注意，偷偷拿了户口本，带好自己的身份证去登记结婚，这样父亲不就无计可施了吗？带着这个想法，林燕赶去找男友商量，到刘家，见到的是刘义超的妈妈，她告诉林燕一个消息，让林燕彻底失去了方向。刘义超已经坐上了去美国的飞机，出国了。

他怎么突然去了美国呢？刘义超的妈妈无奈地告诉林燕，其实，刘义超早就买好了去美国的机票，而且，是和一个移民美国的女同事一起去的。这个女同事不就是当时和刘义超关系暧昧的女孩吗？刘义超不是口口声声说跟她是装样子吗？林燕没想到刘义超其实和那个女同事何止是关系暧昧，他们早就在一起了，而且感情发展迅速，这次女孩全家移民，带着刘义超一起去了美国。林燕顿时傻了，此时回想，怪不得刘义超一听说入赘的事儿，态度坚决得毫无转圜余地，原来早就做好了打算，而且，刘义超跟着别的女孩去了美国，这和入赘有什么分别？显然是拿入赘的事来推卸责任。她想到自己傻傻地瞒着家人，义无反顾地要嫁给刘义超，心里像刀割一样疼。现在刘义超走了，林燕工作也丢了，她该怎么办呢？

失去生活重心的林燕没有动力找工作，开始了天天酒吧买醉的生活，她一来是怨恨刘义超的无情，借酒消愁，二来借此买醉的状态报复自己的父亲，她想着再也不听父亲的话了。在林燕看来，父亲逼着刘义超入赘，是刘义超抛弃自己的导火索，那段时间父亲林盛也是无可奈何。那么她和李昊又是怎么认识的？当时到底发生了什么呢？

一天早上，林燕照例被剧烈的头痛闹醒了，睁开眼一看，自己躺在一个宾馆的房间，虽然心里很疑惑，但她知道自己昨晚又喝多了酒，想必是自己晕晕乎乎地找了个地方就睡了，也没在意。她准备离开的时候，突然被酒店的前台服务员叫住了："小姐，您还没付房费呢。"林燕停顿了一下，想到了自己空空的钱包，立刻回答："房间又不是我开的，干嘛要我付钱。"服务员一看客人拒付房费，立刻叫来了经理，林燕委屈万分，说："我说不是我开的就不是我开的，我不会付钱的！"经理见林燕想赖，将入住登记找了出来，上面写的正是林燕的身份证号。双方僵持不下，林燕主动打了"110"，警察很快赶来。由于双方各执一词互不退让，警察同志要求检查房间。这一查不要紧，结果让林燕大吃一惊！

林燕住的房间很凌乱，到处丢着用过的餐巾纸，警察同志还在垃圾桶找到了一只用过的避孕套！这些，林燕当时走得急，而且酒还没醒，根本就没注意。警察同志问林燕：“你昨晚是一个人来的吗？”林燕摇摇头：“我不记得了，应该是一个人吧。”警察同志又和酒店进行了确认，林燕入住之前，房间是经过认真打扫的，也就是说这些东西不可能是之前的住客留下的。林燕隐隐感觉到昨晚可能发生了什么，但由于她确实记不清了，在林燕的同意下，警方对她进行了检查。结果让林燕大吃一惊，检查结果证实了她昨晚遭到了侵犯。同时，酒店提供的视频资料中也证明了，林燕确实是在一位年轻男性搀扶下进行了入住登记，并一起去了房间。

说到这里，林燕怨恨地看了看林盛：“你只关心有没有儿子，你真正关心过我这个女儿吗？”林盛像被人浇了一盆冷水，他立刻追问：“这人难道就是李昊？后来警察怎么没处理？”林燕哭哭啼啼地继续说了下去。

这个人的确就是李昊，但为何他没有因为强奸而坐牢呢？原来，就在警察很快通过视频辨认，找到李昊的信息，准备作进一步调查时，林燕突然改口了。在警方的笔录中，林燕称自己只是在开玩笑，说和李昊是两情相悦，不存在强奸的情况。也正因为如此，警方决定不予立案。林盛听了，摸不着头脑，忙问：“这是为什么呀？”李昊在一边附和道：“对呀，你倒是说说看，为什么呀？”

面对质问，林燕支支吾吾说自己宽宏大量，不想追究，可李昊却对岳父道出了事情的经过。

当天晚上，他在酒吧看到林燕一个人在喝酒，见她年纪轻轻，长得挺漂亮，很是心动，却没有勇气上前搭讪，一直在一边观察。后来见她一个人东倒西歪地走了出去，也就跟在她后面，渐渐发现她醉得不轻，心里便起了歹念。带着林燕去了宾馆，用林燕包里的身份证作了登记，并且承认自己侵犯了林燕。

边说边理直气壮地拍拍胸脯说：“我李昊敢作敢当，当时我在林燕包里留了字条，写着我的手机号，后来还是林燕主动打电话给我的。”这就奇怪了，一个强奸犯竟然留了联系方式给受害人？更加奇怪的是，这个受害人竟然和强奸犯主动联系？听到这里林盛怎么也想不通，忙问林燕是不是真的，出乎意料的是，林燕低下头，轻轻地点了点。

原来实情是这样的。

林燕当天得知自己受到了侵犯，一回到家，就发现自己包里放了张字条，上面写着李昊的名字和电话，说希望进一步交往下去。林燕想打电话给警察，可转念一想又犹豫了。自己的父亲林盛是个极爱面子的人，当时为了和刘义超结婚的事情已经被林盛痛骂了一顿，如果自己被侵犯的事情被亲戚朋友知道，爸爸岂不是要把自己往死里打。想到刘义超，林燕又悲从中来，她狠狠地咬咬牙，心想，我就不信找不到愿意入赘林家的男人！就这样，鬼使神差地，她拨通了字条上的电话。

接到林燕的电话，李昊很意外，要不是见林燕年轻漂亮，着实让他心动，他也不会留了字条，没想到林燕真的给他打了电话。随后，两个人见了面。林燕见李昊也相貌堂堂的，心里本来的排斥感减轻了许多，谈话中，林燕提出了自己的要求：只要李昊同意结婚，并且入赘林家改姓林，自己就不告发他，并且愿意交往。李昊一听，惊讶得很，心想这女孩还真的是与众不同。再一想，自己从小没爹没妈，没人疼没人管，如今在上海租着房子，很难扎根，这突然天上掉下了馅儿饼，给了自己一个家，为什么不要呢？于是，李昊一口答应了林燕的要求。

那么案件开头提到的入赘协议究竟是怎么回事儿呢？当初林盛见女儿找到个愿意入赘的男青年，很是开心，但他清楚女儿的脾气，倔强起来根本不讲理，为了拴住李昊，同时也约束着林燕，他竟然想出个办法，那就是签署一份入赘协议，大致内容就是若一方反悔要支付对方赔偿金之类的条款。当时，林燕仗着手里握着李昊强奸自己的把柄，还特意加上一条，婚后自己不工作，由李昊赚钱养家。经过好一番争论，李昊签了字。婚后，林燕也就没有再找工作，过着饭来张口，衣来伸手的大小姐生活。

本来，在订立协议之初，林盛还担心，万一要是李昊反悔了，起码女儿还能有些补偿，没想到在结婚几年后，自己的女儿林燕却先反悔了。

虽然两个年轻人的结合背后还有着这样的隐情，可他们都结婚3年多了，李昊怎么说也承担起了一家之主的责任，在一家私营小公司做职员，朝九晚五地上下班。林燕这一边，既找到了个人赘老公，也舒舒服服地在家一直没找工作，到底什么原因让他们矛盾突然激化，闹出了婚礼上吵闹的那一幕呢？

面对林盛的追问，林燕不出声了，反而李昊委屈地开了口："爸，这你可得给我做主，林燕是在外面有了男人，才想着要离婚的！"这又是怎么回事儿呢？难道林燕真的有了婚外情吗？其实李昊口中这个外面的男人不是别人，正是林燕的前男友刘义超。

原来，自从结婚后，林燕就开始后悔，由于和李昊在生活习惯上的差异大，他们经常为琐事争吵，这让她再一次陷入了痛苦与纠结，她不甘心就这样过一辈子。就在这个节骨眼儿上，林燕突然又收到了刘义超的消息。

见不得不向父亲交代了，林燕往地上一跪，对林盛说："爸，我要离婚和刘义超在一起，这次你一定要同意！不然我就跪着不起来！"看来刘义超真的回来了，而且是回来和林燕复合的。他在美国好好的，怎么突然回来找林燕了呢？

原来，刘义超回国后找到林燕，说他当时去美国并不是故意要抛弃林燕，而是林燕的父亲林盛提出的入赘要求他实在没法接受，当时年轻气盛，一时冲动才去了美国，他说在美国这几年天天反省，自己真不应该那么轻易离开林燕，刘义超说现在专程回国是打算回来娶林燕的。听了这些话，作为家长的林盛本能地产生了怀疑，当初刘义超不愿入赘林家的坚决态度，还有突然不辞而别跟别的女人跑了的事情他都记忆深刻，这会儿怎么突然就浪子回头了？还没等他想个明白，林燕又开口了："爸，不瞒你说，我大半年前已经起诉过了离婚，当时法院没判离。我咨询过律师了，只要我再次起诉离婚，法院肯定会判离的，总之，这次我是离定了！"

听了他的话，李昊顿时明白为什么林燕突然拿强奸出来说事儿，原来就是一门心思想离婚，和这个刘义超复合，李昊心里不平，自己白白养活了林燕三年，可也不能吃亏，于是他说："想离婚容易啊，白纸黑字写着的，我们结婚三年多，你把工资付给我，我们两不相欠！"

林盛彻底没了主意，亲戚朋友们全都目睹了女儿女婿的闹剧，自己还没想好怎么交代，现在一边是女儿林燕跪在自己面前要离婚，另一边女婿李昊拿着协议要赔偿，这可怎么办呢？

当天，这一家三口人各自怀着心事回到了家。林盛始终没有表态，这可急坏了林燕，刘义超好不容易回心转意，她可不想再出什么差错，想来想去，即使是要赔钱，这婚也一定要离。

抱着这样的决心，林燕来到了法律援助中心，她想咨询一下律师，是不是需要另外起诉李昊强奸才能达到离婚的目的？离婚以后，真的要付李昊赔偿款吗？

听了她的疑问以后，法援律师给出了自己的意见。

法援律师认为，林燕和李昊当初结婚是出于双方自愿，不存在胁迫欺骗的情况，因此强奸和离婚是两件事，应当分开看。

首先分析强奸。从林燕的叙述来看，当时确实是李昊强奸了林燕，但就在公安机关立案调查后，林燕改了口，她的这个举动是自发的，并没有被李昊威胁，事后二人不但还有过多次性行为，而且最终成为了合法夫妻。因此法援律师认为不能认定李昊犯了强奸罪。

再对赔偿进行分析。入赘是中国传统文化中实际存在的一种婚姻缔结方式，不宜一概否认，但入赘协议却是约束夫妻双方维持婚姻状态的一种合同形式，它是违反婚姻自由基本原则的。

另一方面，我国《婚姻法》第四十二条规定："离婚时，如一方生活困难，另一方应从其住房等个人财产中给予适当帮助。具体办法由双方协议；协议不成时，由人民法院判决。"按照林燕的实际情况来看，婚后林燕没有工作没有收入，完全靠李昊养活，因此，起诉离婚时林燕可以向李昊要求适当帮助，即让李昊支付一定的扶养费。经过林燕的同意，法援律师代林燕向法院递交了起诉书。法院很快排期开庭，经过法庭审理，法院支持了原告林燕的诉讼请求，并最终判决李昊支付林燕扶养费每月600元。

拿到一纸判决，林燕终于松了口气。林盛见拗不过女儿，也只好作罢，说了句：“你爱跟谁过就跟谁过吧。”林燕像获得了特赦一般，赶忙奔向刘义超的住处，要告诉他这个好消息，可命运再次捉弄了她。刘义超又不见了。这一次开门的仍旧是刘义超的妈妈，她消瘦苍老了许多，一见林燕就泪如雨下。她告诉林燕，刘义超被警察抓走了，这是为什么呢？

刘义超的妈妈将刘义超回国的实情告诉了林燕。刘义超初到美国，住在那个女同事家里，女方家底殷实，刘义超渐渐养成了好吃懒做的坏习惯。女方看不惯，帮他找到一份餐馆打工的工作，可他不但经常旷工，还学别人抽烟喝酒，女方很快提出了分手，并把他从自己家里赶了出去。他习惯了大手大脚地花钱，现在突然没有了住的地方，很快沦落到了和人讨烟抽的地步。这个时候他想到了林燕的好，想到林燕的父亲林盛小有积蓄，而林燕对自己一往情深，不如回国找林燕做靠山，出于这个想法，他回国了，却没想到林燕已经结婚了。

不死心的刘义超使出了惯常的哄骗功夫，对林燕说自己当时出走是被林燕父亲所逼，而林燕也很快相信了他。没有想到的是，李昊不愿离婚，林燕虽然立刻起诉法院，但法院没有判离。接下来是漫长的等待，刘义超花光了身上的钱，他的妈妈为了逼他找工作，也不再给他钱接济他了，眼看着又要落到乞讨的地步，他想到问林燕借，可怕林燕知道了自己真实的情况，不愿意离婚嫁给他了，于是他想到了偷。在地铁上，他瞄准了一个女白领，并且偷到了她的钱包，还没出站就迫不及待地打开来看，里头竟然有几千元现金，他乐得手舞足蹈，没想到立刻就被警察抓个正着。

听着刘义超妈妈的叙述，林燕茫然了。看看手里握着的离婚判决，她苦笑了起来。上一次，刘义超抛弃自己远赴美国，自己天天买醉遭人强奸，只能嫁了个自己不爱的人；这一次，还是为了刘义超，她违背父亲的意志，顶着亲朋好友的压力，折腾了大半年，好不容易离了婚，却得知原来他回国只是为了钱。现在林燕离婚了，可拿着离婚判决，她感到前所未有的迷茫。父亲林盛眼看着女儿再一次失望，也无所适从。

父母总是希望自己的儿女好，但对子女婚姻的态度究竟应该加以指导还是横加干涉？这是值得大家深思的问题，如果林盛一开始就以引导的方式对待林燕的人生大事，最终让林燕自己去面对和抉择，那么林燕也许会更坚强独立，更懂得自我保护和对自己负责。

律师点评：

在司法实践中一般认为“第一次性行为违背妇女意志，但事后并未告发，后来女方又多次自愿与该男子发生性行为的，一般不宜以强奸罪论处”。本案中，李昊第一次与林燕发生性行为时确实违背了林燕的意志，但事后林燕不但未告发，还多次与李昊发生性行为，因此，李昊不符合强奸罪的构成要件。我国《婚姻法》第五条规定，结婚必须男女双方完全自愿，不许任何一方对他加以强迫或任何第三者加以干涉。李昊和林燕的婚姻系合法婚姻关系，应受法律保护。入赘婚姻在中国并不少见，双方自愿本无可厚非，但我国《婚姻法》明确规定了婚姻自由的基本原则。本案中，双方当事人签订的“入赘协议”明显与我国婚姻自由原则相悖，故不具有法律效力。

律师介绍

袁琳，生于1984年2月。毕业于法国高等经济与商业研究学院商业管理专业，复旦大学法学学士，中国人民大学新闻学硕士在读。任职于上海市法律援助中心。上海法治天地频道兼职主持人、央视社会与法频道“法律讲堂——法律援助在行动”节目主讲人，致力于宣传法律援助工作，让更多的困难群众知晓、了解和获得法律援助服务。

本期节目总编导：杨　晖

编导：闫红岩

丈夫外出打工之后

推荐单位：湖北十堰市法律援助中心

主讲人：湖北郧和律师事务所　刘畅

关键词　犯罪人的主观恶性程度、间接故意杀人

2010年刚刚开春，惊悚笼罩着原本宁静的小山村，大批警察来到村民丁大福的家里，现场一片狼藉，屋里横七竖八地躺着5具尸体，饭桌旁是丁大福，里屋的墙角白发苍苍的是丁大福的父母，屋檐下两个女儿，手里还捏着心爱的布娃娃，5人都是口吐白沫，早已气断命绝。一场灭门惨案就此发生，这家人究竟是怎么死的呢？

警方注意到了饭桌上那一锅还没吃完的米饭，经检验发现，米饭中含有剧毒的鼠药毒鼠强，有村民指认，米饭是一个6岁的孩子临近中午端进丁大福的家里，而当警方顺藤摸瓜找到指使孩子送饭的人时，令人惊愕的是，这个人竟然是丁大福的弟媳妇，名叫杜月华，这是一个什么样的女人？她为什么下此毒手，心狠手辣制造出这起灭门惨案？故事要从丁大福和弟妹杜月华的恩怨说起。

丁家只有丁大福和丁大贵两兄弟，大福是村里小有名气的能人，平时农忙，他种地养猪养鸡，农闲时在工地包工挣钱，日子一天过得比一天好，而弟弟大贵儿时摔伤后右脚有些残疾，加上书读得少，平日里就靠着大福、嫂子关照，眼见着弟弟大贵也到了谈婚论嫁的年纪。可是，大贵这条件还真不好找媳妇，哥哥丁大福就在山里面瞄了户姓杜的人家。杜家孩子多，还全是姑娘，家里穷，住在大山里，杜家老三名叫杜月华，年方22岁，长得眉清

目秀，于是，大福张罗着为弟弟大贵提着彩礼将杜月华娶进了家门。过了一年，兄弟俩就分了家，大福住东边厢房，弟弟大贵住西边偏房，平日里哥俩相互关照，日子也算过得去。

这年过了春节，大贵就和杜月华商量，想出去打工，好歹比在家刨黄土地，来钱快些。杜月华想想也是，就同意了。大贵这边收拾行装告别哥嫂，大福拍拍兄弟大贵的肩膀说："行呐，你自己出去闯闯也好，家里弟妹这边，有我和你嫂子在，不用担心。"

大贵外出打工，留下新媳妇在家，做大哥的也表了态，大福夫妻俩自然对杜月华关照有加，今天拿块肉，明天扯块布，后天扛袋粮，嘘寒问暖，十分周到。

大贵在外打工虽说收入不高，但省吃俭用，每个月也能给家里寄个千儿八百元，月华很知足，每每大贵从外地打电话回来的时候，她总是说哥嫂的好，让大贵放心。可是，这段时间，放下电话后的月华心里有些不安，可是又没法说出口，那就是，哥哥丁大福对她开始有了些微妙的变化。

丁大福在外包活儿的生意似乎不错，开上了两轮摩托车，穿上了皮夹克，还经常吆三喝四地吃吃喝喝，对杜月华出手也很大方，不仅仅送米送肉，从城里回来，还给月华买些漂亮的新衣裳，酒喝多的时候，大福也会凑在月华的脸边，嬉皮笑脸地开些暧昧的玩笑，农村里大伯子开弟媳妇的玩笑，也是常有的事情，杜月华也只是听着，不搭理大福。可是久而久之，她越发感觉不安，大福见到自己，眼神总是直勾勾地在自己身上乱转，有时还有意无意地碰下摸下自己的手臂，这让月华觉得很难堪，毕竟是大山里出来的本分姑娘，这亲情伦理不得不讲，她开始有意回避大福。

事情从嫂子生病住院开始严重起来。这一年，大福媳妇不知道为什么一病不起，从乡卫生院转到县医院一住就是三个月，月华悉心在医院照料嫂子起居生活，孩子们则交给了公婆看护，丁大福忙于包工做活，平时也难得到医院来一趟。

这天下午，月华跟嫂子说想回家看看，家里有段时间没有人了，顺便拾掇拾掇屋子，告别嫂子，月华搭车从县城回到家。

到家这天晚上，月华给大贵打了电话，把家里的近况跟大贵聊聊，她感觉有些累就早早睡下了，因为一个人害怕，月华留了盏灯。不知睡到啥时间，迷迷糊糊中，听到院东厢房那边摩托车轰鸣作响，过了一会儿，就听门外砰砰砰的敲门声，月华，睡了吗，哥有事儿跟你商量。听到是丁大福的声音，月华赶紧起身开门，大福浑身酒气踏进屋门。“哥，你又喝醉了，啥事啊，这么晚了？”“月华，这段时间你照顾你嫂子辛苦了，看哥给你买了什么礼物。”说着，大福就从身后拿出一个花花绿绿的内衣包装纸盒，上面印的是个半裸的性感女人。月华脸上一热，丁大福倒满不在乎地说：“弟妹，这城里女人呀，都穿这个，弟妹年轻，身材好，穿上这个肯定好看，让哥看看，买的合不合适？”说着说着，丁大福就一把抱住了月华，浑身上下乱摸，开始要解月华的衣裳扣子。这下可把月华吓坏了，忙说：“不行不行，哥，快放开我，赶紧出去，我害怕，我要叫人了。”

“叫人，哈哈，你叫啊，你喊啊，让爹妈，让大贵、让全村人都知道，你杜月华在勾引你大伯子呗。”

听到大福这样说，月华心里一犹豫，手上一松劲，身子一软，丁大福借着酒劲儿，趁势就强行把月华给霸占了。

第二天，受了欺侮的月华越想越委曲，越想越难过，越想越丢人，她想打电话告诉丈夫大贵，可是，她拿起电话又放下了，丈夫能相信自己吗？嫂子不在家，丈夫在外地，这空房孤男寡女，弟妹被大伯占了便宜，说出去谁相信呢？更何况，这村里姓丁的居多，上上下下都受过丁大福的关照，自己只不过是个外来户，丁家人的胳膊肘子可不会往外拐，这丑事一旦说出来，可真保不准跟丁大福说的一样，大家会说是杜月华自己耐不住寂寞，趁嫂子不在家勾引自家大伯呢？到那时，自己可是有嘴都说不清呀。想到这儿，月华只能抹抹眼泪，暂且作罢。

月华的沉默让丁大福越来放肆，此后，大福隔三岔五就趁着夜深人静，找机会钻进月华的屋里，一哄二骗三威胁，一次又一次地逼迫月华就范，要说丁大福也不含糊，对月华越来越好，吃的喝的穿的用的，一应俱全。可是，这算个啥事儿呢？月华也总觉得对不住在外的丈夫大贵，她打定主意，中秋节，大贵厂里放假回来探亲，自己就当面跟大贵讲清楚。

可是，丈夫能相信自己的话吗？知道了真相的大贵，会如何面对自己的亲哥哥大福呢？哥俩儿会不会为自己反目成仇？月华又应该如何在大贵和大福间立足呢？想到这些，月华是备受折磨。

然而，这一切的问题都变得不是问题了，因为丈夫永远没机会知道事实的真相——丁大贵他出事了。

天有不测风云，就在中秋节前的一天，大贵在厂里车间的天车上干活，一不留神从高空中掉下，正落在两堆货物之间，活生生地卡死在货堆夹缝中，噩耗传到家乡，月华眼前一黑，当场昏倒在地，醒来的月华感觉天塌了一般，买了车票就急匆匆地赶到出事现场。

由于丁大贵没签订劳动合同，厂方的赔偿消极被动，辩称大贵是自己违章作业身亡，只答应赔给月华5万元钱。无助的月华痛恨黑心的厂方却毫无办法，她在急切等待着从外地赶来的大福。

要说还是丁大福见过世面，有本事有能耐，他一听厂方要赖，一边安排几个家门兄弟，拉着横幅堵住了厂区的大门，一边找劳动局找工会找政府说理。事情开始有了转机，经过两天两夜的艰苦谈判，厂方最终给月华的赔偿款提高到了30万元。

这天，满眼血丝的丁大福把赔偿金如数交给了弟媳妇说：“月华，这30万元，是我弟弟大贵的卖命钱，你都留好，谁也动不了你一分一厘。”拿着钱的月华充满着对大福的感激，30万元对农村人来说，几乎是笔天文数字，大贵走了，虽说我是丁家媳妇，可是没生孩子，如果不是大福，这钱怎么可能会落在自己手上？想到这儿，先前对大福所作所为产生的敌意和仇恨，竟然一下子烟消云散了。

丁大福似乎看出了杜月华的心思，说：“弟妹，你进了我丁家的门，就是我丁家的人。大贵走了，你哪也不要去，你还住在我家，有我们一口吃的，就不会让你饿着，有我丁大福在，没人敢欺负你。”

听到大福这样讲，月华的心里真是暖乎乎的，此时孤立无助的她，有种“背靠大树好乘凉”的感觉。她打心底感谢大福，甚至对与大福的暧昧开始有些庆幸，如果不是那样，大福能对自己这样好吗？ 30万拿不到手不说，说不定，早就被老丁家撵出了家门。

想到这儿，问题仿佛一念之间得到了解决，月华对与丁大福的不伦之情，有种如释重负的感觉。可是，一个严重的问题出现了，月华发现，自己竟然怀孕了。

死去的丈夫大贵半年未回过家，在家的月华竟然怀孕了，她掐指算算，好生难堪。而得知消息的丁大福却欣喜若狂，要知道，大福生的是两个丫头，一直没有儿子，本想继续生养，妻子生病后根本就是废人，离婚再娶吧，这妻子毕竟还在，抛弃病重的妻子另娶新房，这大福也做不出来。如果月华怀的是个儿子，不仅自己有儿子了，丁家不也续了香火，岂不是一举多得的好事儿。

于是，大福极力阻挠月华拿掉这个孩子，并做好了妻子和父母的工作，妻子的身体一天天不好，生活基本无法自理，知晓私情的嫂子也无力阻止。年迈的公公婆婆更不用说，家丑不可外扬，更何况这还关系着丁家续香火的事，他们也就睁一只眼，闭一只眼。

十月怀胎，一朝分娩。月华真的生下了一个白白胖胖的男孩，大福大贵是亲兄弟，这孩子长得也跟大贵一个模样，加上大贵去世没多久，或者是村里人也乐得狗扯羊腿的事儿，孩子是死去大贵遗腹子这事儿，也没人再去深究。

抱着儿子的大福兴奋又激动地说：“月华，你给我老丁家添了后，让我大福有个儿子，你放心，我一辈子会对你好，你嫂子也没几年光景了，到时候我就把你月华明媒正娶，接进我大福的家门。”

听到这话，月华更是觉得这丁大福真的是她命里的贵人，而丁大贵只是个过客，她杜月华和丁大福才是真正的一对，想到这儿，月华心里憧憬着未来，接下来的日子，月华以一个女主人的姿态，尽心尽力操持着家务，孩子一天天长大，家里家外收拾得有条有理，可是，月华能够等来明媒正娶的那一天吗？

要说大福这嘴可真够毒的，6年后，妻子再也无法忍受病痛的折磨和人生的苦难，不治身亡。料理完妻子后事的大福看起来喜气洋洋，完全没有悲伤的气息，当晚竟然喝得酩酊大醉。

可是，接下来的日子，月华没见大福再提起明媒正娶这事儿，大福在外更忙了，就连到自己屋里来的时间也是越来越少，偶尔大福来过夜的时候，月华小心翼翼地问起，大福也是故意避开这个话题。

这年端午节后，让月华担心的事情终于发生了。这天，大福从外头领回来了一个年轻的女孩，浓妆艳抹，穿着暴露，一看就不是正经人家。俩人在月华、孩子和老人面前，也不避讳，打情骂俏，卿卿我我，月华一下子明白了，原来这大福是喜新厌旧，嫌弃自己人老珠黄不漂亮了。

这天夜里，月华找到了大福说："我问你，你是不是想娶那个小狐狸精？"大福一愣，转而笑嘻嘻地说："是呀，你吃醋啦，月华，你看，咱们毕竟是大伯和弟媳妇的关系，我弟弟大贵又去世了，我丁大福好赖是个人物，抢我弟弟的饭碗，说出去也不好听呀，你放心，我大福说过，一定会照顾你们母子一辈子。"

月华听着就急了，说："丁大福，我在你家做牛做马这么多年，你忘记当年给我明媒正娶的承诺吗？你这个骗子。"听到这话，丁大福一下子火了："怎么啦，还较劲是吧。你一家人吃我的，喝的我，还想怎么的？我警告你，不是我丁大福，你杜月华今天就在街上要饭。别狗坐轿子，不识抬举。"说罢摔门而去，月华泪流满面，伤心不已。

该来的总是要来的，转眼到了中秋，让月华最担心的事情终于发生了，丁大福大操大办地把那个年轻的女孩娶进了家门。

新进门的媳妇当然看不起土里土气的月华，呼前喊后把她当作老妈子使唤，稍不如意就把月华臭骂一通。这大福眼里只看到小媳妇娇美，根本没把月华当成一回事儿。

事已至此，有人劝她再找个人家，可是，嫁进丁家门时，月华是个22岁年轻貌美的小姑娘，经历了人生悲欢苦难的她，此时已是个拖家带口的农村妇女，哪有人家肯接纳这个拖着油瓶的负担呢？

月华无法忍受人生的屈辱，她想到了远走他乡。可是这孩子怎么办？虽然是丁大福的儿子，可是毕竟也是自己亲生的啊。她向大福提出，要带孩子到南方打工，丁大福用奇怪而警惕的眼神上下打量着她说："怎么，好吃好喝地供着你还不成，你不是想把我儿子拐走吧？不需要你打工挣钱，你就在这儿好好给我带好儿子，给我老实点，敢往外跑，小心我打断你的腿！"

无情而冷漠的咒骂让月华觉得丁大福变了，变得她根本不认识了，可是，她哪里料到，丁大福的变化才刚刚开始。

小妖精就是小妖精，新婚后的大福沉迷于声色当中，不思进取，整天和小媳妇吃喝玩乐，坐吃山空，月华苦口婆心地劝大福要好好做事，丁大福就说，做工程今日不像当初，项目是有，但得垫资筹钱，现在资金紧张，要不你先借我点儿周转周转？月华经不住丁大福巧舌如簧，加上又想让大福迷途知返，就拿了10万元给大福。

此后，大福开始找各种理由找月华要钱，一会儿要买材料，一会要发工人工资，没过几个月，月华手里的30万元，就被丁大福以各种理由折腾得所剩无几，打下了一堆的欠条，月华找他催要，大福就推说业主拖欠工程款，结了款就连本带息还给月华，月华的心里越发感觉到不安，此后发生的一切，让不安变成了恐惧。

一天夜里，几个凶神恶煞的汉子闯进了家门，将丁大福痛打一顿，声称不还他们的钱，就放丁大福的血，原来，丁大福染上了赌博的恶习，月华的钱根本没有拿去做工程、买材料，全部用于了赌博，还欠下一屁股赌债，年轻貌美的小媳妇见势不妙，远走高飞，音信全无，丁大福债台高筑，实在无力偿还，看到大福被打得浑身是血，遍体鳞伤，月华咬咬牙，拿出了最后仅有的3万元，打发这帮人离开，救下了大福。

知晓真相的月华哀求大福能够改邪归正，迷途知返，大福表面应允，可是一回头又走进了赌场，这天夜里，输了钱的大福喝得醉醺醺回来，月华骂他恶习不改，要为自己的儿子着想，被说恼的大福，一个巴掌扇在月华的脸上说:“什么我的儿子，你那儿子还不知道是谁的野种！”听到丁大福这样讲，月华发疯般上去和大福撕扯，换来的，是大福更凶更狠的一顿暴打。

抚摸着伤痕累累的痛处，月华整夜无法入睡，她再也抑制不住心中的悲痛，号啕大哭起来，想到多年来的忍辱负重，换来的竟然是今天这个下场，大福的暴打让她彻底清醒，这个狼心狗肺的东西，原先所谓的照顾自己，明媒正娶，不过是想长期霸占自己所找出冠冕堂皇的托词。现在的丁大福，竟然连自己的亲生儿子都可以不认，大贵用命换来的30万元也被他挥霍一空，自己已经没有什么留恋了！月华的心里燃起了仇恨的火苗，血债血偿，父债子还。对，就让他亲生儿子亲手捅下致命的一刀！想好了计划，月华没有血色的脸上，竟然挤出一丝冷笑，等待丁大福的究竟是什么呢?

天亮了，月华看到东屋躺着的丁大福还在鼾声如雷，临近中午，她蒸了锅米饭，掺入了无色无味的毒鼠强，喊过儿子，叫他送到东屋的饭桌上就赶紧回来，6岁的儿子听从妈妈的安排，将米饭端了过去，回来后月华就带着孩子离开，回到了娘家。

让月华万万没有想到的是，她和儿子离开后，公公婆婆带着丁大福的两个女儿过来找大福，看到大福刚刚起床，老两口看桌上有现成的米饭，就下厨炒了几个菜，一家五口人围着桌子吃起午饭，一桩恶性投毒灭门惨案就这样发生了。

检察机关以故意杀人罪批准逮捕了杜月华，对于这样一起涉及5口人的灭门惨案，是否应当判处死刑，在当地引起了广泛的争议，罪该万死，法无可赦的呼声高涨。根据《法律援助条例》，被告人杜月华可能被判处死刑而没有委托辩护人，当地法律援助中心为她指派了法律援助律师。在看守所，法援律师见到了杜月华，令他惊讶的是，这个被社会上形容成投毒杀人的可怕恶魔，只不过是一个身形瘦弱的普通村妇。

法援律师在了解案情后，申请法院对月华的儿子与杜月华、丁大福进行亲子关系鉴定，经人民法院允许后，委托了司法鉴定机构，结果显示，根据DNA遗传分析认为，孩子确系杜月华和丁大福所生。庭审辩护中，法援律师提出，杜月华对老人和孩子的死亡，并不是积极追求的结果，只是放任了结果的发生，这又是什么意思？

直接故意，指明知自己的行为，必然或者可能发生被害人死亡的结果，并且希望这种结果发生。间接故意，指明知自己的行为可能发生被害人死亡的结果，并且放任这种结果发生。

最高人民法院认为，在直接故意杀人与间接故意杀人案件中，犯罪人的主观恶性程度是不同的，在处刑上也应有所区别。间接故意杀人，虽然造成了死亡的后果，但行为人故意的性质和内容是截然不同的。应当区分犯罪的性质和故意的内容，要避免只要有死亡后果，就判处死刑的做法。

人民法院经过审理后，采纳了法援律师提出的辩护观点，最终以故意杀人罪判决杜月华死刑，缓期两年执行。

律师点评：

月华的命运是可悲的，丈夫大贵早年工伤惨死，侮辱霸占她的丁大福最终无情地抛弃了她。绝望的月华，亲手制造了这起五口老小的灭门惨案，丁大福和老父老母共赴黄泉，月华自己锒铛入狱，6岁的孩子被送进了福利院，后来被社会好心人士依法收养。

我们在感叹月华命运的同时，唾弃丁大福的不仁不义。然而，如果月华起初面对大伯的骚扰，能够勇敢地站出来进行抗争，今天家破人亡的悲剧完全可以避免。正所谓，哀其不幸，怒其不争，因为她性格的懦弱，最终酿成人生一杯无法下咽的苦酒。希望通过今天的案例，能够提醒读者朋友们，遇事要能够勇敢地拿起法律武器维护自身的合法权益，避免冲动引发无可挽回的人生悲剧。

律师介绍

刘畅：湖北郧和律师事务所主任，湖北省十堰市律师协会副会长。先后荣获全国优秀律师、湖北省劳动模范、湖北省现代服务业领军人才、湖北省法律援助工作先进个人、十堰市首届优秀公益律师、十堰市十大杰出青年提名等荣誉称号，获得司法部和CCTV社会与法频道2014年度、2015年度《法律援助在行动》优秀主讲人及《法律讲堂》最佳进步奖。

本期节目总编导：杨　晖

编导：赵　钊

杀妻凶手来自首

推荐单位：山西省吕梁市离石区法律援助中心

主讲人：山西省吕梁市离石区法律援助中心　党红艳

关键词　故意伤害致人死亡、故意杀人

北方的十月，秋意渐浓。这天早上，山西某县公安局刑警大队来了一位衣着破旧、满脸疲惫的中年男子。他犹豫着推开一间办公室的门对屋里的民警说："我叫赵扬，我要自首。"这名男子说他要自首还真不是闹着玩的，他坦白说自己就是当年城边上那起杀妻案的凶手！民警们一听突然紧张了起来，看着这个干瘦又苍老的男子，他真的就是凶手吗？那他为什么要杀死自己的妻子？又是什么原因让他13年后前来自首呢？

事情还要从16年前说起。赵扬家在县城边上的一个村子里，他是家中的独子，从小就性格内向不善言语。母亲自生了他就身体不好，还没等到他成年便去世了。虽然家里不是很富裕，但父亲还是托人给他定下一门好亲事。女方叫秀秀，和他年纪相仿，模样俊俏。两个人见面后处了三四个月，赵扬感觉还行，秀秀也没意见，他们很快就定了亲，结了婚。

我们再说这位秀秀。在认识赵扬之前，秀秀和同村一个叫王建成的小伙儿谈过恋爱。可是两个人一个属鸡，一个属狗，按农村人的说法："龙逢兔儿云端去，金鸡见犬泪交流。"农村人讲究属相不合是不能成亲的。所以，因为双方父母的反对，两人只好分手。分手之后的秀秀心灰意冷，之后媒人给她介绍赵扬，处了一段时间，觉得赵扬没什么大毛病，也就草草结婚了。

赵扬和秀秀两家的村子隔了三五里地，成亲之前关于秀秀的事情，赵扬

也略知一二。其实，于秀秀而言，对赵扬真没什么太深的感情，也就是因为必须得有这么个人一起搭伙过日子。就这样的感情基础，日子过得自然也就寡淡。赵扬也不是感觉不到，妻子对自己不冷不热的，他难免会朝旁处想，总是怀疑妻子的心还在那个人身上，两个人常常为这事吵架。一年后，赵扬和秀秀的儿子出生了。这有了儿子之后，两个人的注意力全集中到儿子身上，夫妻感情有所好转，赵扬觉得，这日子过得越来越像个家了。

可好日子没过几天，两口子之间就出一件大事。这天是六月初七，孩子快过周岁生日了，秀秀说想回娘家商量商量如何给孩子过生日，就收拾了点东西，坐上公交车走了。可事不凑巧，公交车没走几步远就坏在路上。这时，正好王建成也就是秀秀的前男友骑着摩托路过。六月的天气，烈日当头，又抱着孩子，能碰见个人捎自己一程，秀秀觉得还挺幸运，也没多想，就搭着王建成的摩托回了家。

秀秀前脚刚回娘家，她搭王建成摩托这事后脚就传回了村里。按说光天化日的，即便是两个人以前有过点什么，搭个摩托也不该有人说什么闲话。但这事要是落到一些爱搬弄是非的人嘴里，就大不一样了。这不，赵扬快进自家大门时，碰上村里一个绰号叫“二喇叭”的光棍汉。这个人，自己娶不上媳妇，还眼红别人家过得好，见到赵扬后，“二喇叭”表情怪异地问赵扬：“兄弟呀，又忙着去地里？你媳妇去哪了？”

还没等赵扬回答，“二喇叭”又压低声音，煞有介事地说：“我就告诉你了吧，不想让你蒙在鼓里，吃这亏！你媳妇又去会老相好了，有人都看见了，前晌的时候就在村口的玉米地里头……”

本来这话落到个正常人的耳朵里，也不是个事儿。光天化日的，秀秀还带着个孩子，用脚趾头想一想都明白不是那么回事。可赵扬不那么想，因为他心里本来就埋伏着个小鬼，一听这些鬼话，立刻唤醒了他的心魔，好像他也活灵活现地看到了当时的情景，脑子立马就乱了。之后“二喇叭”再说什么，他都听不清了，神情恍惚着回了家。

迷迷糊糊进了家门，赵扬坐在炕头上一根又一根地抽着烟，“二喇叭”

的话还一直在耳边回响。他越想越觉得是那么回事，原来妻子是找借口回去见前男友了，想着想着，甚至脑子里还浮现出了妻子和前男友卿卿我我的场景，赵扬一阵阵地怒火攻心，不由得握紧了拳头。也就在这时候，秀秀抱着孩子回来了。刚进门孩子就呛得直咳嗽，秀秀就问：“屋子里烟熏火燎的咋抽这么多烟？”“咋了？你说咋了？我还想问你呢，你上哪儿鬼混去了？是不是把孩子扔给你妈去找你那老相好了？”赵扬劈头盖脸就责骂起来。

赵扬这么一问，秀秀心里的委曲一下子就上来了，冲着赵扬大声喊道：“你这是什么话，公交车坏在半路上，我怕孩子中暑，搭了个摩托，你发什么神经呢？”赵扬的父亲听见两个人又吵架，过来劝了几句也没见两个人收敛，又听着是说儿媳妇以前对象的事，就抱着孙子出了院门，去了邻居家里躲清静。

老人和孩子都不在了，两个人没了顾忌吵得更厉害了。赵扬喊道：“原来你们还真是见着了啊，别人说得不假嘛，你做了见不得人的事，你还有理了？”说着上去就给了秀秀一耳光。秀秀越发觉得委屈，哭喊着扑上来和赵扬厮打了起来。突然赵扬觉得自己的脸上火辣辣的，一看脸都被秀秀挠花了！这下彻底激怒了赵扬，他顺手拿起立在墙角的扁担朝秀秀的肩膀斜打过去，扁担砸在秀秀的左肩膀上，扁担钩绕过后颈一下子挂在脖子上，赵扬往回收扁担的瞬间，扁担钩挂住了秀秀的脖子扎到了颈动脉，霎时血液喷溅而出。赵扬一下慌了神，连忙用手捂住秀秀的脖子，一边抱住秀秀往外跑，一边大喊救命。邻居们听到喊声，都跑出来，一看这架势，手忙脚乱地把秀秀扶上一辆三轮车，赶紧往医院送。还没等送到医院，秀秀的眼睛已经睁不开了，气息也是越来越弱，眼看就不行了。到了医院，虽然经过大夫们的全力抢救，但秀秀还是因失血过多，去世了。

事情到了这步田地，是赵扬万万没有想到的，他浑身瘫软蹲在医院的走廊里抱头痛哭。本来只是想教训一下妻子，没有想到自己一时失手让妻子命丧黄泉。此时此刻他真是追悔莫及！

杀人是要偿命的，想到这一点，赵扬突然惊慌起来。想想自己可能会被五花大绑执行枪决，想想自己的孩子还这么小就没爹没妈了，想到父亲一大把年纪无人送终……赵扬猛地打了个激灵，老婆死了，自己不能死啊，无论如何也要活命。怎么活命？赵扬脑子里只有一个字：“逃！”于是，赵扬立刻撒腿跑回家里，翻出家里仅有的5000元钱，从里面抽了2000元，剩下的塞到父亲的枕头下，转身逃入茫茫夜色中。这一逃就是13年。

他给自己重新取了名字、做了假身份证、过起了隐姓埋名的逃亡生活。这些年，他在新疆摘过棉花，在内蒙古下过煤窑，东北钻过林子，就这样躲躲藏藏逃亡两年后，他才偷偷联系上父亲，把攒下的一点血汗钱给他们寄回去。开始那几年，公安局还一直关注这个案子、也经常去他父亲那里做工作想把赵扬劝回来。可事实上，他父亲也真不知道赵扬身在何处。民警查了几次，抓了几次都没结果，赵扬就这么一直逃了下去。

逃亡生活虽然艰苦，心理压力也很大，但看到父亲和儿子在自己的暗中资助下一切还算安好，赵扬也就咬牙坚持着。后来，儿子要上户口，他让父亲给儿子起名叫赵念亲，其中的意思，也是要告诉儿子，他虽然出逃在外，但无时无刻不在想念着儿子。

自首以后，赵扬毫无保留地供述了当年的犯罪行为和逃亡经过。办案人员告知他，从现在开始，可以聘请律师，如果经济困难，还可以帮他申请法律援助。赵扬万念俱灰原本不打算请律师，但一听有法援律师，像是想起了什么，突然说：“我要，我要一位法援律师。”可是当法援律师会见赵扬时，他却说：“您不用为我的案子费心了，我回来自首认罪服法，也没有什么好辩护的。如果可以的话，我想把这个免费的辩护权利让给我儿子赵念亲，请你们想办法挽救我儿子。”

“这是怎么回事？不是说你13年前杀了自己的妻子，申请法律援助律师辩护吗？怎么又说要我救你儿子呢？这个案子与你的儿子有什么关系呢？”法援律师一头雾水。

原来就在赵扬自首前几天，赵扬的父亲打电话说，赵念亲因为抢劫被警察带走了。这个消息，无疑是压倒骆驼的最后一根稻草。自从老父亲给他打了那个电话，他就整夜整夜地失眠，对于赵扬而言，从他失手打死妻子的那一刻起，他自己的生活已经全毁了。之所以这么多年来承受良心的折磨、逃避着法律的惩罚四处逃亡，就是想挣点钱补贴他们爷孙俩，就是希望看到儿子能好好成长。可现在，他全部的念想，唯一牵挂的儿子居然走上歪路，成了抢劫犯。没有了精神动力、只剩绝望和煎熬的逃亡，还有什么意义？他觉得所有的苦难都是源于自己，如果不是当年自己做了这糊涂事，儿子就不会生活在这样没爹没妈的环境里，更不至于走上歪路。这一切的罪过，再也没有了再继续逃避的理由。他决定自首，只有接受法律的惩罚，他的良心才能安宁。当办案民警说可以为他指定律师时，他才知道还可以申请免费法援律师，所以他恳求律师："您给我儿子辩护吧，给他找位律师，也算我最后尽一次父亲的责任，至于我自己，欠债还钱，杀人偿命，判我死刑我也没啥说的。"

赵扬的儿子赵念亲，怎么就成了抢劫犯呢？事情要从他逃走后说起。赵扬跑了以后，父亲老赵几乎被这突如其来的横祸击垮。儿媳妇死了，还要料理后事；儿子跑了，还要喂养孙子，哪一件事对他这个快60岁的老人来说都不容易！起初的那两年，老赵一边带着孙子，一边下地干活。到后来，赵扬开始偷偷给他们寄钱寄物，总算熬过了最艰难的日子。又过了两年，老赵托了个远房亲戚，让赵念亲在县城里上了小学。

和爷爷相依为命的生活，让赵念亲变得非常懂事，刚念完小学，就吵着说要去打工帮爷爷挣钱。虽然孩子学习成绩不怎么样，可这么小辍学爷爷怎么能忍心。爷孙俩斗争了一段时间，孩子说什么也不去上学了，爷爷也只好作罢。就这样，13岁的赵念亲瞒报了年龄去一家酒店当了帮厨，成为这个酒店年龄最小的员工。

在酒店工作后，赵念亲很是卖力，挣的工资全部交给爷爷，然后再从爷爷那里领点零花钱。赵念亲到底还是个小孩子，下了班没什么事情就常常跟工友们去网吧上网，渐渐地沉迷于网络游戏，那点零花钱根本不够用。可赵念亲的工资全部给了爷爷，这钱从哪里来？起初，他没钱时就跟工友们蹭着玩，但这也不是长久之计，大家都没什么钱。于是有人就提议弄点钱花，可是想来想去也没有什么好办法。

就在这时一个工友的老乡来串门了，大家都管他叫刚哥。这个人出手大方，说话很有威信，赵念亲几个人对他很是服气。刚哥说：“这年头要赚钱得动脑子，凭死力气干活迟早得饿死，要想挣钱其实也不难，就看你有没有胆量。前几天我的两个哥们干了一票就得手两万多，前后不到10分钟，就这么简单。”在大家崇拜的目光下，刚哥把他朋友在宾馆门口抢钱的过程说得就像在自己的银行卡上取钱一样轻松自如。

当场几个孩子就动心了。当天夜里，刚哥就带着这帮孩子去街上转悠，在一个地段偏僻的网吧，他们从一位年纪相仿的小伙子身上抢到217元钱和一部手机，赵念亲因为年龄最小，被安排在外面放风。第一次行动就得手了，这几个人很兴奋，大摇大摆地就往回走。可没等回去，那个被抢的小伙子就带着巡防队员追上了他们。赵念亲就这么稀里糊涂地被带上了警车。

赵扬他们祖孙三代的遭遇，深深地触动了法援律师。一位风烛残年的爷爷带着一个因家庭教育缺失而误入歧途的孙子，一位不能自控的父亲在用最后的机会想为儿子救赎，法律援助也许就是他们最后的一线希望。法援律师把赵扬的情况向法律援助中心做了汇报，援助中心接受了赵扬的申请，依法为赵念亲另行指派了一名法援律师。

由于在共同犯罪中，赵念亲是受他人指使，为其他同案犯放风，所起的作用是辅助和次要的，因此被认定为从犯。他又只刚刚满14周岁，所以法援律师提出了从轻、减轻量刑的辩护意见。赵念亲最终得到了从轻处罚，被判处有期徒刑六个月，缓刑一年。看到这里，您可能要为赵念亲喊冤了，这孩子只是受人家诱惑去放风，怎么就构成犯罪了呢？在共同犯罪中，即使是被诱惑，只要是出于自愿，就认定有共同的犯意。具体实施犯罪的过程中，不论是放风的人，还是着手抢钱的人，都是抢劫罪的共犯。法庭会根据所起作用大小作出不同的量刑。

赵扬这边，法律援助中心继续为他提供援助，承办律师要求他一定要如实供述，争取从轻处罚。由于案情明了，赵扬的案子很快就到了审理阶段。赵扬的行为本是故意伤害致死，但是赵扬不懂，以为杀人就得偿命，自己的求生欲以及为了赵念亲的生活能有依靠，所以选择逃亡。那么，故意杀人和故意伤害致死有什么区别呢？如果赵扬当年自首的话，他会面临多少年刑期，而他和赵念亲的生活又会有什么变化呢？

在这个案子里，首先从赵扬使用的工具来看，扁担作为农村家庭的一种生产工具，虽然有时会被当成打架的器械，但毕竟不同于刀具等锐器，一般不会危及人的生命；从打击部位来看，赵扬并不是有意挑选致命部位，而是扁担钩子意外地挂住了妻子的颈动脉，这是赵扬没有想到的结果。而且赵扬在失手后对妻子进行了奋力抢救，可见他主观上并不希望妻子死亡。因此赵扬的行为完全符合故意伤害致死的犯罪构成，所以他可能被判处的刑期是10至15年。如果他当时自首，根据《最高人民法院关于常见犯罪的量刑指导意见》的规定，自首可以减少基准刑的40%以下；也就是说，如果当时赵扬选择自首，法庭完全可以在法定刑以下量刑，并结合案件的起因是由于婚姻家庭问题以及赵扬对妻子有积极的抢救行为，对他判处10年以下有期徒刑。而无知的赵扬，用老百姓最朴素的杀人偿命的思想，下意识地给自己判了个死刑从而选择了逃亡。

开庭的当天，赵念亲也来到了法院，但由于是未成年人，不能参加旁听。赵念亲坐在法庭门口的台阶上一字一句地听着、麦克风里隐隐传来的父亲的声音……“作为丈夫，我后悔当初听信谣言，一时冲动失手打死了妻子，如果当年面对流言蜚语理智一点，平心静气地坐下来和秀秀好好谈谈，也不至于酿成今天的这个惨剧，我儿子就会像千千万万个孩子一样，有爸爸，有妈妈；作为儿子，我不但没能孝敬年迈的父亲，反而让父亲这么多年担惊受怕还要帮我抚养孩子。作为父亲，我儿子走上犯罪道路，这是让我最揪心的，如果当时没有逃跑而是选择自首的话，我可能现在已经服完刑回到了儿子的身边，在儿子最容易犯错误的年龄，我可以好好地教育他、监督他。可现在，说什么都晚了。这些年，这些后悔天天折磨着我，我的良心一刻也没有安宁过。但我还是想恳求法庭对我从轻处罚，让我有机会为父亲养老送终，有机会弥补孩子缺失的父爱！”听着父亲的忏悔，赵念亲对父亲的恨慢慢融化了，不停地用袖子抹眼泪……

庭审结束后，法警同意了赵扬的请求，让他和儿子在候审室里见了短短的一面。他拉着儿子的手说：“爸实在对不起你，更对不起你妈……孩子，以后你可得好好做人，好好照顾爷爷，等爸爸出去了，咱们一块儿给你爷爷养老送终，一块儿去给你妈上坟……”看着眼前这个自己从未见过，却这么多年一直牵挂自己，寄钱寄物的父亲，赵念亲再也按捺不住，父子二人抱头痛哭。

赵扬因为认罪态度非常好，法庭对他从轻处罚，判处有期徒刑10年。赵扬表示，他认罪服法不会上诉。服刑，对于赵扬来说是种解脱，他终于可以每天安安稳稳地睡觉了。

律师点评：

故意杀人与故意伤害致死是两个很容易被混淆的罪名，区别就在于行为人的主观故意。如果行为人的主观故意只是伤害，结合打击部位及使用工具的情况，即使造成了被害人死亡的结果，也仅成立故意伤害致人死亡罪。故意杀人和故意伤害致人死亡，尽管刑罚都包含死刑、无期徒刑和10年以上有期徒刑，但是两者刑罚的排列顺序不同，这就决定了两者在适用死刑的顺序上不一样，故意杀人，如果没有从轻情节，适用死刑，而故意伤害致人死亡，如果没有从重情节，适用10年以上有期徒刑。

一场误会、一次冲动，赵扬失手打死妻子，幸福的生活戛然而止！又因为对法律的无知，走上了逃亡之路，让下一代也付出了沉重的代价。这个案例告诉我们，生活中不论是发生误会还是矛盾，一定要理智应对！不然，一次冲动可能就毁掉所有亲人的未来，到时候，除了要接受法律的惩罚，还要面对自己一生的悔恨。

律师介绍

党红艳，山西省吕梁市离石区法律援助中心律师，山西省律师协会青年工作委员会副主任，国家二级心理咨询师。2003年起从事法律援助工作，扎根在基层，全心全意为困难群众提供法律服务。2013年被司法部评为全国法律援助“优秀服务标兵”，2012年、2013年连续两次获得司法部和中央电视台社会与法频道的联合嘉奖。

本期节目总编导：杨　晖

编导：刘文辉

放不开手的爱情

推荐单位：北京市法律援助中心

主讲人：北京道生律师事务所　周密

关键词　故意杀人罪　自首

冬日的一天早上，北京的冬天格外冷，贾立强的妈妈来到儿子家看孙女。来到儿子家门前一看，哎？怎么大门虚掩着呢？这小两口怎么这么大意。心里一边想着，一边拉开门，冲里面喊了儿子两声却没人应声。于是贾母进了房间。一进屋她就闻到一股浓烈的煤气味儿。老太太赶紧进厨房查看煤气阀门。一路小跑着挨个房间开窗户通风。等她跑进里屋卧室的时候，看见被子里面鼓鼓的。好像有人？老太太顾不上那么多了，一把拉开被子喊道："快起来，有煤气。"这一拉开可把老太太吓坏了。儿媳妇谢彩霞瞪着眼睛躺在床上，脖子上全是血，已经没气了。老太太吓得腿都软了，儿子和孙女也不见了，哆哆嗦嗦打儿子电话，却发现，儿子的手机就在桌子上放着。老太太赶紧出门大喊：杀人了，杀人了！邻居闻声急忙报了警。

就在这天下午，距案发地十几公里某小区外面。小区里的联防志愿者张大妈、何大妈老姐俩在外面执勤。因为天气挺冷，街上的人们都是行色匆匆。这时有一个抱着孩子的青年男子引起了何大妈的注意："张姐，你看见那个抱孩子的小伙子了吗？这个楼门上去不一会就下来。再上另一个楼门不一会再下来。他这是找人啊还是干嘛呢？"两位大妈盯了一会儿，觉得此人形迹可疑，于是悄悄地跟上了他观察。

大妈们发现他每到了顶楼，就拉拉窗户或者向外看一会儿。然后就下楼了。到另外的楼门还是同样的行为。而他怀里的孩子好像睡着了。看了一会儿，大妈们觉得此人闹不好是个人贩子吧？！于是悄悄打电话叫来了片警小徐。

在楼门口小徐截住了此人，这个人呆呆地看着民警，忽然说了一句："警察，我杀人了，我把我媳妇杀了。"

警察把他带到了公安局，他说自己叫贾立强，抱着的孩子是他的女儿。民警们开始核实贾立强交代的情况。不一会贾立强的妈妈赶到了公安局，证实了儿媳被害，老太太扑到贾立强身上大哭："儿子，是妈害了你啊。"之后就被警察劝走了。

小区里出现杀人案本来就是一件了不得的事了，当邻居们得知是贾立强杀了自己的妻子之后，更加惊讶了。为什么呢？因为贾立强怕媳妇，对媳妇好，这在小区里是有名的。这件事还得从贾立强的婚事说起。

贾立强他们家是北京这个小区的老住户了。邻居们彼此之间很熟悉。贾立强是80后，独生子，家境不错，改革开放以后，他的父母一直做着小买卖。贾立强虽不算是富二代，那日子也是过得相当不错。贾立强本人相貌平平，不爱交际，就爱在家打打游戏，用现在的话说就是"宅男"，直到30岁才有对象，也就是他后来的妻子谢彩霞。说起谢彩霞邻居们都说贾立强这小子有福气。为什么这么说呢？因为谢彩霞真叫一个漂亮！1米75的个头，白皙的皮肤、漂亮的瓜子脸，出现在哪里都是众人眼光追逐的目标。贾立强这样的木头疙瘩怎么找上谢彩霞这样的大美女呢？

这种事情在贾立强他们家这个老旧小区里就不是个秘密。谢彩霞来自东北的一个小镇，家里三个孩子，她排行老大。家庭条件很一般，她护校毕业后来到北京的私立医院工作。正巧贾立强的妈妈生病住院，遇上了当护士的谢彩霞，贾母一眼就相中了她，并介绍给了快30岁还单身的儿子贾立强。

虽然贾立强比谢彩霞的家庭背景优势明显，但是面对妻子，贾立强还是自卑的，自己又黑、又矮、又胖，而且他还没有正经工作，在家啃老。要不是母亲一个劲儿地张罗，他跟谢彩霞是不可能走到一起的。贾立强还清楚地记得，第一次见到谢彩霞的情景。第一眼他就被谢彩霞的美丽惊呆了。他心里太高兴了，老妈真是太有眼光了。面对如此漂亮的准女友。本来就木讷的贾立强别说说话了，喘气都费劲儿。就知道一个劲儿点头傻笑。但贾母看得出来，谢彩霞并没看上自己的儿子。要不是老太太有面子，姑娘没准儿早就走了。

这以后，在贾母的促进下贾立强和谢彩霞还是有一搭没一搭地开始了交往。人家谈对象处朋友都是俩人，贾立强他们家有意思，仨人！贾妈妈一直负责组织策划并实施。只要谢彩霞有空，贾母几乎天天带着他们俩出外吃喝游玩，本地不行就外地。那些日子，谢彩霞很是开心。谢彩霞第一次到家里串门，贾母就拿出一个大金镯子套在了谢彩霞的手上，贾爸爸拿出一个最新款的手机强塞给谢彩霞。这些物件凭着谢彩霞的收入是买不起的。贾立强呢，在贾母的授意下，每天中午都会捧着一大束鲜花，开着私家车出现在谢彩霞的医院门口。这一举动引起了小姐妹的羡慕，这也让谢彩霞的虚荣心得到了相当大的满足。贾立强的执着打开了谢彩霞原本对他关闭的心。

处了一段时间后，谢彩霞还是相当犹豫，这个北京小伙子除了人老实、家境优越之外，其他的都离心中早就勾勒过的白马王子差了太多。贾家父母当然知道谢彩霞并没有看上自己儿子。于是贾立强一家跑到了谢彩霞的大后方做工作。这一次贾立强带着父母开着新买的小轿车，背着谢彩霞去了趟她的老家，见到谢彩霞的家人说明了来意。大包小包送礼自不必说。临走的时候把开来汽车的手续、钥匙全留下了，美其名曰让谢彩霞的弟弟带着老人家多到外面走走，顺便来家串门，也看看女儿谢彩霞。这让谢家的左邻右舍甚是羡慕，纷纷道喜。这一招起到了关键的作用。谢彩霞的家人通知谢彩霞："我看这家人挺好，抓紧把事情办了，别让自家丢脸。"

得到了未来岳父母的支持，贾立强趁热打铁，谢彩霞怀孕了。贾母知道后立马房子、车都给他们买了，而且登记在两人名下。谢彩霞纵使意志再坚强，这种里应外合的搞法，也是没有退路了。诸多现实压制了真实的内心想法。谢彩霞竟然是这么想的，先把婚结了，以后怎么样看情况再说。但这种婚姻能好到哪里去？这就是给未来埋下一颗不定时的炸弹。

在全家人的努力之下，30岁的贾立强和22岁的谢彩霞结婚了。婚后，贾立强对谢彩霞的感情超越了一切。女儿不久就出生了。像极了谢彩霞。贾立强很高兴。做起了家庭妇男。照顾她们娘儿俩。这一段时间虽有吵闹，俩人的感情还是不错的。可后来贾立强发现了妻子特别爱上网，有时候拿着手机好半天，还偷偷乐。贾立强问起来，妻子总说是同事。再后来，贾立强发现了妻子的秘密。本来妻子的手机是有密码的，贾立强不知道，也从不过问。但是有一次谢彩霞电话响了，贾立强着急接起来。随意划动屏幕，密码竟然打开了。贾立强随手翻看聊天记录。好家伙，好多内容都是谢彩霞和李二涛的对话，绝对不是关系一般的男女之间可以说的话。

这个李二涛贾立强认识，谢彩霞说过是自己的老乡，和谢彩霞认识多年了。最早见到李二涛还是在他和谢彩霞的婚礼上。后来孩子临近出生的时候，李二涛还来过家里。现在贾立强看到了妻子手机里的内容，怒火中烧。不用说了，傻瓜也看得明白谢彩霞和李二涛的关系了。当贾立强找妻子理论的时候，谢彩霞低下头哭了。贾立强一看这是认了。贾立强想骂人，骂不出口，攥了攥拳头，没舍得打下去。气得贾立强大吼一声冲出门外。这一去贾立强好几天没有回家。也没接谢彩霞的电话。

原来，怒火中烧的贾立强将妻子干的丢人事向岳父母通报了一番之后，去法院起诉离婚了。他无法容忍爱妻的出轨，这个打击实在来得太突然，伤害太大了。几天之后，谢彩霞的父母带着谢彩霞来到了贾立强家道歉。大概意思就是，希望原谅女儿年轻不懂事。毕竟还要给外孙女一个完整的家。贾母将消息告诉了儿子，很快，贾立强就撤诉了，之后红着眼圈回家了。其实贾立强根本没打算离婚，因为谢彩霞就是他的全部，为了她可以牺牲自己的一切，舍不得离，他也就是发泄一下，吓唬吓唬媳妇。

谢彩霞提心吊胆地过了几天，看到贾立强对自己还是一如既往的好，没什么事的样子，于是放下心来。这件事就这么过去了。尽管对这个婚姻并不满意，但这时的谢彩霞也是不打算离婚的。

为了防止谢彩霞再犯错误，贾立强跟母亲商量让谢彩霞辞职，跟老妈一起学学做生意，一来可以转移注意力，二来母亲能帮忙看着谢彩霞。省得狂浪之徒惦记自己媳妇。等孩子再大点，谢彩霞也不再年轻了，也许就收心了。老太太一听也对，于是出资打算开一家美容美发店，并且让谢彩霞去专门学校学习。贾立强万万没想到，这个决定将他的美女媳妇再一次推向了出轨的深渊。

美容美发学校里都是年纪相仿的男男女女。谢彩霞每次回家都兴高采烈地说起班上的趣事，再以后，总是和她说的同学一大帮人在外面吃吃喝喝或者去唱歌什么的。反正谢彩霞是很高兴的。贾立强一开始也很替妻子高兴。可后来贾立强着急了一次。因为妻子竟然有一天夜不归宿。谢彩霞的解释是老师过生日，所以同学们很高兴，结果自己喝多了，怕影响贾立强和孩子休息所以住在同学家里了。为了妻子的安全，贾立强保留了谢彩霞说的几个同学的电话。此后谢彩霞还是高高兴兴地去上课，开开心心地玩。因为有了前车之鉴，贾立强更加小心了。果不其然，妻子又有情况了。

这回谢彩霞说学校组织去杭州旅游，全班都去所以她也要去。谢彩霞走后，贾立强联系了她的同学，这个同学说没有全班旅游这回事，平时大家都是有工作的，没有时间经常在一起吃吃喝喝，更别说七八天地在外面旅游了！贾立强一听就出汗了。为了不冤枉妻子，他决定查明真相。贾立强没有直接给妻子打电话。而是查看了谢彩霞的QQ聊天记录。这一下他发现了问题。谢彩霞这次是跟学校的培训师去杭州旅游了。这两人还老公、老婆相称。并且已经商量与自己离婚另组家庭的事情了。看到这么严峻的情况，贾立强觉得这回不仅要捍卫自己的家庭，而且不能蛮干。等妻子回家后贾立强并没有谈这件事，而是抓住时机以谢彩霞的名义约对方见面。

这人正是谢彩霞学校的培训师，长得倒是身材高大、英俊潇洒。这个人看到贾立强之后迟疑了一下又恢复了平静。一副见怪不怪花花公子的样子，贾立强见到情敌强压怒火，阐明了立场，要对方不要破坏自己的家庭。自己坚决不会离婚的。对方说："结婚？我们只是普通朋友，那些对话都是开玩笑的。”反正是拒不承认与谢彩霞的婚外情。面对这样一个死不认账的滑头，贾立强一点办法都没有。回家跟谢彩霞说：“你的培训师我们见过了，那就是一个流氓。他不会和你结婚的。他都没有勇气承认和你的关系。”看到谢彩霞惊讶的样子。贾立强吓唬媳妇说：“你们最好没啥事。你要是再犯错，咱们趁早就别过了。”没想到，谢彩霞却神情淡定地说：“那咱们离婚吧，跟你在一起一点都不快乐。要不是你们家死乞白赖。我才不会嫁给你呢！现在我要追求我要的生活。”这话太重了。看到自己深爱的妻子二次出轨，而且还这么理直气壮地说出这些话，贾立强终于发怒打了妻子。谢彩霞连喊带叫，而且报了警。贾立强一看事情要闹大不好收场，也怕吓到孩子。于是抱着孩子离开了家，住到酒店去了。

等贾立强回家之后发现，妻子已经收拾好了行李。这个贾立强是没有想到的。他真的受不了失去妻子，他所做的一切都是为了留住妻子。只要谢彩霞不离开他，这就够了。在他的心底最深处，其实什么他都可以接受。此刻面对即将破碎的家庭，贾立强慌了，他不能离开谢彩霞。

他甚至跪下给谢彩霞道歉，保证自己再也不打人了，并请她看在孩子分上不要离开。而且那个人不会像自己那样照顾好她的。谢彩霞轻蔑地说：“那是我自己的事情，与你无关，你还是照顾好自己吧。也怪我当初不够坚定，嫁给你就是我最大的错误。我不能这样凑合一辈子，对不起自己，我现在还怀了别人的孩子。”话说绝了，逼得贾立强毫无退路。谈判的结果，还是离婚，谢彩霞什么都不要，孩子归贾立强抚养。事情发展到了这儿，是真的过不下去了，这次他们俩谁也没有告诉自己家里人。就等着择日办手续离婚了。

他们俩既然都谈好了，就等离婚了。怎么出了杀人的事情？据贾立强交代，谈判后，贾立强是万念俱灰，一宿没睡着。看着身边美丽的妻子和可爱的孩子，想到自己深爱的妻子一再背叛自己，现在还怀了别人的孩子，贾立强心如刀绞。贾立强冒出一个可怕的念头，自己也不想活了，那就一家人死到一块儿吧。于是悄悄起身打开了煤气开关，躺回到床上，闭上了眼睛。不知道过了多久，贾立强张开眼一看，妻子躺在边上逗孩子玩呢。贾立强掐了自己一下，是疼的！不光自己没死，大家都没事。看来是老天开眼，给我们的家留有一条生路啊。于是贾立强赶紧关上煤气开关，回到床上对谢彩霞说："彩霞，咱们能不能再好好谈一谈。为了孩子好吗？"谢彩霞冷冷地说："不可能，说好的话忘了？你要还是男人就别磨磨叽叽的。明早还得办手续去呢。"贾立强想吓唬吓唬谢彩霞，再争取一下。

他去厨房拿了一把刀回到床上，一下压在了谢彩霞的脖子上，问道："我再问你一次，你是不是一定要离婚？"谢彩霞毫不示弱说："肯定离，我看见你就想吐。"完了，贾立强最后的希望破灭了。他用力在谢彩霞脖子上划了一道，谢彩霞大叫一声。拼命和贾立强夺起刀来。贾立强一手夺刀，一手顺势勒住了谢彩霞的脖子。这时两岁的女儿妞妞站在床边大声哭喊："爸爸别打妈妈。"并试图拉开爸爸的手。可是这会儿杀红了眼的两人，谁还顾得上她呢？不大一会儿。女儿眼睁睁地看着爸爸杀死了妈妈。贾立强瘫倒在床上抱着哭闹的女儿安慰。这时他在想，接下来怎么办？他知道杀人偿命，自己活不了了。孩子就得成孤儿了。还是那个主意吧，生不在一起，就死在一起吧！于是贾立强冲了奶粉喂饱了女儿，之后带着孩子出门了。他要干嘛？他又有了一个更可怕的念头，他要带女儿一起死！

失魂落魄的父亲带着年幼的女儿漫无目的地走着，在熟悉的城市转悠了多半天，贾立强也没有想好怎么死。看着街上林立的高楼，想到带着女儿一起跳楼。但是上了几个高楼，很多窗户都锁上了，要不然就是位置角度不好。好不容易找到了一个可以打开的窗子。贾立强抱着女儿来到了窗边。窗户完全打开后，一阵大风吹了进来，女儿"哇"的一声哭了。大风也让贾立强清醒了。看着女儿冻得红通通的小脸，贾立强心疼得眼泪流了下来。孩子是无辜的，在女儿面前杀掉了她的母亲，已经很对不起孩子了。不能再夺走她的生命。于是，贾立强打算下楼回家。没想到他已经被小区里两位大妈当成人贩子盯上了，并报了警。

在法庭上，贾立强流着泪畅快地交代了所有的一切。他说很后悔，对不起所有人。特别是妻子。但是他没有丝毫辩解，一心求死。他要去另一个世界寻找谢彩霞，继续陪伴她。法律援助律师认为贾立强有自首情节，而且被害人谢彩霞有过错，应当对贾立强从轻处罚。不应判处极刑。可是也有人说贾立强先是打算放煤气杀人未遂之后又用刀杀人，为了压制被害人反抗勒死被害人，主观恶性极大，不杀不足以平民愤。而且他不是自首，是被群众报警之后抓获的。

最后法院认为，被告人其行为已构成故意杀人罪，但是被告人犯罪后投案自首，如实供述犯罪事实。具有法定从轻或者减轻处罚的情节。最后判处贾立强无期徒刑。听到宣判后，贾立强面无表情。贾母崩溃了，冲到法庭中央哭喊道："我们也是受害者啊，谁来赔偿我们。儿子判了无期徒刑，两岁的孩子只能我们带了。我们老两口都不知道能不能活到孩子长大。孩子怎么办？我们怎么办？"

这件案子真是一场人间悲剧，令人警醒。虽说婚姻是自由的，谢彩霞认为不幸福，要求离婚也没什么不对。但自由不是随意。当初她以满足自己的物质追求的虚荣心走进婚姻，后来又以不负责任的错误方法想走出婚姻，就更不对了。那么贾立强呢，为了得到自己的爱，并不在意对方是否爱自己，但爱情不是一个人的事情。爱情和婚姻绝非一厢情愿努力就能办好的。因为还有一种爱叫作放手。

律师点评：

本案中贾立强的故意杀人事实清楚明确，并且本人也供认不讳，所以争议的焦点就是贾立强是否存在量刑情节，并足以在本案判决上争取宽大处理。首先，被害人谢彩霞的过错问题对贾立强的量刑有没有影响。刑法意义上被害人的过错，是指被害人实施了违反法律法规、道德规范或者公序良俗，损害被告人正当法益，并且达到一定严重程度的行为。我国婚姻法规定，夫妻之间有忠实的义务。本案中，被害人谢彩霞的一再对配偶不忠实，显然属于过错方，这点是清楚的。其次，贾立强算不算投案自首？《最高人民法院关于处理自首和立功具体应用法律若干问题的解释》第一条规定，根据刑法第六十七条第一款的规定，犯罪以后自动投案，如实供述自己罪行的，是自首罪行。未被有关部门、司法机关发觉，仅因形迹可疑被盘问、教育后，主动交代了犯罪事实的，应当视为自动投案。贾立强正好符合这一自动投案的规定。而且到案后，贾立强始终如实陈述犯罪事实。所以贾立强符合自首的规定。我国《刑法》第六十七条规定对于自首的犯罪嫌疑人，可以从轻或者减轻处罚。综上所述，针对本案的争议焦点抱有肯定的态度，并且法院的判决也充分地体现了这一观点。

律师介绍

周密，北京道生律师事务所创办人、主任律师，中央电视台社会与法频道《法律讲堂》主讲人，曾就职于北京市检察机关，对于刑事辩护有丰富的实战经验。不只是流于表面的处理案件本身，而是真正为当事人的利益着想，从全局掌握当事人的最大需要。

本期节目总编导：杨　晖

编导：杨　晖

教训"表哥"出人命

推荐单位：北京市法律援助中心

主讲人：北京市律师协会会员　张丽娟

关键词　共同犯罪　过失致人死亡罪

2013年夏天的一个中午，年近半百的孙书良顶着大太阳，垂头丧气地往家走，他心想最近真是倒霉，厂里的设备三天两头儿出问题，这月的工资恐怕又不能按时发了，然而当他推开家门，眼前看到的那一幕更是令他心里燃起了一团怒火，妻子听到开门声，披头散发地从沙发上"嘣"地一下坐了起来，旁边还站着一个表情很不自然的男人。这个男人是谁？跟妻子是什么关系？孙书良对于这件事又将会如何处理呢？

提到孙书良的媳妇刘凤英，周围的人没有几个不知道的，人长得漂亮，又通情达理，可自打她和孙书良结婚的那一天起，左邻右舍就议论纷纷，有的说这老孙家娶这么个花瓶等着日后受苦吧，也有人说兴许这新媳妇有什么毛病，否则怎么会看得上这窝窝囊囊的孙书良呢？总之，周围就没有几个人看好他们，可好端端的为什么会招来人们这般议论呢？

原来，孙书良家庭条件并不是太好，自己又没有什么本事，直到三十多岁才娶上一个外地媳妇，可是过了没两年，媳妇居然跟城里一个包工头儿跑了。就这样，孙书良打了好多年光棍儿，后来经人介绍才认识了现在的妻子刘凤英。

这新媳妇比孙书良要小十来岁，长得可谓是眉清目秀。说实话两个人看上去一点儿都不般配，可是这漂亮媳妇怎么就看上相貌平平的孙书良了呢？

真实原因也只有刘凤英自己心里最清楚！

孙书良没有什么大本事，平日里靠在厂里打工赚钱养家。那是两年前的一天下午，孙书良下班后回到家，见家里来了一个看上去高大魁梧，年纪大概30多岁的男人，这个人孙书良之前从来没见过，今天算是第一次见。还没等孙书良开口，妻子刘凤英赶忙介绍说这位是自己老家的一个远房表哥，名叫高强东，刚从老家来县城，准备在这儿做点儿生意，顺便过来看看自己。

自从妻子嫁进门一直安分守己，所以孙书良也并没有多想，还特意留这个叫高强东的表哥在家里吃了晚饭，两个人虽然之前从来没见过面，但是饭桌上聊得倒是挺投缘，就这样一来二去的，两个人居然成了朋友，孙书良经常叫高强东来家里喝点小酒。

风平浪静之后，时常会出现波澜。一天中午，厂里的机器设备又出了毛病，烈日炎炎之下孙书良早早回到了家。然而开门时的那一幕给了他心里不小的冲击。就在孙书良拧钥匙打开门的那一刻，妻子刘凤英“嘣”地一下就从沙发上坐了起来，头发上还能看到一丝凌乱，站在一旁的高强东表情也有些不自然。也就是开始时发生的那一幕。

孙书良虽然心里很不高兴，但从骨子里他是个懦弱的人，憋着心里的怒火进了里屋。换作以前总要让刘凤英备几个小菜和高强东喝上几盅。虽然孙书良嘴上并没多说什么，可这屋里的尴尬气氛让高强东再也待不住了，随着“啪”的一声关门声，高强东就这么气冲冲地离开了。孙书良心里越想越生气，自己都没说什么，这高强东居然还使上性子摔门走了，这不明摆着是欺负自己老实嘛！

这一幕换作是谁心里都难免会多想，妻子和这个所谓的远方表哥到底是什么关系呢，可这事又不好直接问。

之后的几天，夫妻二人一直在闹冷战，谁都不怎么搭理谁。这孙书良心里始终都有一个打不开的心结。以前孙书良一直觉得妻子刘凤英是个会过日子的好女人，对她一直很放心，可自打出了这件事儿，孙书良就变得疑神疑鬼了，经常偷偷翻看刘凤英的手机，甚至有几次刘凤英出门他还在后面偷偷跟踪过几次，后来被刘凤英发现了，因为这事儿两人还大吵了一架，在周围人眼里夫妻俩一向关系不错，这回居然还引来了邻居劝架，这件事就在邻居间传开了，孙书良这才听热心的邻居说，自己不在家的时候，这个表哥经常来他们家串门。

一天晚上孙书良在外面和别人喝过酒正往家走，刚走到家门口，一个邻居便拉住了他，悄悄对他说之前经常来家里的那个男人下午又来了，走的时候好像刘凤英还塞给他一包东西。孙书良再也抑制不住内心的憋屈，借着酒劲儿推开门指着刘凤英的鼻子破口大骂："我当时真是瞎了眼，怎么找了你这么个女人！"刘凤英从来没见过孙书良发这么大的脾气，一边抹着眼泪，一边解释说高强东从没结婚时就追求她，自己和他已经说得很清楚了，可他还是一直纠缠不放。

孙书良对刘凤英的话半信半疑，他很认真地对刘凤英说以后不要再让高强东进门，如果以后再看到他来，自己绝不会轻饶了他。

此后的一段时间两个人都不再提这件事了，可是一个偶然的机会孙书良又在自己家附近撞见了高强东。心里难免开始多想，孙书良寻思这样下去这个家不迟早要让高强东给拆了嘛！找个机会自己得教训他一下！

一天中午，孙书良故意只干了半天活儿，中午早早就请假回了家。

孙书良特意加快了拧钥匙的速度，急匆匆地推开了防盗门，出乎他意料的是沙发上躺着睡得迷迷糊糊的高强东，孙书良怒火中烧，心想好小子，趁我不在家你还敢来，你还真把我当成窝囊废了！

孙书良喊了两声妻子的名字，没有人回应，妻子把高强东一个人扔在家里，人去了哪里呢？孙书良没顾上多想，麻利地从抽屉里拿出了一个平时捆东西的绳子，哆哆嗦嗦地将高强东的手脚、脖子捆在了沙发上，高强东只是下意识地动了两下，但是并没有醒。这高强东一米八几的个头儿，正当壮年，更所谓是膀大腰圆，要是换作平时他醒着的时候，身材瘦小的孙书良是绝不可能绑住他的。再说这孙书良骨子里就是个窝窝囊囊的男人，平时连杀只鸡都怵头，哪有胆子绑人啊！

孙书良坐在椅子上歇了一会儿，本想等高强东醒了好好教训他一顿，可是高强东半天都没动弹。

不一会儿，妻子刘凤英和大舅哥匆匆忙忙地回来了，孙书良冲着刘凤英说："凤英，你这是去哪了？怎么高强东又来咱们家了？不是告诉你以后别搭理他了吗？"刘凤英支支吾吾，并没有多说什么，直奔沙发上的高强东走过去。

刘凤英摇晃了高强东几下，发现他丝毫没有反映，赶快剪断了绑在高强东身上的绳子。大舅哥摸了摸高强东的鼻子，发现已经没有了呼吸，冲着刘凤英说："人死了，快说怎么办？"

这下孙书良可吓坏了，他没想到自己把高强东绑了一下，人就这么死了。大舅哥对他俩说不如先把尸体处理掉，后面的事再说。可是孙书良死活非要报警，他觉得高强东的死跟自己无关，兴许是他自己有什么病发作了，日后万一事情败露自己就更说不清了。于是孙书良不顾妻子和大舅哥的阻拦拨打了报警电话，电话里能听出他哆哆嗦嗦说有人死在自己家里了，很快警车赶了过来，带走了孙书良。

孙书良仅凭怀疑自己的妻子和高强东有不正当关系就把人给杀了，实在是让人觉得有点匪夷所思。

事情会不会真的那么简单呢？妻子刘凤英和高强东的关系到底是不是孙书良想象的那样呢？

据孙书良给警方的交代，他并没有想杀死高强东，就是想趁他睡着了，把他捆上教训教训他，谁知道他就这么死了，兴许是他有心脏病正好发作了！

警察问孙书良为什么要教训高强东，孙书良将一直以来埋在自己心里的苦闷一股脑儿道了出来。但是孙书良却拼命解释说自己并没有想杀死高强东。

警察似乎对孙书良的说法并不相信，换作是谁自己的媳妇背叛了自己都接受不了，虽然孙书良嘴上说没想杀了高强东，可怎么会就那么巧人被捆了那么一下就捆死了呢？可一切也只能等着验尸报告的结论出来再说了。

很快尸检结果出来了，上面居然显示，高强东是在镇静状态下被人使用软质物体勒颈窒息死亡。

警方在询问孙书良的时候问他，究竟给高强东灌了什么药？孙书良一脸茫然，说自己回到家，高强东正歪在沙发上睡着，直接就把他捆起来了，自己根本没有给他下过药。可是按照尸检报告，高强东的死明明是镇静药物和捆绑共同造成的啊！警方在案发现场发现了死者高强东衣服口袋里装的镇静类药物，并且这种药片和导致他死亡的恰好是同一种镇静类药物。可是每次提审孙书良，他都会冲着警察哀求说："求求你们放了我吧，我真的没有杀人，我就捆了他那么一下，他的死真不是我造成的。"

警方也觉得案件很是蹊跷，这究竟是高强东随身携带的药片，还是孙书良撒谎，给他下了药却又不敢承认呢？是不是孙书良在故意伪造现场呢？

案件一度陷入了僵局，侦查机关对装有镇静药物的药瓶进行了指纹鉴定，上面居然并没有高强东的指纹，无疑这药肯定是别人后来放进他衣袋里的，可是警方比对了孙书良的指纹，发现也不一致，这药瓶总不会是自己从天而降的吧？这上面明明有别人的指纹，可这指纹到底会是谁的呢？案件变得更加扑朔迷离。

依照程序警方传唤了孙书良的妻子和大舅哥，因为当时只有他们在场，并且分别对他们二人进行了指纹鉴定。出乎意料的是药瓶上的指纹竟然与刘凤英的指纹一致。这刘凤英不是和高强东是表亲吗？况且还有不清不楚的关系，她怎么会杀害高强东呢？

警方拘留了刘凤英，而她的供述再一次让案件侦破有了新的方向！

警察询问刘凤英，她和高强东之间到底是什么关系？刘凤英一看事情再也瞒不住了，这才一五一十地说出了实情。原来高强东不是什么表哥，而是刘凤英10年前的初恋男朋友，一段恋情10年都过去了，可这下高强东怎么又冒出来了呢？

当年刘凤英和高强东已经到了谈婚论嫁的地步，高强东的父母还出钱给他们在当地县城买了房子，此外高家还给他俩出资开了一家家具店，眼看下个月就要举办婚礼了。

可就在婚礼前几天的一个中午，刘凤英和来买家具的一个顾客吵了起来，那天高强东正好刚和别人喝酒回来，进门正好看到刘凤英被那人指着鼻子骂，不问青红皂白上去就把人家打了一顿，对方被打成了重伤，就这样高强东蹲了10年大狱。婚礼也就随之泡了汤。事情发生不久，刘凤英就把店盘了出去，起初刘凤英还去看过高强东几趟，可后来自己嫁了人也就没有再去！

刘凤英觉得高强东之所以会纠缠自己，可能是因为高强东出来后父母都已经不在了，他又不愿意向亲戚开口，只能是来找刘凤英。虽说两个人十年都没有在一起了，但是看到高大帅气的高强东，和自己相貌平平的丈夫相比，刘凤英的心里多少还是有些触动！况且当年高强东是为了保护自己进的大狱，刘凤英对高强东心里充满了歉疚，如今高强东有难自己怎么能袖手旁观呢！

事情过去那么多年了，刘凤英害怕丈夫多心，就撒谎说高强东只是自己的一个远房表亲。

本想等高强东过了这段困难时期就不再和他来往，可事情却发展到了这个无法挽回的地步！

当警察问刘凤英为什么要采取那么极端的方式杀害高强东的时候？刘凤英更是说出了一个所有人都不知道的秘密，据刘凤英交代她实在是受不了高强东反复拿孩子的事儿威胁自己，万一事情败露孙书良也会跟自己离婚，到时候自己就什么都没有了！

警察追问刘凤英，高强东提到的孩子是怎么一回事儿呢？

原来高强东当年被抓进去坐牢的时候，刘凤英刚刚怀孕，本来是想要拿掉孩子，可是她严重贫血，医院坚决不给做流产手术。对于一个还没出嫁的大姑娘，这件事如果传出去今后可怎么做人啊！无奈之下，和孙家在同一个镇上的哥哥就这样把自己的妹妹刘凤英介绍给了孙书良。打心底里，刘凤英是根本看不上孙书良的，可是当时那种情况自己也是没有办法。

就这样刘凤英为了保住名声，怀着高强东的女儿，嫁给了孙书良。结婚后没几天，刘凤英就说自己怀孕了，可把孙书良高兴坏了，刘凤英为了隐瞒真相一直说自己身体不好，孩子恐怕会早产，对于这件事老实巴交的孙书良也并没有多心，他还真以为是刘凤英身体的原因，孩子不足月提早出生了呢。

刘凤英说这农村评价媳妇，不论别的，最能拿来说事儿的就是孩子了！尽管很多人都不看好这段婚姻，但自己进门后3年就为孙家添了一儿一女。现如今自己的女儿已经10岁了，儿子也8岁了，一家人虽算不上富裕，可是也过着平静的生活。然而10岁的女儿其实是高强东的孩子。这件事孙家到现在都没人知道。正是高强东的出现打破了自己原本安稳的生活，高强东每次都拿孩子的事胁迫刘凤英要钱，因为这些刘凤英才动了杀人的念头。

据刘凤英对警方交代，原来高强东来到她所在的县城一直也找不到合适的工作，在这儿又没有什么亲人可以依靠，只能来找刘凤英，他找刘凤英主要是来要钱维持生计的，每次高强东找刘凤英要钱，刘凤英总会给上千八百的，可是后来刘凤英听说高强东慢慢喜欢上了赌博，自己本来就没有收入来源，偷偷给高强东钱早就觉得很对不起丈夫了，现在他居然用自己省吃俭用省下来的钱拿去赌钱，这让刘凤英对他失望透顶。

一天下午，高强东再次来到刘凤英家里，以自己身体不好要去医院看病为名，向刘凤英要2000元，刘凤英心想这一定又是拿去赌钱，于是没有好气儿地说："早知道你这么不争气，还不如一直在里面待着别出来呢！"

高强东本来就是个火爆脾气，况且他最讨厌别人揭他的伤疤，听了刘凤英的话高强东上前一把将刘凤英推倒在了沙发上，并且粗声大气地说："你别以为你现在过得安稳了就瞧不起我，如果当年不是因为你，我现在兴许也发达了呢，我们家的钱都让你卷走了，我就坐了那么几年牢又不是永远都不出来了，你就不能等几年，你信不信我把孩子的事抖搂出去，你也没好日子过。"

然而，这一幕让突然回来的孙书良撞了个正着，但他只看见头发凌乱的刘凤英从沙发上突然坐了起来，却没听到之前高强东威胁刘凤英的那番话。他更不理解为什么高强东做了对不起自己的事儿，却还气冲冲地摔门而去，然而也正是这次误会，成为了她杀害高强东的导火索。

可即便是这样，刘凤英总不至于就对高强东下此毒手吧！

据刘凤英交代，2013年10月的一天下午，刘凤英独自一个人在家，高强东再一次来到孙家，让刘凤英10天之内帮忙准备5万元，说是自己欠了赌债，不还钱人家会要了自己的命。

5万元对于刘凤英来说可不是一个小数目，她再也承受不住了，又怕高强东拿孩子的事儿威胁自己，才动了一不做二不休的杀人念头。

刘凤英事先在给高强东的茶水里加进了足以导致其死亡剂量的镇静药物，等看到高强东迷迷糊糊地晕了，便去找自己哥哥来帮忙转移尸体、清理现场。为了怕别人发现蛛丝马迹，她还特意将小药瓶塞进了高强东的口袋。

可是回来后她竟然意外地看见高强东的手脚、脖子都被捆在了沙发上，刘凤英赶紧上前解开了高强东身上的绳子，孙书良还叨唠着前去阻拦，说是这次一定要好好教训高强东一下。这一切只有刘凤英心里最清楚究竟是怎么一回事。

法医鉴定报告明确指出，高强东的死是镇静药物和捆绑共同造成的，刘凤英和孙书良两个人的行为导致了高强东的死亡。出了这样的事，周围的人传得沸沸扬扬，人们都说是他们夫妻俩合谋害死了高强东，所以两个人都应当构成故意杀人罪。

可是孙书良觉得自己太冤了，自己只是想收拾一下高强东，没想过要杀人啊，自己实际上也是被人当枪使了，稀里糊涂地就成了人们口中的杀人犯。怎么办？自己涉嫌故意杀人，谁能够为自己说公道话呢？请律师？可自己收入低，妻子刘凤英一直又没有工作，家里的经济条件根本请不起律师。孙书良抱着试试看的心理拨通了当地的法律援助热线，援助中心的工作人员在了解情况后，要求孙书良携带有效的身份证明、经济困难证明以及与案件有关的材料来援助中心申请法律援助。

依照《法律援助条例》第十二条，公诉人出庭公诉的案件，被告人因经济困难或者其他原因没有委托辩护人，人民法院为被告人指定辩护时，法律援助机构应当提供法律援助。很快法律援助中心为孙书良指派了法援律师。本案的法援律师接案后多次会见了孙书良，在看守所里的这段日子让原本懦弱的孙书良看上去愈发沧桑。律师详细询问了案发过程，孙书良反复强调自己并不想杀死高强东，只是想吓唬他一下。查阅案卷的过程中，法援律师反复推敲了法医作出的鉴定报告。

高强东是由于孙书良和刘凤英的共同行为而死亡，那么孙书良和刘凤英是不是故意杀人的共犯呢?

依照我国《刑法》第二十五条第一款的规定，共同犯罪是指二人以上共同故意犯罪。共同犯罪一方面要求各个共同犯罪人对该罪主观上都具有故意。另一方面共同犯罪人之间存在着意思联络，意识到了在协作共同的一个行为。要求各共犯人主观上相互沟通，彼此联络，都认识到自己不是在孤立地实施共同行为，而是在和他人一起共同犯罪。

共同犯罪故意形成的时间，可以是在事先，即事先通谋的共同犯罪；也可以在事中，即在共同行为过程中，这被称为事先无通谋的共同犯罪。

此外，共同犯罪故意形成的方式没有特殊的限制。可以是明示的，也可以是暗示的；可以是通过语言、文字表达，也可以通过身体姿势、面部表情、眼神等表达。

本案中，刘凤英因为高强东一直向其索要钱财，产生了杀害高强东的念头，具有犯罪故意，然而丈夫孙书良则只是想趁高强东睡着了教训他一下，并没有杀害高强东的故意。并且刘凤英和丈夫孙书良并不存在合谋，两个人之间不存在任何形式的联络，彼此之间都不知道对方想要采取的行动，因此二人并不构成共同犯罪。

孙书良并不具有杀害高强东的故意，他仅仅是想教训一下高强东，并没有杀人的故意，但是孙书良应当预见自己的行为可能发生他人死亡的危害结果，因为疏忽大意而没有预见，符合过失致人死亡罪的构成要件。

最终，法院判决刘凤英犯有故意杀人罪，判处有期徒刑 20 年，孙书良犯有过失致人死亡罪，判处有期徒刑 3 年缓期 4 年。

对于这个原本幸福的家庭而言，结果是异常残酷的，刘凤英被关进了监狱，孙书良也背上了过失致人死亡的罪名。孙书良的大舅哥由于并未直接参与犯罪，也就没有追究其刑事责任。刘凤英入狱期间，丈夫孙书良多次带两个孩子去探望她，并且对她表示了原谅。

律师点评：

在涉及情感的案件中，存在问题的一方往往缺乏必要的责任感和道德观。刘凤英如果能够果断地处理好和高强东的关系，最终就不会是这样一种结果。

夫妻之间需要一定的空间和距离，然而真诚的沟通也是必不可少的。如果刘凤英能够坦诚面对自己的丈夫，也许就不会出现双双背负刑事罪名这样一个结局，刘凤英和丈夫孙书良之间正是由于缺乏必要的沟通，担心得不到对方的理解和信任，才一起走向了犯罪的深渊。刘凤英明知自己有孕在身，还隐瞒真相嫁给了孙书良，这种盲目、冲动的行为非但害了别人，更害了自己，如果当时能和丈夫早一点儿说实话，也许就不会出现这样悲剧了。

律师介绍

张丽娟，中央电视台社会与法频道《法律讲堂》栏目主讲人。北京市法律援助中心律师，北京市朝阳区民事业务专业委员会委员，曾获北京市“百名优秀公益律师”称号。从事律师行业多年，擅长婚姻家庭案件中的财产分割、子女抚养，对于解除同居关系、家庭暴力、损害赔偿、析产继承等家事纠纷领域具有较为深入的研究。

本期节目总编导：杨　晖

编导：杨　晖

谁害死了丈夫

推荐单位：北京市法律援助中心

主讲人：北京市炜衡律师事务所　杨琳

关键词　故意伤害（致死）罪与过失致人死亡罪的区别

这是一个周日的中午，刘培红从英语培训班接女儿下学回家，刚走进单元楼的一层，就看见从二楼自家门口出来几个陌生人，走在最后的那个留着平头的男人用手指着屋里，恶狠狠地说："我告诉你啊，这可是最后期限，到时候别怪哥儿几个不客气。"说完，"哐当"一声，摔上门，也跟着前面几个人下楼而去。门里边的人并没有跟出来。但是刘培红的心已经快要跳出来了，她下意识地搂着女儿往墙边儿上贴了贴，心想丈夫这是摊上事儿了，会是什么事儿呢？

刘培红等这几个人走远了，才战战兢兢地带着女儿赶紧回到家。推开门一看，丈夫徐向东正坐在沙发上闷头抽烟。丈夫看见她进门儿，没等她开口就"腾"地一下站起来，开口就要家里的存折。存折？家里哪儿有钱呀，每个月还完房贷就剩下一点生活费了。想到这里，刘培红一下就急了："没钱！你先说清楚那伙人是干什么的？都跑到家里来了，老婆孩子都跟着担惊受怕，你在外面干了什么好事？"性情泼辣的刘培红两手掐腰，忍不住大骂起来。原本老实巴交的丈夫连一句解释的话都插不上嘴，憋了半天才蹦出来一句话："真是受够你了！"说完头也不回地出门去了。

一直到晚上很晚，丈夫也没有回来，刘培红就赌气睡到女儿房间了。第二天早晨，她早早起来做饭，发现丈夫竟一个晚上都没有回来，这样的事可从来没有发生过。刘培红的心里“咯噔”了一下，产生了一种莫名的不安。正想着，电话铃响了，接起来一听，竟然是派出所的民警打来的，说是早上在郊区的河里发现了一具男尸，随身的证件上写有丈夫徐向东的名字，让她来辨认一下。这个消息无疑像晴天霹雳，刘培红整个人都蒙了，连鞋子都顾不上换就急急忙忙地赶到现场。当民警拉开装尸袋露出死者头部的时候，刘培红一下子瘫软在地上，没错，死者正是自己的丈夫徐向东。就在这个时候，突然有个女人扑过来对着她又打又骂，口口声声说是她逼死了自己的大儿子，要她一命抵一命。刘培红勉强睁开眼前一看是自己的婆婆，更是痛上加痛，两个人就撕扯起来。旁边的小叔子徐向南赶紧过来将她们拉开，劝她们有什么话回家再说，别当着这么多人的面打架。这时围观的群众越来越多，人群里七嘴八舌说什么的都有。很快，民警疏散了围观的群众，将死者的尸体送往殡仪馆储存，等待进一步调查。那么徐向东究竟是不是因为跟媳妇吵架，一时想不开跳河自杀了呢？为什么婆婆会怀疑儿媳妇逼死了大儿子呢？这还要从徐家的家庭关系说起。

刘培红和徐向东是高中同学。上学的时候，内向的徐向东就喜欢开朗的刘培红。高中毕业以后两人都没有考上大学，正式确立了恋爱关系，当徐向东回家将这个喜讯告诉母亲的时候，竟遭到了强烈反对。原因很简单，因为刘培红的父母都是普通的农民，没有稳定的收入和退休金，而且她还是家里的独生女儿，将来这老两口儿的吃喝拉撒都得由他们小两口儿来照顾。徐向东的父亲去世得早，他母亲不希望自己的大儿子负担太重，所以就坚决反对他们两个人来往。听到这个消息，刘培红性子直，就趁徐向东不在家的时候上门理论了一番。这还了得，没过门儿的儿媳妇就跟准婆婆叫上板了！老太太就更加反对他俩谈恋爱了。虽然最后徐向东顶住压力和刘培红结了婚。但是俗话说，相爱容易相处难。过了门儿的媳妇是事事要做主，好强的婆婆是处处挑毛病，三天一小吵，五天一大吵，家庭关系是一天不如一天。徐向东夹在中间左右为难，经常听他说的一句话就是：“不如让我死了算了。”这不，刚出事儿，婆婆就怀疑是儿媳妇逼得大儿子跳了河。

面对婆婆的指责，刘培红是欲哭无泪，回想起丈夫离家前，自己不等他开口解释就破口大骂，真是不应该。现如今竟阴阳两隔。难道他真的是因为受不了整日的争吵，一时想不开吗？想到这儿刘培红的心里自责得要绞在一起了，她万分后悔，要真是这样，她该如何去面对呢？很快，公安机关传来消息，经法医鉴定徐向东系溺水死亡，左臂处有瘀青系外力所致，也就是说，他临死前，可能被别人打过，留下了瘀青。听到这个消息，刘培红觉得有问题，丈夫一定不是自杀。但是怎样才能知道事情的真相呢？

一连几天都米水不进的刘培红，眼窝都塌下来了。娘家人看着她魂不守舍的样子，担心她也想不开，就让表妹小文留下来照顾她们娘儿俩。这天，门外传来了急促的敲门声，小文不明就里打开了门，结果闯进来几个气势汹汹的男人，正是那天刘培红在家门口碰到的那伙人。来人拿出了一张50万元的欠条，上面有徐向东的亲笔签名，而且还写明拿自家的房子作抵押。原本就已经很虚弱的刘培红看着这50万的欠条，差点晕过去。她不敢相信这是真的，她从来都没有想过丈夫会欠这么多钱。她对丈夫还是了解的，虽然有个蔫主意，经常背着自己接济他那不争气的弟弟，但是平常也没有什么不良的爱好，再说这么大数额的欠款也没见他花到哪儿去啊。

问那为首的平头男人，他也说不清这钱是怎么借的，为什么借。刘培红想，这没准儿是讹诈呢，就坚决不认这笔账。双方僵持了很久，那平头男人丢下一句话：“你别跟我们说这么多，白纸黑字，欠债还钱，看在你家老徐刚走的份儿上，宽限你们一个月，赶紧从这房子里搬出去吧。”说完，这伙人又摔门走了。

刘培红只觉得天旋地转，站都站不住了。丈夫死得不明不白，婆婆怀疑是自己逼死了丈夫，现在凭空又冒出来50万元的欠款，连房子都抵出去了，眼看自己和女儿马上就要无家可归了。仿佛一夜之间，各种灾难都压在她一个人的身上，她实在是受不了了，一下子病倒在床上，发起了高烧。表妹小文赶紧在家里找药，就在她翻箱倒柜的时候，在抽屉的最里边儿发现一张保证书，上面写着：“我保证从今以后再不赌博了，一定好好挣钱，想办法尽快还完这50万。如果再犯，听凭哥哥发落。保证人：徐向南。”小文赶紧交给了表姐。刘培红一看，恍然大悟，肯定是丈夫背着自己替他弟弟顶债，还用自家的房子作担保。害怕自己知道了跟他闹，就一直隐瞒着不说。现在期限到了，债主就逼上门儿来了。这跟丈夫的死会不会有关系呢？

刘培红顾不上发高烧，拿着保证书马上去找婆婆。见了面就一把鼻涕一把泪地诉说，债主是如何逼债，丈夫是如何背着自己替他弟弟顶债，还拿自己家的房子作担保，一定要婆婆给个说法。婆婆听完后将信将疑，但是当看到保证书的时候，也知道事情不那么简单了。她马上给小儿子徐向南打电话，让他赶紧回家。

要说这个徐向南，可真是个让人操心的主儿。从小就爱惹是生非，现在都快30岁的人了，也没有什么正经工作，女朋友换了一个又一个，整天晃晃荡荡，不务正业。跟他哥哥相比，那就是两类人。哥哥老实本分，勤快懂事，比弟弟大了将近10岁，从小就知道照顾弟弟，父亲去世以后，就更加疼爱这弟弟。可是父母和哥哥的溺爱，却使弟弟变得又懒惰又自私。自从哥哥出事以后，他的话少了很多，虽然还是一天到晚不在家，但是开始关心母亲了，似乎明白自己现在成了家里的顶梁柱。

他接到母亲的电话，很快就回来了。一进门儿老太太厉声问他，这50万元的债是不是他欠的？刚开始他一口否认，说自己不知道这事儿，再问就什么也不说了。气得嫂子刘培红一把将保证书拍在桌子上。这下，小叔子的脸色瞬间变得煞白，他愣了一会儿，竟然“扑通”一声跪在地上，知道这事儿是瞒不住了，就边哭边说，都怪自己不争气，不想吃苦还想挣大钱，学会了赌博，欠了很多债，债主到处追杀他，他实在没有办法了就去求哥哥救命。哥哥呢，是又气又恨，可是说到底这是唯一的亲弟弟，不忍心不管，就咬着牙替他扛了这50万元的债。

刘培红听到这儿，气得跳起来告诉小叔子，这债，自己是不会认的，让他说出来那伙人的地址，她要去澄清这事儿。小叔子吓得连连摆手，说那伙人心狠手辣，什么坏事都干得出来，劝她千万不要去。性情刚烈的刘培红一定要去找，她要弄清楚丈夫的死是不是和这50万元的债务有关，是不是和那伙人有关？一听这话，小叔子更加慌张。他抱着母亲的腿，说都是自己的错，不该赌博，不该让哥哥顶债。这段时间自己忙着找工作，也没跟哥哥联系，没准儿是债主找不到他，就去逼哥哥。到底哥哥怎么死的，自己是真的不知道。老太太一听这话，就边哭边打，让他说出来那伙人的地址，自己也要去找。她也要弄清楚是不是那伙儿人因为这50万元的债，逼死了自己的大儿子。小叔子这才很不情愿地说出了地址。

刘培红和婆婆找到了那伙人。说这冤有头债有主，自己是不会认这50万元的，要把欠条给要回来。那伙人当然不同意，还威胁说如果到期收不了房就给她们点儿颜色看看。听了这话，刘培红和婆婆更加怀疑徐向东的死和他们有关。婆媳俩人就忍不住坐在地上号啕大哭起来，要他们还自己的亲人。过了很长时间，那伙人似乎动了恻隐之心。平头男人上前对她们说，上门讨债是真，杀人灭口可没这个必要，把人给逼死了，谁还债呀？还告诉她们徐向东死的那天，曾经和他弟弟一起来还过1万块钱。可以从那50万里扣出来。让她们赶紧回去腾房吧，在这儿哭闹也没用。说完，几个人就扭头走了。刘培红听了，浑身一激灵。什么？小叔子和他哥哥一起来还过钱？他明明说最近没见过他哥哥，他为什么要说谎呢？难道他知道哥哥的死因？

刘培红越想越激动，和婆婆说出了自己的猜疑。两个人都觉得事关重大，赶紧给小叔子打电话。可是电话已经关机。婆媳两人顾不上悲伤，急匆匆地往家赶。

回到家里，徐向南并不在家，连日常换洗的衣服也不见了。婆媳两人挨个给亲戚朋友打电话，都说没有见过他。就这样找了一夜，能想到的地方都找遍了，也没有徐向南的踪影。刘培红陪着婆婆像热锅上的蚂蚁，心想这个家是再也经不起什么风吹雨打了，小叔子可千万别再在有什么意外了。可是一连几天，都没有一点儿他的音讯，他会在哪儿呢？他到底遇见了什么事儿呢？

就在家里人各种担心，万分焦急的时候，小叔子徐向南自己回来了。整个人都瘦了一圈，胡子拉碴，非常落魄。一进门，二话没说，竟然“扑通”一声又跪在地上，哀吼着说是自己将哥哥推下水的，没想到哥哥会淹死。嫂子去找那伙人的时候，就知道这事儿是瞒不住了。出逃这几天，吃不下饭，睡不好觉，心理压力非常大，思前想后，决定回来给母亲和嫂子一个交代。这一下，刘培红反倒没了主意。家里公公早年已经去世，丈夫也人死不能复生，如今再搭上小叔子一条性命，这个家就真的要散了。婆婆也曾经哭着求过自己，让她放过小叔子。可是，如果不追究，那丈夫岂不是白白冤死了。到底该怎么办呢？就在她拿不定主意的时候，小叔子徐向南决定投案自首。

很快，公安机关以涉嫌构成故意伤害（致人死亡）罪对徐向南进行刑事拘留，当刘培红和婆婆收到刑事拘留通知书的时候彻底绝望了，她们不能接受自己家里发生这样的事儿。哥哥替弟弟顶债，还拿自己家的房子作担保，最终竟被亲弟弟害死。婆婆两只手捶着胸口，老泪纵横，怨恨自己没有教育好小儿子，让他走上了邪路，害了自己也害了他哥哥，一时气血攻心，病倒在床。而刘培红呢，当初一心想替丈夫申冤，当她真正面对这一刻的时候，心里是五味杂陈。她同样想不明白，为什么备受哥哥疼爱的弟弟会如此丧心病狂，下此狠手，难道仅仅是因为哥哥没钱替他还债吗？

刘培红和婆婆都无法理解和接受徐向南把他哥哥推下水的行为，心中充满了愤恨，她们拒绝为徐向南委托辩护人。但是我国的法律是为了保护司法的公正和程序的正当。根据我国《刑事诉讼法》第三十四条第三款的规定，犯罪嫌疑人、被告人可能被判处无期徒刑、死刑，没有委托辩护人的，人民法院、人民检察院和公安机关应当通知法律援助机构指派律师为其提供辩护。本案中，徐向南涉嫌构成故意伤害致人死亡罪，根据我国《刑法》第二百三十四条的规定，可能被判处无期徒刑或者死刑。在他的亲属拒绝为他委托辩护人的情况下，法律援助机构很快为他指派了专业的法援律师。

法援律师马上会见了徐向南，详细地了解案情。憔悴不堪的徐向南一五一十地向法援律师讲述了整个案件的经过。

原来，徐向南游手好闲，染上了赌博，输了很多钱，他想在牌桌上翻本儿，就越赌越大，越输越多，最终利滚利欠了那伙人50万元。还不起债，就天天被威胁，债主扬言要卸了他的胳膊挑断他的脚筋。徐向南每天担惊受怕，走投无路，就只好求哥哥出面给那伙人打下了50万元的欠条。债主把刀架在弟弟的脖子上要求哥哥承诺用自己家的房子作担保。

但是，哥哥的收入也不高，家里的房子还还着贷款，一时也还不上这么多钱啊。眼看期限快要到了，债主就找上门来，要求哥哥家到期腾房。就出现了开头刘培红碰到的那一幕。那天，徐向东出门以后，就找亲戚朋友东拼西凑，凑了1万块钱，当天下午就带着弟弟一起给那伙人送去了。回来的路上，哥俩越想越发愁，这剩下的49万拿什么还呢？哥哥更是越想越生气，害怕这事儿让媳妇知道了还不把天给翻过来啊，就不停地骂弟弟。刚开始弟弟并没有还嘴。当两个人走到河边时的时候，哥哥越骂越生气，就对着弟弟推搡了几下。弟弟忍不住还手打了哥哥一拳，谁知哥哥脚下一滑竟掉进了河里。弟弟赶紧伸手去抓也没抓住，正要跳下水时，他转念一想，把哥哥救上来，免不了又要打骂自己，反正哥哥水性好，夏天也经常在这河里游泳，不会有什么危险，不如干脆逃跑吧，想到这儿，竟然一溜烟儿跑了。

可是万万没有想到，第二天竟传来了哥哥被淹死的噩耗，徐向南是既害怕又后悔，害怕的是如果告诉家里人，是自己不小心把哥哥推下水的，她们一定不会原谅自己。尤其是嫂子，不定会怎么对付自己呢。后悔的是，让哥哥骂两句，哪怕是打一顿，自己也不该还手呀。要是当时把哥哥救上来就好了。现在说什么都晚了。

但是他坚定地对律师保证，自己绝对不是故意要把哥哥推下水淹死的，只是一时冲动才还了一拳。没有救他是因为知道哥哥水性非常好，想他不会有什么危险。那可是自己的亲哥哥呀，还在替自己顶着债，怎么会希望他死呢？说完，双手捂着头痛哭起来。

法援律师通过一系列的工作，详细地了解了案情和证据之后，认为徐向南不应当涉嫌构成故意伤害致人死亡罪，而应当涉嫌构成过失致人死亡罪。遂向侦查机关提出了以下法律意见。第一，徐向南是在受到哥哥的训骂之后，出于自我保护给予的反击，没有主动实施暴力的意图。第二，哥哥的游泳技术非常好，而他落水的地方水深不过3米，水势也很平缓，在这种情况下，徐向南认为哥哥落水不会有危险，没有及时救助也符合常理。第三，两个人的兄弟感情很深，徐向南正是需要哥哥替自己还债的时候，他怎么会故意伤害自己的亲哥哥呢。为支持自己的法律意见，法援律师出具了哥哥游泳时的照片。

当刘培红从法援律师那里了解到小叔子的悔罪表现后，她的心里产生了新的想法，她让法援律师转告小叔子，事已至此，该他承担的，就好好改造，如果有希望，就争取宽大处理。家里的事儿让他放心，自己会照顾。

很快，侦查机关移送检察院审查起诉。法院马上就要开庭审理了。那么法院会如何判决呢?

这就涉及“过失致人死亡罪”这个法律点。我国《刑法》第二百三十三条规定，过失致人死亡的，处3年以上7年以下有期徒刑；情节较轻的，处3年以下有期徒刑。所谓过失致人死亡罪，是指行为人因疏忽大意没有预见到或者已经预见到而轻信能够避免，造成的他人死亡，剥夺他人生命权的行为。

本案中，徐向南因为受了哥哥的训骂，还手打了哥哥一拳，致使哥哥不小心滑入河中。主观上认为哥哥会游泳，河水不深，水流不急，就没有及时救助，最终导致哥哥的死亡，属于疏忽大意的过失，应当承担过失致人死亡的刑事责任。

在侦查过程中，徐向南主动坦白自首。主动检举揭发，提供重要线索，配合公安机关一举捣毁了隐藏在郊区的非法赌场。同时经过调查，证明了50万元债务为所欠的赌债，不受法律保护。而刘培红和婆婆作为受害人家属也接受了徐向南的忏悔，表示了谅解。

依照法律的规定可以从轻或减轻刑罚。最终法院采纳了法援律师的辩护意见，判决徐向南过失致人死亡罪，有期徒刑3年。

拿到判决书后，刘培红心里的石头总算落了地，丈夫的死得以申冤，房子也保住了。婆婆在得知真相后也诚恳地向她道了歉，怨自己这么多年不该对她有偏见，更不该一开始就怀疑是她逼死了自己的大儿子。而狱中的徐向南每天都在赎罪，他想好好改造，争取早一天出去，哪怕再苦再累也要光明正大地去找一份工作，好好赚钱，养活自己，养活老母亲，为嫂子分担家庭的负担。

律师点评：

本案真相大白之时，不禁让人唏嘘感叹。亲人之间的爱不是娇纵，不是袒护，而是正确的引导和扶持。当面对家庭危机的时候，亲人之间更应当及时、充分地沟通，更多一份包容和理解。运用法律的思维去厘清是非，或许能避免悲剧的产生。

律师介绍

杨琳，北京市炜衡律师事务所合伙人，北京市律师协会女律师工作委员会副秘书长。中央电视台社会与法频道《法律讲堂》主讲人。中央人民广播电台《乡村之声》特约嘉宾。

主要业务方向：并购、新三板、私募基金、企业法律顾问、合同纠纷等诉讼、非诉及仲裁等法律服务。民事业务方向：婚姻家庭、财富传承。

热心公益事业，积极参与市、区两级法律援助工作，现为北京市多个区县人民政府公益律师。

本期节目总编导：郝燕飞

编导：王　莉

山中猎“物”

推荐单位：江西省司法厅

主讲人：江西省贵溪市法律援助中心　舒盈

关键词　故意杀人罪与过失致人死亡罪的区别　非法持有枪支罪

这是南方的一个偏远山区，居住的大多是少数民族，这里林深树密、枝繁叶茂，神秘的深山让人不由得心生敬畏。在深夏的某个晚上 11 点，寨民雷大军来到了山林的深处，由于树木茂盛，月色下的密林笼罩着一丝阴暗，四周一点儿都看不清，这让他有些不寒而栗。雷大军拿起枪，双手握得紧紧的，开始往回走，可是还没走几步，他敏锐的耳朵就觉察出了异样。在右手不远处的树林中似乎隐藏着什么东西，声音似有似无，隐约好像是喘息声，雷大军深吸一口气，慢慢地向前靠近。忽然，树林中突然惊现一个人的背影，而且还发出了一种低沉的吼声，回音飘荡在黑暗的深山，让人听了毛骨悚然。此刻，雷大军浑身的毛孔都竖了起来，吓得目瞪口呆，等缓过神后，他慌乱地对着前方开了一枪，树林中随即发出了“啊”的一声叫喊，此时的雷大军已经顾不了更多，他撒开了腿、拼了命地往山下跑去。

第二天清晨，“雷大军好像猎到野人”的消息一瞬间传遍了整个山寨，全寨的壮年男子整装待发，结伴前往山林深处。雷大军带领大家来到了事发地，可是眼前的这一幕却出乎了所有人的意料。只见树林后的草地上真的躺着一个人，但是这个人身着宽大的黑衣黑裤，胸口中枪血迹斑斑，身旁散落着手电筒和一个竹篓，很明显这只是一个普通人，根本不是人们口中所说的

"野人"，并且这个人已经气绝身亡。此刻，在场的所有人全部鸦雀无声，雷大军更是半晌说不出话来，但是最后，他还是决定报警了。在将尸体抬下山后，警车也开进了这个山寨，在这个偏远的少数民族山寨，极少出现过民事纠纷，更别说致人死亡的刑事案件了，在全寨人的默默注视下，雷大军被带上了警车，同时收缴了那把致人死亡的枪。

那么，雷大军为什么半夜出现在深山，他想干什么？而这个被枪打死的所谓的"野人"又到底是谁，他为什么也半夜出现在深山呢？种种疑问，还要从寨民大壮所经历的一桩怪事开始说起。

那是初夏的一天深夜，山寨旁的田地里隐隐约约传出了一种窸窸窣窣的声响，引得寨子里的狗狂叫不停，吵醒了劳作一天疲惫的寨民大壮。想到庄稼被下山的动物糟蹋得不行，自己又辛苦补种了一整天，大壮的心里早就气愤不已，于是他起身拿着尖叉出了门。大壮蹑手蹑脚地来到田地旁，但是声响却听不见了，明亮的月光下，他看见刚补种的红薯苗又被连根拔起，心里的怒火"腾"地一下就上来了，"今天非要抓到这捣乱的东西不可。"大壮愤愤地说。就在他往前方张望时，突然，"嗖"的一声，什么东西从身后跑进了深山，于是，大壮赶紧转身追了进去。

此时已经快 12 点了，浓密的森林被黑夜包裹着，月色中隐约透着一些光影，除了树上偶有鸟儿拍打翅膀的声音，一切都显得神秘而又安静，可这种安静却让人感觉有点诡异，大壮把尖叉拽得紧紧的，心里有些举棋不定。此时此刻，不远处的灌木丛中突然发出了声响，"肯定就在这儿。"借着月光，大壮举起尖叉上前走去，可就在仅差两米距离时，灌木丛中突然掠过一个类似人的身影，而且月光映照下的身影显得特别大，大壮一下子被眼前所见惊呆了，他睁大眼睛想再看个清楚，可是接下来更为惊悚的是，灌木丛中又发出了一种低沉的声音。在这个天高夜黑的晚上，回音环绕四周，让人听了毛骨悚然。此时，大壮浑身的汗毛都竖了起来，手中的尖叉失控落地，他慌不择路、连滚带爬地一路跑回了家。

第二天，大壮一病不起，家人怀疑是碰上了传说中的"山神"。"山神”，是这个民族对于深山中所谓神秘神灵的敬称，他们认为各种鬼怪精灵皆依附于山，于是将山岳神化而加以膜拜。传说流传至今，在这个偏远的小山区，信息不发达交通闭塞，寨民们对于神灵鬼怪仍充满了虔诚的崇拜，有时还保留着祭祀山神的风俗，即将祭品鸡、猪肉等投入山谷或悬在树梢，以这种方式表达对山神的敬畏。寨民认为“山神”能够呼风唤雨，保佑平安健康，但它也能降灾降难，一旦触犯，轻者患病重者死亡。于是当晚，大壮家里请来了当地的“茅山道士”，也就是能帮助消灾解难的大仙，设坛烧香、布场作法，最后画了一道符贴在大壮的床头，说是可以驱鬼降魔。就这样折腾了三天三夜，或许是心理作用，大壮的病还真的好了。

病好后的大壮要找回丢失的尖叉，于是又来到深山，虽然是大白天，但他仍旧心有余悸。大壮找到了那晚的地点，一眼就看见掉落在草丛中的尖叉，赶紧捡了起来，可眼睛却不由自主地朝前方灌木丛中望去，他突然萌生了想要过去看看的想法。于是，大壮使劲咳了几声，拿着尖叉壮着胆走了过去，可是接下来所看见的场景，却让他大吃一惊。只见灌木丛后有许多杂草倒地，从倒的方向可以看出，这里明显有被踩压的迹象，而且面积还不小，大壮又仔细观察四周，发现还有一些植物倒向了一旁，像是有人走过的痕迹。这是怎么回事？难道那天晚上真的有什么未知的东西存在？此刻，大壮的心怦怦跳个不停。

就在接下来的数天里，庄稼还是照样不断被破坏，而且又出现了离奇的事。有人反映半夜开灯上厕所时，听到了山脚发出的某种吼声，就像大壮所说的一样，像是人所发出的一种低沉的声音，并且奇怪的是，这种声音只在夜黑天晴时出现，每当下雨却又消失，一时间，恐慌传遍了整个山寨。就在大家对此将信将疑时，大壮站了出来，将寻找尖叉时所看见的情形如实说出，并坚称自己那晚看到的确实是一个人，与此同时，山寨的一位古稀老人又说，这里的深山中曾发现过野人的大脚印。于是传说越传越真，让寨民开始对此深信不疑，大家都认为，这里地处偏远山区，数百年来都是原生态生长，山高林密确实有深藏野人的可能。此后，“野人”的说法由此传开，以至于寨民们晚上不敢出门，更不敢去靠近深山的田地里干活，就连对不懂事的小孩都以“野人”来吓唬，弄得全寨人惶惶不可终日。

可是，就有一个人偏偏不相信，他就是故事开篇所说的寨民——雷大军。俗话说靠山吃山，这里山清水秀、树林茂密，境内富饶的森林资源、优美的天然景观，结合浓厚的民族文化，形成了这个地方得天独厚的自然资源。作为当地仅有的一个少数民族聚集地，竹林树木、山笋香菇等资源优势，使得山寨的人大多靠山生活，寨民们也养成了进山采山货的习惯，而雷大军就是这样的一位进山老手。但是，这些都不算什么，雷大军还有一个特殊的本领，那就是打猎。早在战争时期，雷大军的爷爷就是一名游击队员，战争结束后就在山里以打猎为生，而雷大军从小就跟着爷爷进山打猎，也练就了一身本事。几年后爷爷因病去世，临终前留给了雷大军一样东西，而这个东西就是一把枪。雷大军从小学东西快，连打弹弓的手法都练得十分纯熟，成年以后，他便开始惦记起爷爷留给自己的那个宝贝了。大军先拿树干当靶子，没过多久，他的枪法就越来越准，常常一个人进山打些野鸡野兔之类。数年后，政府不允许打猎，于是雷大军将它偷偷藏在了阁楼上，之后的这些年，他便再也没有碰过这把枪。

现在村里出了怪事，大家都认定山中有“野人”，就连小孩每天都不敢睡个安稳觉。而雷大军原本就不相信神灵鬼怪，更对“野人”的说法嗤之以鼻，以他的经验，庄稼地里留有被某种动物破坏的痕迹，而这种动物，他认为就是自己早年进山常碰到的“野猪”。野猪又称山猪，它躯体健壮、四肢粗短，身体呈棕褐或灰黑色，常侵入农田盗食和毁坏作物，白天不出来走动，由于早年猎杀与环境的恶化，数量已急剧减少，近些年几乎没有发现它们活动的踪迹。可是，对于“野猪”的说法，任凭雷大军怎么说，寨民们就是不相信，所以他心里就想着，自己非要把这个罪魁祸首找出来不可。于是，在一天半夜，雷大军一个人悄悄起床，随身就带上了那把沉寂数年的枪。

雷大军蹲守在山脚的田地里，可是两个小时过去了，寂静的四周没有发出任何异样的声响，雷大军打了个哈欠起身准备离开。可就在此时，远处山脚忽然传来了树枝摇晃的声音，肯定是野猪，雷大军想都没想，赶紧飞跑过去。或许是察觉有人过来，还没等他赶到，树林中的那个东西明显调头往深山跑，于是，雷大军就一头钻进树林跟着一直追。只听见前面的树叶被弄得“唰唰”作响，而雷大军累得气喘吁吁却还是跟不上，等他停下来喘口气时，却发现追的那个东西早已没了踪影，到处静悄悄一片，只听见自己一个人的喘气声，而此时的他已经来到了山林的深处。这之后发生的事情，也就是开头所讲述的，雷大军拿着这把枪不仅没有猎到野猪来证明自己的判断，却意外地用它打死了一个人。

经过警方的勘探调查，证实所谓的“野人”根本就不存在，破坏庄稼的罪魁祸首其实就是一只野猪，由于去年雪灾导致植被受损、食物缺乏，这只野猪才下山觅食，同时警方查明，这个被枪打死的人名叫孙来福，30岁出头，住在离这儿很远的集镇上。说到他，邻里八方无人不晓，孙来福家境富裕，父辈早年在集镇置下了房产，光靠店租就能维持生活。可是，他自己却偏偏不争气，年纪轻轻不干活，啃老不说还学会了赌博，家里给他娶了媳妇，却也拴不住他的心，还是天天泡在牌桌上。就在不久前，年迈的父母因病相继去世，夫妻俩便靠着祖业过着游手好闲的日子，典型的一对好吃懒做。而办案人员又在走访中得知，在事发前半个月，曾有人碰到孙来福在山寨转悠，可是通过调查社会关系，发现这里并没有他的任何亲属。那么，孙来福为什么来到这个偏远山寨，又为什么半夜出现在深山？事情的真相究竟是什么呢？

办案人员又通过走访询问，无意间发现了一个线索，有人反映在近些日子，总看见孙来福的媳妇背着一个竹篓，神神秘秘地进出集镇的一个餐馆。那么，这个餐馆和孙来福夫妻又有着什么联系呢？于是，警方协同工商部门对这个餐馆进行了突击检查，却没想到，竟然意外地发现了一个秘密。原来，这个餐馆外部看似很普通，其实它却是一个专门出售野味的隐藏点，在厨房内侧的一个偏僻角落，警方发现了许多珍稀的动物——猕猴、穿山甲、娃娃鱼、各种不同的鸟类，全都是国家重点保护动物。细心的民警看到地上的一个竹篓，和案发现场孙来福身旁的竹篓一模一样，于是便询问它的用途，了解到竹篓是用来装一种叫“石鸡”的蛙类后，民警恍然大悟，似乎明白了孙来福半夜出现在深山的原因。果不其然，在对孙来福的媳妇和餐馆老板进行突击审问后，事件终于真相大白。

原来，在这个少数民族的深山里盛产着一种特色的美味——石鸡。“石鸡”是当地的叫法，其实就是野生石蛙，石蛙习惯昼伏夜出，因肉味鲜美、健脾消积和滋补强壮的功效而遭到大量捕杀。在被列为国家二级重点保护动物后，山寨里几乎没人敢再抓，可几百元一斤的高价又让一些人冒险而为，而孙来福就是这样的一位。

自从父母离世后，夫妻俩便没了经济来源，光靠店租根本就不够他们赌博挥霍，可是，两人又好逸恶劳不愿干活，所以整天无所事事。这时，孙来福无意间听说这个餐馆收购野味，突然心里一亮。因为他知道不远处的山寨里盛产野生石蛙，而寨民们又不敢抓，这不需要本钱的生意最好赚钱了，于是他就和媳妇商量，两人一拍即合，便动起了抓石蛙的歪脑筋。由于怕别人知道，孙来福特意选择半夜进山，可是有时偏偏还会被人碰上，比如上次追野猪进山的大壮，情急之下他急中生智，故意发出怪声吓人，没想到，还真把人给吓跑了。后来，山寨里传出“山中有野人”的说法，便没人再敢进山，这又给孙来福提供了更多进山抓石蛙的方便，有时半夜下山碰到山寨有灯，他就故意装成“野人”发出吼声，让人闻之生畏。同时，因为石蛙习惯天晴出洞，所以孙来福下雨天基本不用上山，这也是为什么怪声只在夜黑天晴时出现，每当下雨却又消失的缘由。对于想到假装“野人”的绝妙好点子，孙来福自己得意了好一阵，还特意向媳妇和餐馆老板炫耀过，可是，他自己却万万没有想到，碰上了这个更为胆大的雷大军，把他当作野兽一枪给打死了。

与此同时，被关押在看守所里的雷大军却后悔莫及。他心里认定，即使有再多的巧合和意外，终究还是要杀人偿命，所以，雷大军被以“故意杀人罪”刑事拘留后，为了不拖累经济并不富裕的家庭，自暴自弃的他既不申辩也不聘请律师，打算一命抵一命。公安机关了解到雷大军没有辩护人，又考虑案件的特殊情况，于是通知了法律援助机构为其指派了律师。法援律师来到看守所，通过与雷大军的多次沟通和耐心开导，取得了他的信任，了解了整个事件的来龙去脉。律师敏锐地意识到，如果雷大军所说的都是事实，那么他的行为应当仅构成“过失致人死亡罪”，而不是“故意杀人罪”。那么，涉嫌罪名的不同对于雷大军来说意味着什么？在致人死亡的情况下，“故意杀人罪”与“过失致人死亡罪”又有什么区别呢？

故意杀人罪，是指故意非法剥夺他人生命的行为；过失致人死亡罪，是指由于过失导致他人死亡后果的行为。从量刑上来说，根据我国现行刑法，除一些特定情节较轻的情况，故意杀人的，处死刑、无期徒刑或者10年以上有期徒刑；过失致人死亡的，处3年以上7年以下有期徒刑，情节较轻的，处3年以下有期徒刑。由于量刑的巨大差别，区分是“故意杀人罪”还是“过失致人死亡罪”对于雷大军来说显得非常重要，而区分这两个罪名的关键在于两罪的主观故意不同。在司法实践中，对行为人主观故意的判断，不仅仅依据其本人的供述，还会综合考虑案发原因、犯罪时间、地点等诸多因素。本案中，如果能够证明，是孙来福自己故意发出怪声，让被告人雷大军在夜色中产生误判，慌乱中为自保而开枪，却误将孙来福击中致其死亡。那么，雷大军就没有杀害孙来福的主观故意，则他的行为只属于“过失”，应当仅构成“过失致人死亡罪”而不是“故意杀人罪”。

综合相关证据后，律师向公安机关递交了《律师意见书》，通过核查，公安机关予以采信，并在移交检察院的《起诉意见书》中，将雷大军涉嫌的罪名定为“过失致人死亡罪”。一个月后，法院如期开庭，在庭审环节中，法援律师又根据事实和法律提出了“本案被害人孙来福为捕抓国家二级重点保护动物——石蛙而故意制造‘野人’出没的假象，自身负有重大过错；同时案发后，被告人雷大军主动向公安机关投案，并如实供述了犯罪事实，属于主动自首行为。考虑以上事实，应酌情从轻处罚”等其他辩护意见。

最终，法院采纳了法援律师的观点，依法认定：一、被告人雷大军在视线不清的情形下，误将他人当作野物而持枪射击，导致他人死亡，其主观上并无侵害他人生命健康权的故意，应属过失。其行为客观上造成了被害人孙来福死亡的结果，符合我国刑法关于“过失致人死亡罪”的构成要件，应按“过失致人死亡罪”追究其刑事责任。二、被告人雷大军致被害人死亡所用的枪支，系结构完整、具有杀伤力的枪，国家明文禁止任何个人非法持有、私藏枪支弹药。被告人雷大军在没有合法持枪手续的情况下，将具有致伤力的枪支存放家中，且造成了人员伤亡，其行为已触犯刑律，这一行为符合我国刑法关于“非法持有枪支罪”的构成要件，应以“非法持有枪支罪”追究其刑事责任。三、考虑雷大军在案发后主动报警，又在公安机关接受调查时，如实供述了自己的犯罪事实，应认定为自首情节，依法应予从轻或减轻处罚。综上所述，根据《中华人民共和国刑法》等相关法律规定，法院判决如下：被告人雷大军犯过失致人死亡罪，判处有期徒刑 3 年 6 个月；犯非法持有枪支罪，并处有期徒刑 6 个月；数罪并罚，决定执行有期徒刑 3 年 8 个月。

当庭判决后，雷大军被依法带走，离开时他忍不住回头，看到了身后的父老乡亲，看到他们质朴而又关切的眼神，在这一刻，这个硬汉控制不住自己落泪而泣。要不是经历这一番，雷大军根本意识不到自己私藏枪支行为的危害性；而孙来福企图不劳而获，却给自己惹来了杀身之祸。在给他们带来教训的同时，也给这个闭塞山区的人们上了一堂深刻的法治课。

律师点评：

在现代社会，不通过诚实劳动，而通过不正当途径，甚至不惜通过装神弄鬼等迷信活动，来掩饰自己的非法目的，终将自食其果。轻则受罚，重则丢命。同时，本案告诉人们：敬畏自然是应该的，但不能盲目迷信地膜拜，要用科学的知识和冷静的分析来对待我们日常遇到的种种“怪象”。

律师介绍

舒盈，江西贵溪人，中文、法律本科双学历，现为江西省贵溪市法律援助中心法律援助志愿者。曾获“全国法治宣传教育先进个人”、中央电视台社会与法频道“2015年度《法律援助在行动》节目优秀主讲人”“鹰潭市人民调解能手”“鹰潭市实施法律援助民生工程先进个人”“鹰潭市十佳人民调解员”、第四届“鹰潭市杰出青年卫士”“鹰潭市巾帼建功标兵”“鹰潭市普法先进工作者”等荣誉称号。承办的《非因工死亡补偿无望 法律援助千里维权》案被评为2010年“江西省百优法律援助精品案例”，撰写的《迷信转运酿惨案 连续调解息怨恨》被评为2014年鹰潭市人民调解优秀案例一等奖。

本期节目总编导：郝燕飞

编导：侯旭鸣

被泼硫酸的女人

推荐单位：北京市法律援助中心

主讲人：北京市司法局　陶立昕

关键词　正当防卫　过错方损害赔偿

硫酸是一种具有强烈腐蚀作用的化学品，皮肤要是沾到硫酸，轻则烧伤，重则毁容。今天案例中的主人公张燕，就经历了一场硫酸毁容的悲剧。

周五下午 3 点，张燕盯着一桌子的好菜，正在抱怨丈夫赵凯，说好出差回来今天中午 12 点到家，可是都 3 点了还没见人影。7 岁的儿子小迪也很着急，不停地问："爸爸怎么还不回来啊？"张燕给丈夫打电话，手机却关机了。虽然最近一年来，丈夫因为加班、应酬，经常不按时回家，可是每次晚回家，他都会提前告诉家里的，怎么今天连个电话都没有？张燕正担心着，电话铃响了，张燕刚要开口，电话里传来了一个年轻女性的声音："请问是赵总家吗？我是赵总的秘书小王，赵总因为车祸住院了，你们能来医院一趟吗？"

住院？不是去出差了吗？张燕惊诧不已，既担心又奇怪。可是电话里说得清清楚楚，就是在医院，打电话的人确实是老公的秘书小王。放下电话，张燕带着儿子急急忙忙打车往医院赶。下了车正要走进医院住院部的大门时，张燕忽然听到一个熟悉的声音，在叫自己："燕子。"顺着声音一扭头，张燕目瞪口呆。大门边上，自己的丈夫竟然坐在轮椅上，两条腿、膝盖、手臂上，都被白纱布裹得严严实实。

张燕简直不敢相信自己的眼睛，老公走了七天，每天都打电话报平安，怎么就会出现车祸呢？而且出了车祸怎么也没告诉自己一声呢？正在张燕疑惑不解的时候，秘书小王说："嫂子，您别急，其实七天前赵总就出事了。我送赵总从公司去机场的时候，都到了机场了，赵总刚一下车，就被一辆拉客的汽车撞倒了。当时我们赶紧把赵总送到了医院，一检查发现伤得真不轻，左脚膝盖、右脚胫骨骨折，医生说以后有可能一辈子都要坐轮椅了。本来我们马上就想给您打电话，但是赵总清醒之后怕您着急，还要照顾儿子，就没让我们告诉您，想等出院后再慢慢跟您说。"

看着坐在轮椅上的丈夫，张燕心疼极了，说："怎么成这样了，你干嘛不告诉我呢？"想起自己和丈夫恋爱、结婚17年了，一起辛苦努力，如今丈夫出了车祸，而自己却不能在身边照顾他，想到这里，张燕的眼泪止不住往下流。

张燕和赵凯同龄，今年都是35岁。17年前，他俩从各自的家乡，考入了北京的一所大学，成了同班同学。两个年轻人郎才女貌，一见钟情，共同度过了四年美好的大学生活。毕业后，成绩优异的两人都顺利地留在了北京，赵凯去了一家大型外资企业，而张燕则去了一家国企。

毕业后那几年生活的艰辛，张燕至今仍无法忘记。赵凯虽然在外资企业工作，但是刚开始工资并不高，两人的工资加在一起，除了基本的生活开销，就剩不下多少了。两人的家又都在偏远的农村，不但帮不上他们，时不常还要他们寄钱回去补贴。毕业后的两三年里，他们都是实实在在的"月光族"。但生活的艰难，没能改变他们之间的爱情，在没有房子甚至连下个月住哪儿都不知道的情况下，张燕和赵凯登记结婚了。

婚后，张燕和赵凯的生活过得平淡而幸福，儿子小迪的出生更是为他们的生活增添了乐趣。为了改变生活状况，丈夫赵凯工作十分努力，经过十几年的打拼，他从外企的一名普通员工升职成为了一名业务总监，由于夫妻俩工作都很忙，无暇照顾孩子，为了支持丈夫的事业，张燕干脆回家做了全职太太相夫教子。就在小日子过得越来越红火的时候，丈夫却意外发生车祸，并有可能落下终身残疾，这天灾人祸让张燕觉得天都塌了下来。

把丈夫接回家后，张燕虽然心里难受，但是怕影响丈夫情绪，强忍伤痛，非常周到、细心地伺候丈夫。看到丈夫赵凯在家闷闷不乐，心事重重，似乎想说什么，但欲言又止，张燕想着肯定是因为发生了车祸，丈夫自己心里也不好受，缓缓就好了。

然而，老天似乎总在考验张燕的接受能力，三天后，令张燕做梦都想不到的一件事情又发生了。丈夫赵凯把张燕叫到轮椅前，从兜里拿出了一纸，让张燕签字，张燕心里一点准备都没有，看到"离婚"二字，瞪大了眼睛以为自己看错了。原来这是一份离婚协议，要求协议离婚。这些年来，随着家庭、孩子等琐碎事情的增多，两人在一起吵架的时候越来越多，但是从来没有吵到非要离婚的地步，而且丈夫平常对自己也是言听计从，也没发现过有外遇的迹象啊。

正在张燕愣神的时候，丈夫说："燕子，你对我好，我知道，但现在我已经成这样了，我不想拖累你和孩子，我想过了，咱们离婚吧。"张燕没想到丈夫提出离婚的理由，竟然是怕拖累自己和孩子！闻听此言，张燕心如刀绞，她想这么多年都过来了，再苦再难的日子，也都是夫妻俩一起走过来的，现在丈夫虽然残疾了，自己一心想着要全力照顾他，帮他进行康复，根本就没想过要撇下他不管，更别说离婚了。张燕不同意离婚。

赵凯有些急了，接着说："燕子，这么多年来，你跟着我也没少受苦，我不能再让你下半辈子也都搭进去，我坚决要求离婚，你还是找个更好的归宿吧。"张燕心里很不是滋味，就像打翻了调味瓶一样，五味杂陈，痛苦的是生活了 17 年的爱人要和自己离婚，感动的是丈夫离婚是为了自己好，考虑自己以后的生活。张燕哽咽着说："你别瞎想了，不管你以后怎么样，我都会陪你到老。"

张燕坚决不同意离婚。这时，丈夫赵凯看上去情绪很激动，坚决地说："不行，咱们明天就去把手续办了，你要是不同意离婚，我就死给你看，反正我现在都这样了。"赵凯似乎心意已决，挪动着轮椅就要往墙壁上撞。张燕赶紧一把拉住他，此时她心如刀绞，自己一直深爱着丈夫，以前是如此，现在他受伤了还是如此，不管将来怎么样，她始终坚信自己会一如既往。因为担心丈夫一时激动，再出现什么三长两短，张燕只好先暂时答应离婚，稳定丈夫情绪。

夜深人静，赵凯已经熟睡，可是张燕翻来覆去仍然睡不着。自己虽然答应丈夫离婚，可是终究只是缓兵之计，要是明天丈夫仍执意要求离婚，自己该怎么办？

正在辗转难眠之际，丈夫的手机发出了滴滴声，好像收到了一条短信。这么多年来，张燕深信丈夫，从来没有检查丈夫手机的习惯。即使丈夫早出晚归、应酬繁忙，她也始终充分相信丈夫。张燕不忍心吵醒丈夫，但是又怕误事，于是就拿起赵凯的手机，打开了短信，这一看不要紧，张燕的整个脸都僵住了。原来是一个叫“婷”的人发的，内容是：“说好三天内你和她离婚的，明天可是最后一天了。如果明天上午还不给我一个交代，我可是什么都干得出来的。”

张燕几乎不能相信自己的眼睛。短信的意思很明白，丈夫有外遇了，而且关系看来已经很密切了。张燕顿时想起来了，怪不得今天丈夫会要求和自己离婚，难道这一切原来都是有预谋的？那所谓的车祸、受伤是不是也都是有预谋的？可是谁也不会拿自己的性命、身体健康作赌注啊？莫非车祸根本就是假的？联想起车祸发生的时候丈夫也没通知自己，住院也没让自己照顾，出院接人还是在医院门口，到现在为止丈夫腿上都一直绑着厚厚的纱布，自己连丈夫的伤口都没看到。这一连串的事情，一环套一环，可是每一个环节似乎又都存在可疑之处。想到这些，她觉得和自己一起同床共枕十多年的丈夫实在太可恶了。

张燕再也忍不住了，但是她迫切地想知道这一切到底是怎么回事。她愤怒地把手机砸向了丈夫赵凯，喊道：“赵凯，你给我说清楚，这到底是怎么回事。”睡熟的赵凯，被突如其来的手机砸醒，听到妻子撕心裂肺的吵闹声，看了看手机短信，他顿时脸色惨白。

原来发短信的这个叫“婷”的女孩，实际上就是他的秘书王婷婷。今年24岁，一年前刚大学毕业，来到赵凯所在的外资企业，成了他的秘书。这个王婷婷不仅相貌身材出众，而且能说会道、善解人意。赵凯是企业业务总监，平常负责企业在华东、华南区域的所有业务，因此经常需要出差，每次秘书王婷婷都一块儿同行。再说，王婷婷从小丧父，缺少父爱，被赵凯的稳重成熟、宽容大度、果断干练所深深吸引，两人又经常有时间在一块儿独处，最开始，赵凯也没多想，因为他觉得自己的家庭美满、妻子贤惠，生活很幸福、很满足。时间长了，赵凯自然也无法拒绝王婷婷的年轻貌美、窈窕可人，久而久之两人便产生了好感，半年之后就搅到了一起。

半年来，赵凯在妻子面前总是小心翼翼，生怕妻子发现什么蛛丝马迹。平常在家，没有工作上的事情基本不和王婷婷联系。即使是外出和王婷婷鬼混的时候，也按时给家打电话报平安。所以，半年以来妻子张燕对丈夫的外遇竟然一点都不知情。

半个月之前，王婷婷发现自己怀孕了。于是，找到赵凯商量怎么办。赵凯想着自己有家有室，事业发展到今天的地步，也非常不容易，不想节外生枝，想让王婷婷把孩子打掉。王婷婷却认为这个孩子是他们俩感情的结晶，也是能真正拥有赵凯的一个理由，她想把孩子生下来。没想到赵凯一开口就要求她把孩子打掉，王婷婷觉得赵凯的决定简直是对自己莫大的伤害和侮辱。便怀疑赵凯从一开始便只是想和自己玩玩而已，根本就不在乎自己的感受，根本就不想负任何责任。于是不管赵凯好说歹说，就是坚持要把孩子生下来。而且，王婷婷要求他赶紧离婚，和自己结婚。王婷婷还据此要挟起来，告诉赵凯："我肚子里怀着你的孩子，你要是不离婚，我让你身败名裂、家破人亡。"

赵凯没想到一向温柔顺从的王婷婷，狠心起来竟如此狠毒。以前跟她在一起卿卿我我的时候，为了应付她，自己也曾向她许下过种种诺言，可那都是为了满足欲望一时敷衍她的谎话，没想到她居然当真。赵凯担心事情闹大，会对自己产生恶劣的影响，被逼无奈之下，便借着出差的机会，和王婷婷一起扮演了一出双簧戏。其实压根就没有交通事故，赵凯根本就没受伤，轮椅是花钱租来的，脚上的纱布也是王婷婷给包扎起来的，就是在医院门口装装样子而已，目的就是以赵凯已经残疾为由，迫使张燕离婚。

戏演得很生动，若不是因为王婷婷心急火燎的短信，事情一切都会按计划发展。张燕异常愤怒，她不能接受这个自己依赖、相信了17年的男人，会用这样卑鄙的手段，来实现这么不可告人的目的。她气愤之极，又夺过赵凯的手机，狠狠地砸在地上，手机、电池顿时散了开来。张燕指着赵凯的鼻子，边骂边打："你给我滚，我再也不想见到你。"张燕情绪越来越激动，只要看见什么，就抡起什么砸向赵凯，枕头、茶杯、花瓶、果盘散了一地，一片狼藉。儿子小迪被吓得不知如何是好，躲在房间里不敢出来。赵凯看张燕在气头上，什么都不敢说，就躲到了家门外的走廊里，如今事情败露，婚肯定是不好痛快离了，那又该如何向王婷婷交代呢？王婷婷这个丫头急了可是什么事都干得出来。没想到就在此刻，赵凯从走廊的窗户里看见楼下来了一个人，这个人就是王婷婷，赵凯一下子感觉世界末日了一样，肯定是一场硬仗，他也不知道应该如何面对这两个女人，干脆，赵凯进门抱起儿子就夺门而逃了。赵凯和儿子走后，张燕在家坐立不安，回想起一幕幕的往事，眼泪不住地往下流，然而此时的张燕，不知道一场巨大的灾难正在慢慢向她袭来。

就在张燕痛苦不能自拔的时候，忽然家里的门被人推开了，她一开始还以为是赵凯回来了，什么都不想说，没想到进来的不是别人，正是赵凯的秘书王婷婷。

原来，王婷婷看见发了最后通牒，赵凯不但没有回应，而且还把手机关了，音讯全无，想是十有八九事情没办成，躲起来不见自己了。她想：我都怀了你的孩子，你现在却不管不问了，还回家躲着我？想到这儿，王婷婷很是气愤，那个想让赵凯身败名裂、家破人亡的想法涌上了心头，决定给赵凯来点儿狠的。她一不做二不休，找了在电镀厂工作的一个老乡，编了个理由说家里装修想要一瓶浓硫酸，然后就来到赵凯家找赵凯，她想：我今天非要逼他给我一个交代。可是在她上楼来到赵凯家的时候，看见房门没有关上，虚掩着，只看见张燕一个人在沙发上坐着。

王婷婷看见张燕，一开始还有点儿心虚，张燕见王婷婷主动找上门来，更是怒不可遏，大声斥责她无耻，王婷婷本来就是带着火儿找上门的，一想到正是因为这个女人阻挡了赵凯和自己的幸福，就恶狠狠地威胁张燕："你信不信，你要是挡我的路，我让你后半辈子都不好受？"遭受了接连打击的张燕被气得头昏脑涨，实在没有力气跟王婷婷理论，轻蔑地挥了挥手说："滚！"然后坐在那儿一句话也不说，王婷婷觉得张燕根本不拿自己当回事儿，摆架子，气急败坏之下，突然从包里拿出那瓶硫酸拧开盖就朝着张燕泼了过去，张燕一看，王婷婷拿出了一瓶液体感觉事情不妙，就在王婷婷泼硫酸的一刹那，张燕一下子站了起来，本能地用手挡了一下。这一挡使得瓶里剩下的硫酸全撒到了王婷婷的身上。瓶身落地，屋里同时响起了两个女人的喊叫声。而抱起孩子躲出去的赵凯事实上并没有走远，他就躲在上一层楼的楼梯间，听到家里那么大的动静，吓得赶紧回家，知道大事不妙的赵凯，一进家门就闻到浓浓的硫酸味道，赶紧接上一盆清水就往两个女人身上泼，随后拨打急救电话叫救护车，两个女人被送进了医院。经抢救，张燕全身严重烧伤，脸部还被烧伤变形，王婷婷身体也有多处烧伤，肚子里的孩子也因此流产了。

两个女人的战争，造成了如此大的悲剧，赵凯知道事情闹大了，自己已经无力收场。就在张燕和王婷婷住院治病的时候，赵凯在护理了一段时间之后，带着家里所有的存款和儿子小迪，从此销声匿迹，不知踪影。

而王婷婷因为故意伤害罪被检察机关逮捕。此时，张燕处境十分悲惨，案发前，有着美好的家庭，过着幸福的生活。转眼间不仅一无所有，还落下了重大残疾，如今连生活都成问题。

张燕所在小区的居委会得知这一情况，给张燕出主意，得找个律师帮着她打这个官司。在居委会的帮助下，张燕来到了法律援助中心申请法律援助。张燕很担心，自己虽然以前家里生活不属于贫困，但现在存款都被丈夫带走了，自己没有工作也没有收入，能得到法律援助吗？根据我国《刑事诉讼法》第三十四条的规定，犯罪嫌疑人、被告人因经济困难或者其他原因没有委托辩护人的，本人及其亲属可以向法律援助机构提出申请。张燕所在市法律援助中心受理了张燕的申请，经过与张燕所在居委会的联系，居委会为张燕出具了经济困难证明，经过审查之后，该市法律援助中心决定给予张燕法律援助，很快就为张燕指派了法援律师。

法援律师帮张燕向法院提起了刑事附带民事诉讼，要求被告人王婷婷赔偿张燕的医疗费、精神损失费等各项损失。案件在审理过程中，被告人王婷婷提出，张燕在烧伤后打翻硫酸瓶，使被告人王婷婷受到了伤害，因此要求张燕也要承担责任。

得知这个消息，张燕不知如何是好。一方面，在这个事故中，王婷婷确实也受到了伤害，胸前和脸上都被烧伤；而另一方面，自己根本不是有意要把硫酸弄到王婷婷的身上，这到底应该算是什么呢？自己会承担责任吗？

法律援助律师仔细询问了张燕当时的案发经过之后，查阅案卷，又多次去张燕出事房子周围的邻居调查情况，核对硫酸的来源，确认是王婷婷把硫酸带到张燕家里的，这些犯罪预备工作都是王婷婷以伤害他人为目的进行的。张燕当时正在遭受王婷婷的不法侵害，当王婷婷端起那装满硫酸的瓶子泼向张燕时，她本能地阻挡王婷婷泼过来的硫酸瓶，虽然罐子里剩余的硫酸连瓶又推倒在王婷婷的身上，硫酸自然溅到了王婷婷的身上，同时也对王婷婷造成了损害，但是这个举动属于正当防卫，不负刑事责任。

法院采纳了法援律师的意见，判决：王婷婷犯故意伤害罪，判处无期徒刑。同时，要求王婷婷赔偿张燕医疗费、精神损失费18万元。

案件至此，终于使王婷婷得到了应有的惩罚。但是事情到此并没有结束，虽然法院判处王婷婷赔偿张燕医疗费、精神损失费18万元，但是王婷婷并没有可供执行的财产，而且因为被判处无期徒刑，在可预见的将来，王婷婷也没有偿还能力。

考虑到张燕的处境，法律援助中心的律师又费尽周折帮助张燕找到了消失的丈夫赵凯。同时提出了离婚诉讼，要求分割家庭共同财产，还要求赵凯承担损害赔偿责任。那么，张燕作为和赵凯婚姻中的受害一方，可以获得相应赔偿吗？根据相关法律规定，法院经过审查确认，赵凯变卖的房产和存款总共450万元，为夫妻双方的共同财产。因为赵凯与他人同居，存在过错，需承担赔偿责任。最终判决，360万元归张燕所有。

律师点评：

根据《中华人民共和国刑法》第二十条的规定，为了使国家、公共利益、本人或者他人的人身、财产和其他权利免受正在进行的不法侵害，而采取的制止不法侵害的行为，对不法侵害人造成损害的，属于正当防卫，不负刑事责任。此外，根据《中华人民共和国婚姻法》第四十六条：有下列情形之一，导致离婚的，无过错方有权请求损害赔偿：（一）重婚的；（二）有配偶者与他人同居的；（三）实施家庭暴力的；（四）虐待、遗弃家庭成员的。赵凯属于有配偶者与他人同居，所以张燕在离婚时可以请求损害赔偿。

一场硫酸惊魂有了最终的结果，法律惩恶扬善，维护公平正义，当事人各方均为自己的行为付出了代价。案例中的赵凯，如果能够对自己所做的一切负起责任，珍惜婚姻和家庭，也不会毁掉两个女人的一生和一个幸福的家庭。

欲壑难填，知足才会长乐。

律师介绍

陶立昕，毕业于北京工商大学和中国政法大学，民商法硕士，婚姻家庭咨询师（三级）。先后任职于北京市法律援助中心和北京市司法局外宣办。主讲的《法律援助在行动——消失的琴声》节目获国家广播电视学会2010年中国法制电视节目评选专题类节目二等奖，连续获《法律讲堂——法律援助在行动》2011年度、2012年度最佳节目奖。

本期节目总编导：杨　晖

编导：杨　晖、张振华

金钱诱惑后求撤案

推荐单位：北京市法律援助中心

主讲人：北京市亿达律师事务所　陈海航

关键词　伪证罪、妨碍作证罪

数码相机，本是记录我们生活中难忘的瞬间和美好的回忆，我们一般都会相信相机拍摄出来的照片应该是真实的。但这里就有几张一对青年男女的照片，他们依偎在一起，看起来像是一对亲密的恋人，而他们却是一起强奸案件的受害人和犯罪嫌疑人，而且围绕这照片的真真假假，警方还曾经大费周折，这几张照片牵涉到一起真假难辨的强奸案。

2013年10月18日深夜，在我国北方某地的一个县城的刑警队值班室里，跌跌撞撞地跑进来一个年轻女子，披头散发，衣衫不整，进来之后直接就趴在桌子上痛哭起来，值班民警一看就知道肯定有事，于是便倒了一杯水送到女孩面前，说："姑娘别着急，有什么事情慢慢说。"说完，从隔壁叫来了一位女民警，在女民警的劝说引导下，这女孩儿慢慢平静下来，抽泣着讲述了事情的经过。

原来，这女孩名叫刘玉，刚满20岁。在当地一家大酒店做餐厅服务员，就在半个小时之前，她被经常来酒店的一个客人给强奸了，当刘玉说出这个客人的名字的时候，民警们相互看了看，因为这个人大家还真的都知道，他的名字叫马浩。说到马浩，在这个小县城里可谓是家喻户晓，马浩的父亲是当地的一个房地产开发商，说是开发商，其实在几年前也就是一个小包工头，遇上了火爆的房地产市场一下子也就火起来了，一下子火起来的还有他的宝贝儿子马浩，是县城里有名的富二代，以前由于家里穷，马浩小的时候没少吃苦，即便是如今20多岁了，仍可以看得出有些发育不良的样子，这老子一下子暴富了，钱都不知道怎么花了，马浩的父亲对儿子是百依百顺，要什么给什么，要多少给多少。时间一长，马浩是吃喝嫖赌，无所不能，也属于公安局的常客了。所以，现在这个女孩来控告马浩强奸，民警一点都不感觉意外。

当然，当务之急是固定证据，在对刘玉做完问话材料后，民警又提取了相关证据材料，对于刘玉身上的伤痕和其他证据也拍照提取并送交鉴定部门，同时，立即查找犯罪嫌疑人马浩。

但是，这马浩却像是人间蒸发了一样杳无音讯，谁也联系不到他了。几天以后，就在警方准备将马浩列为在逃人员上网追逃的时候，一件意想不到的事情发生了，马浩自己主动来到了公安机关。那么，他是前来投案自首的吗？

当然不是，马浩来到了刑警队的时候非常从容，见到警察满脸堆笑，看不出一点儿犯罪后心虚和胆怯的迹象，也坦然承认那天晚上和刘玉发生了性关系。但是，自己和刘玉是男女朋友关系，两人交往很久了，当晚也是在双方自愿的情况之下发生的关系，事发的当晚两人为了一点小事吵架，刘玉一气之下才报的警，绝对不是什么强奸。

果真如此吗？警方没有轻信马浩的辩解，问道："你说你们是男女朋友关系，双方自愿发生的关系，你有什么证据吗？"马浩好像是胸有成竹，马上说："有！当然有证据！我们早就谈朋友了，警察同志，我这里还有我们以前的很多合影呢。你看看就知道是怎么回事了。"说着，从包里拿出一沓照片，而这些照片里面的一对青年男女不是别人，正是刘玉和马浩！

警方没有轻信这些，马上通知刘玉也来刑警队。这次，当刘玉第二次来到刑警队的时候，已经没有第一次的恐惧、绝望和悲痛，而似乎多了一点儿不安和胆怯。她吞吞吐吐描述出来的事件经过竟然和马浩所说的完全一致，最后，刘玉说了，当天的确是因为两人生气才来报案的，现在不告了，要求撤销案件。

那么，事情真的像他们所说的那样吗？刘玉作为受害人可以要求撤销案件吗？

这里，我们要明确一下，强奸罪属于国家公诉案件，也就是说，在发现有犯罪事实存在的情况下，是由公安机关侦查后，提交检察院代表国家向人民法院提起公诉，这类案件如果事实清楚，证据确凿，即使受害人要求撤销也不能结束案件程序，该追究刑事责任还是要追究的。只有在不构成强奸犯罪的情况下，公安机关才可以撤销案件。

所以，警方在没有其他证据来印证二人所说的是事实的时候，并没有按照刘玉的要求撤销案件，面对着这些照片和两人的一致说法，警方也没有轻信，还是要靠证据说话。所以决定还是先对马浩采取取保候审的强制措施，并告知其要保证随传随到，并不得干扰案件的审查。待案件事实调查清楚后，再作决定。

马浩走了以后，警察让刘玉留下来单独谈一谈，询问她是否受到恐吓和威胁，同时也提醒她如果提供虚假证明，作伪证可能会产生的严重后果。

但刘玉还是坚持了自己的说法，要撤销案件。案件似乎陷入了僵局，难道真的如两人所说的情况吗？刘玉是因为一时生气才来报案的？但是从刘玉第二次来刑警队慌乱的眼神和表情中，警方感觉到其中必有隐情。

对整个案情的证据材料梳理之后，警方发现了一个重要的线索——马浩提交给警方的照片有问题！照片是真实的影像，而且两个当事人都承认照片的真实性，还会有什么问题呢？

按照马浩的说法，自己和刘玉早就是恋人关系，他提交的照片也看得出两人的一些合影，照片上面还有数码相机记载的拍摄日期也都是在案发以前的八九月份，但是，警察首先发现了一个疑问，八九月份是夏季，而两个人穿的衣服却都是秋装，明显不是夏天的服装啊。第二个疑问，其中的一张照片上显示为2013年9月6日的照片是在一家咖啡馆里拍的，巧的是，从照片背景看到了一个日历，但不是很清晰，通过技术手段放大后发现日历上明确显示的日期是2013年10月21日，也就是案发之后的第三天，作为一家经营场所，总不至于9月份就将日历掀到10月份吧？这张照片上9月6日的日期很可能是故意调整的！因为数码相机的日期显示完全可以人工设置的，换句话说，这张照片的实际拍摄日期很可能是在刘玉第一次来公安机关报案后，也就是背景上日历所显示的2013年10月21日才拍摄的！

而此时，马浩已经消失得无影无踪了，但本案的关键人物还有刘玉，而正当警方准备再次传讯刘玉核实情况的时候，刘玉却在一位法援律师的陪同下主动来到了刑警队。这是她第三次来刑警队了，只不过这次她既不是报案，也不是要求撤销案件，而是前来自首的！

她向警察承认，自己上次来是提供了虚假的证词，照片也是在案发后自己配合马浩拍摄的。那么，为什么一个强奸案件的受害人要提供有利于犯罪嫌疑人的虚假证词呢？受害人在报案之后为什么还要和嫌疑人一起照相？这里面到底有什么样的背景？刘玉向警察讲述起了自己的身世和遭遇。

刘玉家住距离县城50多里地的一个村子，父母也就她一个女儿，父亲常年在外地打工，母亲在家务农，刘玉在初中毕业之后，为了减轻家里负担，就进了城打工，一直在城里的这家高档酒店做服务员。在酒店里，经历了无数次大大小小的婚礼，给刘玉留下了深刻的印象，在刘玉心中，就一直有一个梦想——她渴望有朝一日，有了自己的白马王子之后，也要像城里人一样举行一个有排场的、梦幻般的婚礼。她十分珍惜在酒店的工作，她想要用自己的努力，来改变自己的人生，实现自己的梦想。

但是最近一段时间，刘玉似乎遇到了麻烦，一个叫马浩的阔少是酒店的常客，经常找机会和自己套近乎，有时还动手动脚的。对于这样的纨绔子弟，刘玉是最反感的，因为刘玉自己也十分清楚，这马浩对自己绝对是不怀好意。所以，只要是马浩来用餐，刘玉就尽量躲开。

2013年10月18日晚上，马浩又像往常一样约朋友到饭店聚餐，并点名要刘玉提供服务，刘玉只好硬着头皮来到了马浩吃饭的包间，到了房间后，她只是赔着笑脸，默默地端茶、倒水，任凭他们说什么，刘玉都不搭话，几个年轻人又是喝酒又是划拳，在饭店包间里闹得不可开交，最后喝得个个都是舌头发硬才算结束。

马浩送走其他人之后，东倒西歪地来到了前台结账，翻腾了半天，也没掏出一分钱，摇头晃脑地支吾了半天才说，钱包放在楼下的车上了，刚才吃饭的时候忘记拿上来了，他指着刘玉对老板说："你叫这个服务员陪我一起去车里取一下钱包吧。"老板看马浩也真的喝了不少，就让刘玉和马浩一起下楼去取钱包。刘玉扶着马浩踉踉跄跄地走出了饭店，来到一辆车前，马浩让刘玉打开车门，刘玉搀扶着马浩坐到座位上，还没来得及松开马浩，就被马浩一手拽着胳膊，一手卡住脖子拽进了车里，还威胁她说："如果叫喊就掐死你。"就这样刘玉被马浩拖进了车里，刘玉也不敢反抗。马浩把车开到一个僻静处，不顾刘玉苦苦哀求强奸了她。随后刘玉下了车，马浩自己驾车扬长而去。于是，刘玉一个人拖着伤痕累累的身体，来到刑警队报了案。这就是上面开头所说的刘玉来到刑警队报案那一幕。

在强奸了刘玉的当天晚上，马浩没有回家，住在一个朋友家里。第二天清醒之后才感觉到了事态的严重性，多方打听也确认刘玉已经去公安机关报案了。这下事情闹大了，马浩不敢隐瞒，在电话里把这件事情告诉了父亲。

其实，在接到马浩的电话之前，马浩的父亲早就知道儿子犯事了，因为公安机关已经到家里找过马浩，虽说马浩的父亲对儿子的行为很是气恼，但事情到了这个地步，也无可挽回了，只能想点儿其他办法了，何况马浩的父亲怎么说也算是经历过风浪见识过世面的人，所以他决定在马浩没有被公安机关控制之前，尽快征得刘玉的谅解，于是他亲自来到了饭店，找到了刘玉。

马浩的父亲把刘玉请到一个角落，先是替儿子赔罪，说我一定会好好教训他的。接着提出要给刘玉一笔钱作补偿，让刘玉去公安机关证明她和马浩是恋人关系并申请撤销案件，刘玉听了非常气愤地说："你别以为你们有钱就可以摆平一切，我不稀罕，你儿子就等着坐牢吧。"说完就要走，而马浩的父亲赶紧拦住她说道："事情已经发生了，即使马浩判了刑坐了牢，对于你来说又能得到什么好处呢？还不是会坏了自己的名声，以后你怎么嫁人？如果你帮助撤销报案，就能得到一笔补偿，你就不用再在这里打工了，回家去做个生意多好呢？只要你说一个数字，我一定满足你。”

听马浩的父亲说完这些话，刘玉有些动心了。是啊，事已至此，即便是将马浩千刀万剐，也难解她心头之恨，但毕竟一切都已经无可挽回了。再说，自己以后的路还很长，想到这些，刘玉开口恨恨地说，那就拿10万块钱补偿我吧。在刘玉看来，10万块钱是个天文数字，对方肯定不会接受的，也是想借机给马浩家里一点教训，但是让刘玉没有想到的是，马浩的父亲马上就答应了。但同时，马浩的父亲还向刘玉提出了另外一个要求。

马浩的父亲早就想出了一个妙计，如果两人只是去说之前是恋人关系，可能没有说服力，如果刘玉和马浩拍一些显得比较亲密的照片，把照片上的日期设置到几个月之前，再提供给公安机关，由此证明两人在此之前就是恋人关系。有了这些假证据到公安机关就更好说了。

对方提出的合影要求使刘玉犹豫了。别说去和马浩补照合影，就是想到马浩的时候都觉得恶心。面对着刘玉的迟疑，马浩的父亲直接说道：“你不用考虑了，我给你加5万元，15万元，你按照我的要求做就行。”

这下，刘玉被彻底打动了，15万元对她太有诱惑力了，自己做服务员要工作多少年才能挣到15万元啊，有了这笔钱，父母以后也可以不用再像以前那样辛苦劳作了，自己的梦想可能也很快就能实现了。于是，她麻木地点了点头，之后就听凭他们的摆布，还和马浩一起去几个地方拍了很多照片，包括那家咖啡厅。

一切办理妥当之后，在父亲的安排下马浩带着照片来到公安机关投案。而后刘玉也按照约定去公安机关作了假证，当然最终还是被警方识破了，而正当警方准备传讯刘玉的时候，是什么原因促使刘玉又主动来到公安机关自首了呢？

原来，第二次从刑警队出来后，刘玉感觉并不轻松，尤其是想到警察单独向她讲明自己的行为可能构成伪证罪，刘玉更加紧张。在电话里和父亲说起了这事，父亲也感觉问题严重，告诉她说：“听说政府设立的法律援助中心可以提供免费的法律咨询服务，咱们村里的好几个人在城里打工遇到难题，就是到过法律援助中心寻求帮助，才讨回来公道。”父亲让她也尽快去那里咨询一下，看自己下一步该怎么办？于是刘玉怀着忐忑不安的心情走进了法律援助中心，值班的法援律师热情地接待了她，叙述完整个过程之后，法援律师首先对她的不幸遭遇表示同情，然后非常肯定地告诉她，她配合犯罪嫌疑人拍摄照片，欺骗警方并向警方提供虚假陈述，这种行为已经严重地干扰了国家司法机关的正常诉讼活动，已经涉嫌构成伪证罪。

刘玉委屈地问值班律师：“这15万元我难道不该要吗？难道马浩对我造成了这么大的伤害就不该对我赔偿吗？”法律援助值班律师告诉刘玉：犯罪嫌疑人为减轻对被害人的伤害，最大限度地获取被害人的谅解而给予被害人经济赔偿，并没有违反法律的禁止性规定，反过来，法律也没有禁止被害人接受该项经济赔偿，所以在刘玉并不是因为她接受了马浩父亲给她的15万元而构成伪证罪，而是因为她作为被害人，向公安机关提供虚假证明，意图帮助马浩隐匿犯罪事实而涉嫌伪证罪。所以在犯罪之后再将钱退回并不影响案件的构成，当然，现在需要做的是尽快去公安机关投案自首说明案件真实情况，以获得从轻处罚的机会。于是，刘玉在法援律师的陪同下，这才第三次来到刑警队，向办案警察说出了实情。

刘玉听从了援助值班律师的建议。但是，由于她只是一个打工妹，根本没有钱请律师帮助她。值班律师在了解了刘玉的经济情况后，为刘玉申请了法律援助。法律援助中心很快便为刘玉指派了法援律师。

依据《法律援助条例》的规定，在刑事诉讼中，犯罪嫌疑人在被侦查机关第一次询问后或者采取强制措施之日起，因经济困难没有聘请律师的，可以向法律援助机构申请法律援助。

法援律师在听取了刘玉的叙述后，建议刘玉尽快向警方自首。根据我国《刑法》第六十七条的规定，犯罪以后自动投案，如实供述自己的罪行的，是自首。对于自首的犯罪分子，可以从轻或者减轻处罚。其中，犯罪较轻的，可以免除处罚。

刘玉经过再三思考，在法律援助律师的陪同下向警方说出了实情。马浩迫于警方的压力，在外躲藏了几日也来到了公安机关投案自首，承认了自己的犯罪事实并在父亲的帮助下制造虚假证据的过程，马浩的父亲也因此被采取了强制措施。侦查结束后，经检察院起诉至人民法院。最终，法院经过审理认为，被告人马浩犯强奸罪，判处被告人有期徒刑3年。

而刘玉呢？构成伪证罪。法援律师在庭审过程中，向法庭提出：鉴于其是强奸案的受害人，且主动到案自首，建议从轻处罚。最终，刘玉因伪证罪被判处有期徒刑1年，缓期1年执行，其收取马浩父亲的15万元予以没收。

马浩的父亲通过金钱收买的方式指使刘玉作伪证，以期达到帮助儿子马浩摆脱刑事责任的目的，其行为已经严重妨害了国家司法机关的诉讼活动，构成刑法中规定的妨害作证罪。依法判处有期徒刑1年。

在本案当中，马浩的父亲和刘玉都是以不同的方式向公安机关提供虚假的证据，其行为都是妨碍和干扰了国家司法机关的正常诉讼活动，所不同的是，伪证罪是行为人出于某种目的自己亲自向司法机关提供伪证的行为，而妨碍作证罪则是行为人以暴力、威胁、贿买等方法阻止证人作证或者指使他人作伪证的，行为人自己则是幕后指使和提供帮助。这是伪证罪和妨碍作证罪的区别。

律师点评：

本案虽然已经结束，但是这桩真假强奸案带给我们的思考却并未结束。刘玉本来是被害人，但却被金钱蒙蔽了双眼。在马浩父亲金钱的诱惑下为帮助马浩开脱罪责向警方作了虚假陈述，并制造伪证企图掩盖事实真相。好在其能够及时悬崖勒马，及时找到法律援助中心寻求帮助，并能够听取法援律师的建议，向警方自首，并如实供述案件的真相。在法律援助律师的帮助下，刘玉获得了相对较轻的刑罚。

在本案当中我们看到，马浩、刘玉和马浩的父亲都为自己行为付出了代价。通过本案，使得马浩和他的父亲明白，金钱买不来自由，使得刘玉明白，金钱买不来幸福，而作为一名律师，我们认为，金钱更难以掩盖真相，要想人不知，除非己莫为。

律师介绍

陈海航，北京亿达律师事务所高级合伙人。曾获2006年度“北京市法律援助优秀律师”，2009年度、2010年度、2013年度“北京市法律援助先进个人”，2010年度、2014年度“北京市百名优秀刑辩律师”等荣誉称号。从业数十载，广泛涉猎刑事、民事、行政等诉讼业务以及公司法务、金融、房地产等非诉讼业务。本着对承办的案件细致严谨、精益求精的态度，直接承办或间接参与的各类案件达六百余件，其中重大死刑案件和经济案件百余起。

本期节目总编导：杨　晖

编导：杨　晖

被女友隐瞒的过去

推荐单位：北京市法律援助中心

主讲人：北京市国联律师事务所　刘贺强

关键词　过失犯罪；帮助当事人毁灭、伪造证据罪

这一天傍晚，王彦东像往常一样，来到女友单位附近等着和女友张倩一起下班回家。没多久，张倩从单位里走了出来。王彦东刚要上前打招呼，突然，他看到一辆汽车停在了张倩身边。从车上下来一个中年男子，伸手就去拉扯张倩。张倩先是一愣，然后满脸惊恐地往后躲闪。王彦东看到这儿赶忙跑了过去，一把推开那个男人，呵斥道："你想干什么？"没想到，这个男人并不理会王彦东，还将手伸向张倩。王彦东一边用身体护住张倩，一边掏出手机准备报警。可就在这个时候，张倩却做出了一个出人意料的举动，她一把夺过王彦东的手机，拉起王彦东的胳膊，扭头就往路边跑去。正巧，来了一辆出租车，张倩把车拦下，打开车门，拉着王彦东钻了进去，告诉司机赶紧走。出租车奔着张倩家的方向飞驰而去。

上了出租车，王彦东看着惊魂未定的张倩，心里纳闷：从张倩刚才的表情来看，她跟那个男人好像认识。那这个男人会是谁呢？他为什么要拉扯张倩呢？张倩为什么不让报警，反而拉着自己上车逃走呢？

想到这儿，王彦东小声问道："小倩，刚才是怎么回事？那个男的是谁？你为什么不让我报警呢？"听到"报警"两个字，张倩又是一阵慌乱，她一头扑倒在王彦东的怀里大哭起来。王彦东见此赶忙住嘴，不再问了。很快，出租车到了张倩的家。进了屋，反锁了房门，张倩重重地瘫坐在沙发上，这

才慢慢地讲述了事情的经过。

张倩对王彦东说："那个和我拉扯的男的叫李宝峰，是我以前做酒水推销员时公司的业务经理。他曾经追求我，我没答应他。没想到他却因为这事儿报复我。有一次，他借展销会上发生的事故，骗我打下了30万元的欠条，还不断地借此骚扰我。我实在忍受不了，只好偷偷地离开了公司。可没想到，今天却在下班的路上遇到了他，才发生了刚才我们两个拉扯的场景。"

听完女友讲述的经历，王彦东很是心疼。想到自己明天要去外地出差，王彦东便对张倩说："这几天你哪儿也别去。等出差回来，我陪你一起去找李宝峰，把这个事儿解决清楚。"张倩听完点了点头。

第二天一早，王彦东便出差去了外地。自从出差后，王彦东每天晚上都给张倩打一个电话，得知张倩平安无事也就放心了。很快，王彦东结束了外地的工作返回北京。可就在他刚下火车的时候，突然接到了张倩打来的电话。电话的那头传来了张倩的哭声："彦东，你快回来吧，如果你再不回来，我也要死了。"王彦东听了一下子急了，赶忙问道："出什么事了？"张倩在电话里也不说别的，就是重复着一句话："你快回来吧，你要再不回来，我也要死了。"王彦东顾不得多问，急忙打了个出租车，朝张倩家赶了过去。

到张倩家，王彦东看门是虚掩的，他一把推开了房门。可就在房门打开的一刹那，王彦东愣住了。只见客厅的地板上躺着一个男人，一动不动。地上还有一摊鲜血。仔细一看，这个男人不是别人，正是前几天骚扰张倩的李宝峰。而张倩正瘫坐在一边不停地哭着。王彦东缓过神来，壮着胆子来到李宝峰跟前，用手试了一下。这一试，王彦东吓了一跳，李宝峰已经没有呼吸和心跳了。王彦东战战兢兢地问："这是怎么回事？"张倩听了也不回答，只是哭得更厉害了。过了好一阵子，张倩才慢慢稳定了情绪，将事情的经过讲了一遍。

张倩对王彦东说："自从你出差以后，我就一直老老实实在家待着，哪儿也没去。可就在刚才，突然听到有人敲门，原以为是你回来了，我高高兴兴地去开门，没想到是李宝峰找上门来。李宝峰见家里只有我一个人，不仅逼要30万元的欠款，还想强暴我。我反抗的时候，顺手抓起烟灰缸砸中了李宝峰的脑袋，把他给砸死了。”

王彦东听完，一屁股瘫坐在地上。他呆呆地看着已经死去的李宝峰，内心十分复杂。没想到自己出差短短几天的时间，却发生了这么大的事情。现在李宝峰已经死了，而且死在了自己女友的家里，接下来该怎么办呢？

王彦东沉思了片刻之后，坚定地说道：“小倩，我们明天就去登记结婚！”结婚？听到结婚两个字，张倩瞪大了眼睛。看着张倩疑惑的眼神，王彦东继续说：“结婚以后，你就去投案自首，争取法律从宽处理。我一定会等你……”“不行，不行。”没等王彦东把话说完，张倩把脑袋摇得像拨浪鼓一样，说：“现在李宝峰已经死了。如果我去自首，肯定会被判刑的。到时候我这一辈子就毁了。”说着，又哭了起来。王彦东见张倩死活不同意自首，自己也没有了主意。

又过了一会儿，张倩止住了哭声说道：“彦东，现在只有你能帮我了。你看这样行不行，我们一起把李宝峰的尸体埋了，然后再一起逃到另一个城市，重新开始我们的生活？”王彦东一听，立即反对说：“这可不行。咱们跑得了初一，跑不了十五啊，这种事情，早晚是会被发现的。”张倩见王彦东不同意，又是一阵哭诉。王彦东一开始坚决不同意掩埋李宝峰的尸体，但他终究禁不住张倩再三地央求，最终还是答应了。

答应了张倩以后，王彦东看了看表，现在是晚上九点钟。此时的郊区已经是夜深人静。王彦东来到院子里看了看，确定年前买的那辆二手汽车还能开。又返回到屋里，和张倩一起用几个平时搬家用的小编织袋子随便包裹了一下，便把李宝峰的尸体抬进了汽车的后备厢，一路颠簸着向荒郊野外驶去。

汽车似乎开了很久，在一条荒无人烟的小路上靠边停了下来。王彦东拿着铁锹顺着车灯的方向，在不远处开始挖坑。王彦东一边挖着坑，一边禁不住四下张望，他感觉到身上一阵阵发凉。不知道哪里来的力气，王彦东很快挖好了坑。他返回到汽车里，和张倩一起将李宝峰的尸体抬了过来，顺着坑边滚了下去。可就在尸体翻滚过程当中，王彦东和张倩几乎同时看见，套头的编织袋突然掉了下来，李宝峰的尸体翻滚到坑底时，他的脸正朝着自己。王彦东吓坏了，他飞快地铲起土，埋了下去。不一会儿的工夫，王彦东就把坑填埋好了。他们两个人慌慌张张地逃回车里，掉头往镇上驶去。

掩埋了李宝峰的尸体以后，王彦东也没有办法再回公司上班了。于是，他草草地给公司打电话辞了职，和张倩一起来到另一个城市。到了新的城市，两个人租房住了下来。然而，自从住下来的第一天开始，王彦东发现，张倩的精神状态开始变得恍惚。每到夜里的时候，张倩总是翻来覆去地无法入睡，即便是好不容易睡着了，很快就会被噩梦惊醒。同时，王彦东也常常担心被别人认出来，不敢堂堂正正地上街买东西。他总觉得后面有人在跟踪自己一样，似乎每一个人的眼神，都已经看透了他藏在心底的秘密，让他无处藏身。慢慢地，王彦东也开始变得有些抑郁了。

此时的王彦东，心里后悔极了。他后悔自己当初没有去报案，而是和张倩一块掩埋了李宝峰的尸体，否则，现在也不会像做贼一样偷偷摸摸地生活。想想几天以来，自己再没有睡过一个安稳觉，每天都在担惊受怕，就连楼道里的脚步声，邻居家的敲门声，都觉得是警察来抓自己了。想到这些，王彦东再也不愿这样生活下去。这一天一大早，王彦东独自一人来到附近的派出所投案自首了。

王彦东自首后，主动交代了帮助张倩掩埋李宝峰尸体的经过，叙说了自己听张倩说，李宝峰企图强奸张倩，以及张倩在反抗时失手将李宝峰打死的情况，并带警察在家中抓获了张倩。两个人归案后指认了现场。李宝峰的尸体及赃物被起获。王彦东心里的一块石头总算是落了地，他觉得自己再也不用担惊受怕了。然而，事情却没有像他想象的那么简单。

警察对李宝峰头部的伤口进行初步勘验之后发现，这个伤口根本不可能造成李宝峰的死亡。这又是怎么回事呢？难道张倩没有说实话？于是，针对这个疑点，警察对张倩进行了突击审讯。经过审讯和耐心地劝导，张倩终于讲出了实情。当王彦东得知真相之后更是后悔不已。他万万没想到，这个口口声声让他相信自己的张倩，从事情的一开始就把他给骗了。

根据张倩的供述，真实情况是这样的。张倩以前确实在一家酒水销售公司上班。死去的李宝峰正是她的主管领导。李宝峰追求张倩被张倩拒绝，以及后来李宝峰利用展会上的事故逼迫张倩写下了 30 万元欠条，这些与张倩之前向王彦东所说的完全一样。然而，不同的是，张倩写下欠条之后，并没有偷偷地离开公司，而是做了李宝峰的情人。这又是怎么回事呢？

原来，张倩写下欠条之后没多久，李宝峰就翻了脸。他逼着张倩立即还钱，否则，就拿着欠条去告她。张倩根本就没有钱还，她只好央求李宝峰别去告自己。而李宝峰趁机再次提出来要求，让张倩做自己的女朋友。见张倩还是犹豫，李宝峰拍着胸脯说："只要你答应和我好，做我的女朋友，我以后一定会娶你。另外，这 30 万元赔偿的事，就不用你管了。"听到李宝峰承诺会娶自己，还为自己赔偿公司 30 万元的损失，再想想自己目前的处境，张倩也只好答应了李宝峰，和他谈起了朋友。

从那以后，李宝峰和张倩干脆住到了一起。可自从他们住到一起以后，张倩经常听到同事们在小声地议论自己。有一次，张倩拉住一个和自己要好的同事问："你们在议论什么呢？"这个同事见四下没人，便悄悄地告诉张倩："大家都在议论你和李宝峰啊。你怎么做了李宝峰的情妇了？"张倩听了笑笑说道："什么情妇啊，我们是在谈朋友呢！""谈朋友？"那个同事惊诧地问道："难道你不知道，李宝峰有老婆孩子吗？"什么？他有老婆孩子？这一句话就像个炸雷一样，在张倩的头顶上炸开了。

张倩这一整天昏昏沉沉的，她不知道自己下班后怎么回的家。回到家里，看见李宝峰正好在家。张倩小声地问道："我听说，你有老婆孩子？"李宝峰听张倩这么一问，也不惊讶，只是轻轻地"嗯"了一声，表示承认。张倩听了，终于控制不住情绪大喊起来："为什么你有老婆孩子，你还骗我？你这个骗子！"说完，扭头进屋去了。不一会儿，张倩拎着自己的东西走了出来。李宝峰不紧不慢地拿出张倩以前打下的 30 万元欠条，说道："你走我不拦你，你得先把这个还了吧。"张倩先是一愣，突然猛地冲过去，一把夺过欠条撕了个粉碎。李宝峰被张倩这样一抢也急了，“啪”地一巴掌打在了张倩的脸上。张倩顿时觉得脸上火辣辣地疼，但在心里却说不出的轻松。因为30万元的欠条没有了，自己再也不用受李宝峰的要挟了。

正当张倩心里想着，突然她看见李宝峰从衣服兜里掏出了几张照片。张倩一下子傻了，她不知道什么时候，李宝峰居然拍了自己的裸照。李宝峰淫邪地笑了笑说:“张倩，你想走随时都可以走。不过你想好了，只要你前脚走出这个门，我后脚立马把这些照片放到网上去，看你以后怎么做人。”此时的张倩呆呆地站在原地，内心十分纠结。不走？自己难道还要和这个骗子一起生活吗？走？自己声誉就全毁了，以后还怎么见人？无奈之下，张倩只好乖乖地留了下来。在今后的这段日子里，忍气吞声地陪李宝峰过日子。直到李宝峰看上了别的女孩儿，才把裸照交给了张倩，打发张倩离开了。

离开了李宝峰的张倩很快找到了一份新的工作，重新回到了正常的生活当中。尤其是通过别人介绍认识了现在的男朋友王彦东，张倩感觉王彦东就像天使般呵护自己，让自己找到了从来没有的幸福感。可就在这个时候，李宝峰却意外地又出现了。

张倩本以为自己已经拿到了裸照，断然地拒绝了李宝峰想要和自己重新在一起的要求。可是，让张倩没有想到的是，李宝峰居然又拿出了自己的裸照。原来，李宝峰当初给她的只是打印出来的照片，而自己却留了电子版。张倩看到照片后脑子里一片空白。李宝峰趁机再次得逞。

此时的张倩，不知道该怎样向王彦东解释这一切。因为她知道，一向单纯善良的王彦东根本接受不了自己做过情妇的经历。然而，只要李宝峰活着，他就会随时出现在自己面前，就迟早会暴露那些不堪回首、羞于见人的过去。张倩不甘心自己好不容易得来的幸福就这样毁在李宝峰的手上。于是，她下定决心杀死李宝峰。

打定主意以后，张倩假装给李宝峰倒水，在水里放入了大量的安眠药。李宝峰喝了张倩倒的水之后慢慢地失去了知觉，倒在地上。为了不让王彦东怀疑自己故意杀人，张倩又找来烟灰缸打击李宝峰的脑袋，伪造了正当防卫的现场。随后，她又给王彦东打电话进行哭诉，让王彦东帮自己一起掩埋了李宝峰的尸体。这就是案件的整个经过。

从警察那里得知张倩涉嫌故意杀人的真相后，王彦东将头深深地埋在双臂中间。此刻的他，为张倩的遭遇而惋惜，更为自己付出感情却被欺骗而叹息。但无论怎样，这个案子到这里总算是真相大白了。然而，案件远没有结束。

法医对李宝峰的尸体进行检验后发现，李宝峰不是因为烟灰缸打击致死的，但他也不是因为服用过量安眠药死亡的，而是被掩埋后窒息死亡。这一尸检结果的出现，使得公诉机关不得不对王彦东是否构成过失致人死亡罪进行慎重地考虑。如果过失致人死亡罪成立，王彦东将面临 3 年以上 7 年以下这样较重的刑事处罚。王彦东听到这个消息很是诧异，自己在搬运尸体前明明试过，李宝峰当时已经没有了呼吸和心跳，怎么可能是窒息死亡呢？针对这个问题，有关专家给出的答复是：人在服用过量安眠药造成中毒的情况下，可能出现停止呼吸和心跳的现象，但这时，通过心肺复苏手段可以挽救病人的生命。而本案当中，不排除李宝峰在被运输或者掩埋的过程当中，经过颠簸、挤压而恢复呼吸和心跳的可能。

此时的王彦东陷入了深深的自责和恐惧当中，自己该怎么办呢？之前仅有的一点儿积蓄早就在逃亡的日子里花完，自己已经没有钱聘请律师了。然而，每一个公民都有获得辩护的权利，我国《刑事诉讼法》第三十四条规定，公诉人出庭公诉的案件，被告人因经济困难或者其他原因没有委托辩护人的，人民法院可以指定承担法律援助义务的律师为其提供辩护。因此，法院给法律援助中心发去指定辩护通知书，法律援助中心依法给王彦东指派了辩护律师。

根据我国《刑法》第十五条的规定，应当预见自己的行为可能发生危害社会的结果，因为疏忽大意而没有预见，或者已经预见而轻信能够避免，以致发生这种结果的，是过失犯罪。因此，辩护律师经过分析认为，王彦东是否构成过失致人死亡罪，关键在于王彦东在掩埋李宝峰尸体的过程当中是否存在主观上的过失。

根据以上规定以及法医鉴定的尸检结果，辩护律师认为，尸检结果显示李宝峰尸体口鼻处有大量泥土，但这些泥土并没有进入李宝峰的气管及肺部，这说明李宝峰在被掩埋时并有没进行挣扎，进一步证明李宝峰是被掩埋之后才苏醒过来，而窒息死亡的。同时，根据公安机关提供的王彦东的口供，王彦东在移动尸体前用手在李宝峰身上进行了测试，当时，李宝峰已经没有了呼吸和心跳。王彦东作为一般人员，他主观上认定李宝峰已经死亡，对于李宝峰被掩埋之后又苏醒过来而窒息死亡的可能性，没有预见的能力，也不可能预见这种结果的发生，因此，王彦东对李宝峰的窒息死亡没有过失，也就不构成过失致人死亡罪。

但是，这并不代表王彦东的行为不构成其他犯罪。根据我国《刑法》第三百零七条第二款的规定，帮助当事人毁灭、伪造证据情节严重的，处 3 年以下有期徒刑或者拘役。该法条所称“毁灭、伪造证据”，不仅包括毁灭作案工具、作案现场、赃款赃物等，还包括将杀人案件中的关键证据——也就是尸体，以掩埋、焚烧等方式予以毁灭的行为。显然，王彦东为了帮助张倩逃避刑事责任，而将李宝峰的尸体进行掩埋的行为，已经构成了帮助当事人毁灭伪造证据罪。

最终，人民法院经审理判定，张倩非法剥夺他人生命，构成故意杀人罪，但由于被害人生前对本案的发生存在重大过错，张倩到案以后能够主动交代案件事实情况，认罪悔罪态度较好，而且张倩与李宝峰的家属达成赔偿协议，取得了李宝峰家属的原谅，因此，对张倩从轻判处无期徒刑，剥夺政治权利终身；王彦东帮助张倩掩埋李宝峰的尸体，构成帮助当事人毁灭、伪造证据罪，但由于王彦东主动投案，并协助抓获张倩，具有自首、立功情节，因此，从轻判处有期徒刑一年，缓期两年执行。

律师点评：

从感情方面而言，相爱原本是件幸福的事情。相爱的两个人应当是坦诚的，更应当是纯洁的。否则，相爱就会变成不幸福的事情了。本案当中，张倩和王彦东彼此深爱着对方。但是，张倩却为了这份爱刻意地隐瞒了“不光彩”的过去。然而，越是想隐瞒，越是害怕被发现，这种心态导致张倩一错再错，最终，以所谓“保住爱”的名义杀死了李宝峰。而接下来，如果张倩能够坦白自己的过去，听从王彦东的劝告去投案自首，而不是编造谎言，和王彦东一起掩埋李宝峰的尸体，就不会造成李宝峰窒息死亡的后果，也不会拉上王彦东，一起走上不归路。而王彦东呢？如果他当初能够多了解一些张倩的过去，对张倩的过去多一些包容，早一点打开张倩的心门，也许两个人不会是这样一个结局。

律师介绍

刘贺强，河北师范大学法政学院法学学士，中国人民大学法学院经济法学硕士。2005 年本科毕业后因表现优异留校任教两年。后弃笔从“戎”，投入唇枪舌战，完成由讲师到律师的转型。目前主要从事新三板、知识产权等非诉及企业经济纠纷诉讼以及经济刑事案件的辩护。现为多家企业、事业单位法律顾问。

本期节目总编导：杨　晖

编导：杨　梅

作伪证之后

推荐单位：北京市法律援助中心

主讲人：北京市东元（沧州）律师事务所　王敏

关键词　妨碍作证罪

2010年初冬，货车司机牛铁山和徒弟贾龙两人开车给一家个体奶牛场送灰渣，快收工的时候，牛铁山已经累得满头大汗，光着膀子干了起来，腰间系着一条红腰带，显得格外引人注目。此时的牛铁山并没有意识到一场灾难正在慢慢靠近他，距离他两米多远的地方，有一头白花奶牛正虎视眈眈盯着他。突然，奶牛冲了过来一头顶在牛铁山的胸部，他一个后仰头部撞在货车的后轮轮毂上，血流了一地。此时，牛头死死地顶在牛铁山的胸前，令他不能动弹。说时迟那时快，徒弟贾龙不顾个人安危一个箭步冲了过去，一把拽住缰绳将牛拉走，并赶紧喊人拨打了“120”急救电话。徒弟救师父的壮举在十里八村传开了，人们都称赞牛铁山有个好徒弟。

牛铁山被送往医院急救。经检查确诊牛铁山为脑外伤颅骨破损，伤口直径达4厘米，胸前肋骨折断4根。因为伤势严重牛铁山被送进ICU重症监护室，医院向他的家人下了病危通知书，牛铁山随时面临生命危险。牛铁山的媳妇刘芬伤心欲绝几次哭晕过去，而他年仅2周岁的儿子根本不知道家里发生了什么事情，只是总哭着喊着要爸爸。牛家的顶梁柱就这样倒下了，家里所有的压力都落在媳妇刘芬一个人肩上。牛铁山住院没几天已经花光了家里所有的积蓄，为了给牛铁山治病刘芬跟亲戚朋友借了很多钱。本来幸福的一家人就这样被一场突如其来的灾难推向深渊。

这时，好心的邻居提醒刘芬，“谁家的牛伤的咱，这治病的钱找谁要，不是说是给牛场卸灰渣时受伤的吗？牛场的人怎么不来看看，这也太过分了吧。”邻居这么一提醒，在场的人你一言我一语地议论此事，也都觉得应该找牛场要赔偿，刘芬好像看到了希望一样，决定去找牛场理论索要赔偿。结果却碰了一鼻子灰，当刘芬向牛场老板表明来意后，牛场老板表现出惊诧的样子，说：“什么，要我赔钱？开什么玩笑，这事跟我有什么关系？”刘芬说道：“是你家的奶牛把牛铁山顶伤的，现在他还没脱离生命危险，你就该管，就该给钱付医药费。”牛场老板很不耐烦地一口回绝了刘芬的请求，说道：“想都别想，这钱我赔不着，你赶紧走吧，我这一大堆事儿，没空跟你在这闲扯。”刘芬心里又气又恼，可是看牛场老板这态度也没办法，再加上出来时孩子让邻居帮忙看着，怕孩子哭闹，不能在这儿待太长时间，就赶紧回去了。第一次谈判就这样因牛场老板的严词拒绝而失败。

值得庆幸的是经过将近20天的救治，牛铁山终于脱离了生命危险，并且清醒了过来，这令牛家喜出望外。但是，此时的高额医疗费用也令刘芬喘不过气来。为了给牛铁山治病，能借的都借了，此时牛家负债累累。刘芬找过牛场老板几次，均被拒之门外。清醒过来的牛铁山听了媳妇的讲述后，也是气得直哆嗦，但是自己此时的身体状况又没有办法去找牛场老板算账，心想等自己身体好些了这事儿再从长计议。眼下，最重要的是让自己尽快好起来，看着日渐消瘦的妻子，牛铁山实在不忍心让一个女人家独自承受这一切压力。

转眼间，半年过去了，牛铁山也慢慢恢复了正常，只是身体比以前虚弱了很多。需要静养，不能干活。家里的生活基本全靠刘芬一个人支撑。此时，牛铁山想着去跟牛场老板讨个说法，自己不明不白地遭了这么大的罪，牛场老板置之不理，实在令人生气。牛铁山先跟牛场老板说了一下自己家现在的困境，自己因为受伤之后身体虚弱不能干活，全家里里外外全靠媳妇一个人，孩子又小，因为治病借了一屁股债，希望牛场能赔偿自己点钱。可是，牛场老板对牛铁山的困境并没有表现出丝毫的同情，反而极不耐烦地说：

"你这些困难应该跟村委会说去，让他们帮你想想办法，你跟我说，我也没法帮你解决。也不是我让你受的伤，你找我没用。"牛铁山被气得说不出话来，无奈地离开了牛场。他暗下决心一定想办法让这个猖狂的牛场老板承担责任。

牛铁山两口子思来想去最终决定跟牛场打官司，要求牛场赔偿牛铁山医疗费、误工费、伤残赔偿金等各项损失共计40万元。接下来的任务就是组织证据，计算损失，准备开庭。因为事发当天，只有徒弟贾龙在场，所以牛铁山决定请贾龙出庭作证，证明当时自己是被牛场的牛顶伤的。贾龙二话没说，答应得很痛快，决定为师父伸张正义。

开庭那天牛铁山拖着虚弱的身体坐在了原告席上，媳妇刘芬作为代理人坐在牛铁山的旁边。庭审过程中贾龙出庭作证，当法官问证人贾龙要证明什么内容时。贾龙支支吾吾，半天没说一句话。急得原告席上的牛铁山忍不住说："贾龙，你倒是说话啊。"只见贾龙憋了半天才说了一句话："我，我没看到牛顶人。"这句话出乎牛铁山的意料。他情绪激动地站起来指着贾龙大喊道："贾龙，你胡说什么，你明明看到我是被牛顶伤的。"说完，牛铁山气得浑身哆嗦，一下子坐在椅子上。此时，刘芬情绪激动地说："贾龙，你明明看到牛顶伤你师父了，怎么说没看到？你说呀，快说呀！"法官制止了牛铁山和刘芬的行为，让他们控制一下自己的情绪。然后，法官再次问贾龙要证明什么，贾龙的回答与之前一致。只是在接受原被告双方的询问时一直低着头，不敢直视牛铁山的眼睛。看着法庭上发生的这一幕，坐在被告席上的牛场老板露出了得意的表情。庭审结束后，贾龙签完字匆匆离开了。牛铁山的媳妇刘芬签完庭审笔录后本想找贾龙问个究竟，却早已不见了贾龙的踪影。刘芬实在不甘心就这么放过贾龙，干脆直接去贾龙家，想当着贾龙父母的面问问他究竟为什么昧着良心说瞎话。可是，贾龙的父母说他根本就没回家，听完刘芬的讲述后，贾龙的父母也气得直骂贾龙。

因为牛铁山没有提供出证明自己被牛顶伤的证据，一审败诉。这个结果牛家人显然无法接受，明明是被牛场的牛顶伤的，怎么就败诉了呢？贾龙明明看到自己被牛顶伤了，怎么就说没看见呢？官司的失败和贾龙的背叛令牛铁山感到空前的绝望。但是他又不甘心就这么认了，那他该怎么办呢？邻居们劝牛铁山，还是聘请律师帮忙打官司吧，自己毕竟是个门外汉，让律师帮忙想想办法吧。牛铁山何尝不想请律师啊，可是自己家现在一贫如洗，负债累累拿什么聘请律师，此时的牛铁山倍感无助。这时，村委会的人给牛铁山出了个主意，不如申请法律援助吧，像你这种家庭极为困难的情况，应该也符合法律援助条件了，听说符合援助条件的话，律师会免费给打官司。牛铁山似乎看到了一线曙光，为了维护自己的合法权益，他向法律援助中心提出了法律援助的申请。根据《法律援助条例》第十二条的规定，公民确因经济困难，无能力或无完全能力支付法律服务费用；且有充分理由证明为保障自己的合法权益需要法律帮助的，可以申请法律援助。经过审查牛铁山提供的相关材料，法援中心认为他符合民事法律援助的条件，为其指派了法援律师。这让牛铁山一家高兴得不得了。

法援律师接到指派任务后，立即安排时间与牛铁山见面，听取了牛铁山对整个案件的讲述并调阅了一审的卷宗材料。根据了解到的案情，法援律师认为要想二审胜诉，必须提供被牛顶伤的证据，而贾龙作为目击证人，他的证言尤为关键。可是这个贾龙自从上次开完庭之后，就再也不见踪影，不知去向。牛铁山除了气愤，更多的是心寒，要知道徒弟贾龙跟了自己 2 年了，师徒感情一直很好，可是关键时候竟然昧着良心说瞎话。这让牛铁山比打输了官司还心痛。

牛铁山只是一个普通的庄稼汉，因为家里穷三十多岁还没有娶上媳妇儿，直到三年前经邻居介绍与妻子刘芬结婚。结婚后，刘芬为了一家人今后能过上好日子，和亲戚拆借了点钱，买了一辆农用二手运输卡车，让牛铁山搞运输。自从家里添置了这辆车，牛铁山一天忙到晚，没有闲暇的时候，日子一天比一天好过，一家人喜出望外。经过自己的努力，牛铁山把债还清了，这让他对未来充满信心。随着业务越来越忙，牛铁山招收了本村小伙儿贾龙为徒，这是牛铁山第一次收徒弟，心里格外开心，两人亲如父子。可是谁也没想到，在牛铁山最需要贾龙帮助的时候，贾龙却背叛了他。那么贾龙究竟是为什么当庭做出不利于牛铁山的证言呢？他究竟有什么难言之隐呢？接下来发生的事情揭开了谜底。

法援律师在法定期间内向上级法院提出上诉，案件进入二审程序。可是如果牛铁山依然提供不出有利证据的话仍然面临败诉的风险。所以当务之急是想办法找到贾龙说服他让他出庭作证。另外，从其他方面入手，看能否找到有利于牛铁山的证据。就在大家都在为牛铁山的这场官司捏着一把汗时，事情出现了转机，贾龙突然自己找上门来要求为牛铁山二审出庭作证，证明牛铁山是被牛顶伤的。这究竟是怎么回事？这个贾龙葫芦里究竟卖的什么药？

这天傍晚，刘芬从地里回来，老远就看到自己家大门外有个人来回挪动着脚步，鬼鬼祟祟的，时不时地往院子里张望，刘芬很纳闷，加快了回家的脚步，走近一看，原来是消失多日的贾龙。

刘芬一看到贾龙气不打一处来，拿起门口的扫把朝贾龙打去，一边打一边骂："贾龙，你的良心被狗吃了吗，你师父对你那么好，你竟然说没看到他被牛顶伤，我让你没看见，让你没看见。"贾龙用手捂着头不敢多说一句说，更不敢反抗，任师娘刘芬用扫把一下一下地击打着身体。刘芬越打越气，越打声音越大，屋里的牛铁山听到动静走了出来。贾龙一看到师父，赶忙跑到师父跟前，"扑通"一声跪倒在地，低着头说："师父，我错了，是我对不起您。我该死，是我害了您，您打我吧。"牛铁山本来看到贾龙很生气，可是被贾龙这一跪心软了下来，说道："你赶紧起来，有事回屋说。"说完转身回屋了，贾龙跟在师父身后，也一同走进屋里。进屋后，牛铁山坐在炕上看着贾龙，心里有种说不出的滋味。而贾龙低着头，一脸愧疚的样子。牛铁山说道："说吧，究竟怎么回事？"

接着，贾龙道出了事情的原委，原来他被被告牛场老板收买了，在一审开庭前，牛场老板找到贾龙，要求他在为牛铁山作证时，说没看到牛铁山被牛顶了。刚开始的时候，贾龙一口回绝了牛场老板，并坚称一定为师父出庭作证。可是后来，当牛场老板承诺开完庭之后给他2万元，再给他介绍个女朋友时，贾龙动摇了。想着自己辛苦一年也挣不到1万块钱，现在只要说句话就能轻易拿到2万块钱，这钱来得可真容易。自己都快三十的人了因为家里穷连个说媒的都没有，看着跟自己同龄的小伙子们都抱上了儿子，贾龙的心理防线彻底崩溃了。此时的贾龙将师徒情分，道德良心置之脑后，为了金钱私利在开庭当天做出了不利于牛铁山的证言，导致牛铁山一审败诉。

开完庭之后，贾龙找牛场老板要钱，要求牛场老板兑现承诺。可是牛场老板找各种理由推脱，贾龙去了几次都没有拿到钱，最后，还被牛场老板赶了出来，犹如丧家之犬。而村里人的责骂更令贾龙没脸回家，躲在邻村的朋友家苟且偷生。这时，贾龙才意识到牛场老板这是要过河拆桥，自己是被牛场老板利用完之后一脚给踹了。贾龙回忆着与师父牛铁山相处的点点滴滴，真是悔恨万分，师父平时对自己那么照顾，自己却做出了这么龌龊的事情。他恨自己因为贪图利益而做出了这么丧尽良心的事儿。贾龙想跟师父去认错，可是又没有勇气，他已经很长时间没有回家了，不知道自己的父母可好，对师父的愧疚和对父母的思念，最终让贾龙下定决心回村去给师父认错。

牛铁山听了贾龙的陈述之后，对牛场老板更加恨之入骨。牛铁山告诉贾龙，现在法律援助的律师正帮他打二审官司，问贾龙愿不愿意出庭作证，把事情的整个经过跟法官如实说出来。贾龙一听自己的过错还有挽回的余地，心里高兴极了，当即表示，一定为师父二审出庭作证，弥补自己的过错。

有了贾龙的证言，大家对牛铁山案子二审都抱有很大希望。牛铁山和媳妇刘芬都期盼着开庭，一定要让这个牛场老板付出应有的代价。可是，意料之外的事情再次发生，就在二审开庭前一天，贾龙出事了，据说是被公安局抓了起来。这对牛铁山来说无疑又是当头一棒，徒弟被抓就无法出庭作证了，自己的二审官司又悬了。那么贾龙究竟出了什么事情呢?

牛铁山四处打听贾龙究竟犯了什么事被公安局抓了起来，多方打听得知，原来贾龙和一个朋友喝完酒后被朋友带到一家发廊嫖娼，被抓了个现行，被公安机关处以行政拘留10天。牛铁山又急又气，这个不争气的贾龙怎么干出这种丢人现眼的事儿，第二天就要开庭了，这可怎么办啊？牛铁山赶紧把这个情况跟自己的律师讲了。法援律师得知情况后马上跟二审法院申请延期开庭，因为贾龙现在被行政拘留，无法出庭作证，而他的证言对查清案件事实至关重要，所以请求法院延期开庭。二审法院接受了律师的申请，决定延期开庭，并重新定了开庭时间。

在拘留所里的贾龙越想越不对劲，自己跟那个朋友平时交往并不深，出事那天那个朋友不仅热情地请自己喝酒，喝完酒后还非得拉着自己去发廊按摩，然后自己被一个年轻女人稀里糊涂地带到屋里，不一会儿警察就来了，说自己嫖娼。贾龙百口莫辩，解释不清了。贾龙觉得这事蹊跷，会不会是个圈套呢？十天后，贾龙出来了，第一件事儿就是找那个朋友问个究竟。

可是还没等贾龙找他，这个朋友却主动来找贾龙了。贾龙质问这个朋友，当天究竟是怎么回事？是不是故意要害自己？这个朋友装作一脸无辜的样子，说贾龙胡说八道。憋着一肚子气的贾龙抓起这个朋友的衣领就要揍他。一看要挨揍，这个朋友苦苦哀求道："兄弟兄弟，别动手。我说，我说。"接着，这个人说出了事情的真相。原来，牛场老板得知贾龙二审又要为牛铁山出庭作证，绞尽脑汁想办法阻挠贾龙出庭作证，最后决定设局，找人将贾龙骗到一家发廊按摩。然后说他嫖娼，举报。贾龙被公安机关拘留肯定就没办法参加第二天的开庭了。这样，牛铁山二审就会败诉，自己就不担心承担什么责任了。今天来找贾龙，也是受牛场老板指使，告诉贾龙只要他答应不出庭作证，就给他 2 万块钱，二审之后再给 2 万。经历了这么多事之后，贾龙再也不会被利益诱惑了。抓起 2 万块钱狠狠地摔在这个人身上，大声地说："你个混蛋，回去告诉他，这个证我作定了，他休想得逞。"这个人捡起地上散落的钱，灰溜溜地跑了。

牛场老板看贾龙不吃这一套了，心里着急，更是坐不住了。他再次托人找到贾龙并威胁贾龙，如果出庭作证，就给他点颜色看看，但最终贾龙并没有被吓倒，坚持为师父出庭作证。

开庭那天，贾龙说出了牛场老板利诱他作伪证的整个经过，并将牛铁山被牛顶撞的事实如实向法庭陈述了。此时，坐在被上诉人席上的牛场老板，脸色很难看，红一阵白一阵，坐立不安。他一直低着头不作声。在法庭辩论阶段，牛场代理人提出一个新的观点，使案件又陷入僵局。牛场代理人说：奶牛性情温和，没有受到刺激的话根本不会顶人。牛铁山受伤当天，腰间系了一条红腰带，是这条红腰带在奶牛跟前晃动激怒了奶牛。才导致了牛铁山被顶伤的后果。牛铁山对自己受伤存在严重过错。根据侵权责任法等相关法律规定，受害人存在过错的话，动物饲养人不必承担赔偿责任，所以牛场不应该承担赔偿责任。

那么牛场代理人的说法有道理吗？大家经常在电视上看到斗牛场的斗牛士拿着一块红布在牛前面一晃，牛的情绪就非常亢奋，然后朝红布猛顶。是不是真的如牛场代理人所说，牛受到红色刺激才攻击牛铁山呢？实际上，牛无非就是一种家畜，本身就属于顶人的动物，无论什么种类的牛都可能会顶人。而且科学实验证实，牛是色盲，对颜色没有感觉。斗牛场里的牛不是因红布刺激而亢奋，而是无论红布，白布还是黑布，只要斗牛士在牛面前晃动，牛都会兴奋地顶向晃动的布。所以牛场代理人的说法显然没有科学依据。牛铁山的律师及时反驳了对方。并向法庭提供了牛铁山的病历，因为事发当天是贾龙送牛铁山去的医院，所以病历中联系人是贾龙，患者自诉部分因为牛铁山当时昏迷，是贾龙讲述的牛铁山的受伤过程，这与贾龙的当庭陈述一致。形成证据链，可以证明牛铁山确实是被牛场的奶牛顶伤。所以牛场作为牛的饲养人和管理人应该对牛铁山的损失承担赔偿责任。最终法官支持了牛铁山律师的观点。二审法院判决牛场赔偿牛铁山医药费、住院伙食补助费、误工费、伤残赔偿金等各项损失共计 21 万 8 千元。

牛铁山拿着二审判决书流下了欣慰的眼泪，对法援律师感激不尽。那么本案中，贾龙一审作了伪证是否违法？牛场老板利诱贾龙作伪证的行为是否需要承担法律责任呢？这就涉及今天我们要给大家分析的法律点——妨碍作证罪。根据我国《刑法》第三百零七条第一款规定，以暴力、威胁、贿买等方法阻止证人作证或者指使他人作伪证的，处 3 年以下有期徒刑或者拘役；

情节严重的，处3年以上7年以下有期徒刑。本案中，牛场老板以贿买的方式指使证人贾龙作伪证，以至于造成牛铁山在一审中败诉，损害其权益的严重后果，已经构成妨碍作证罪。二审法院将牛场老板涉嫌妨碍作证罪一案移送检察机关追究其法律责任。最终法院判处牛场老板有期徒刑一年。牛场老板赔偿了牛铁山的损失后，牛场倒闭。而贾龙及时醒悟，能主动认识到错误，说出案件实情，法院给予其拘留7天，罚款2千元的处罚。

律师点评：

本案中，贾龙是一个备受争议的人物，因为一审时他在金钱的诱惑下，泯灭了良知，将师徒情分抛到脑后，最终导致师傅牛铁山一审败诉。可是当他明白自己就是牛场老板利用的工具时，他又做出了正确的决定。即使二审中牛场老板再次利诱贾龙，贾龙依然选择了站在正义一边，向二审法院道出了实情，这对师父牛铁山二审胜诉起了关键作用。牛场老板机关算尽，最终为自己的不负责任和犯罪行为承担了法律责任，牛场老板的所作所为正应了那句老话，不是不报时候未到。而牛铁山在自己家庭处于困境时，得到了法律援助中心的及时帮助，使自己的合法权益得到法律的有效保护，无疑他是幸运的。因为在牛铁山一家人感到绝望时，是法律援助中心指派的律师让他一家人感受到了温暖和力量。

律师介绍

王敏，北京东元（沧州）律师事务所主任，中央电视台社会与法频道《法律讲堂》栏目主讲人，《我是大律师》特约嘉宾，曾在中央电视台社会与法频道普法宣传工作中，荣获《法律讲堂》主讲人最佳新人奖。

本期节目总编导：杨　晖

编导：王守先

杀夫盲女

推荐单位：北京市法律援助中心

主讲人：北京市天济律师事务所　窦龙斌

关键词　被害人过错

初秋的深夜，雨后的小山村显得格外宁静，就在村民们享受雨水带来的凉爽，将要进入梦乡时，一阵阵凄厉的呼喊声打破了宁静，可村民们没有诧异，他们知道，这是山顶住着的赵志强又在打他的盲人媳妇了。

呼喊声不久便停了，村民们也陆续进入梦乡，他们知道赵志强打媳妇已是家常便饭了。

接近天亮的时候，又一阵喊声把村民们惊醒，还是从赵志强家传来的，邻居出门察看，发现是赵志强媳妇叶小兰在求救，求他们过去帮忙，邻居表示，不想管别人的家务事，叶小兰哀求道："求你们帮帮忙吧，我老公死了……"邻居大为惊诧："他怎么死的？"叶小兰愣愣地回答："被我杀死的……"

邻居们惊慌失措地叫上人来到叶小兰家，眼前的场景让他们目瞪口呆，只见赵志强血肉模糊地躺在床上，整个人已经没了气息，身旁还有野狗在舔舐一地的血水，而叶小兰抱着几个孩子，呆呆地坐在另一间屋子里。

之后，叶小兰向村民们表示，自己要投案自首。很快，警方来到案发现场。虽然目睹过各种恐怖画面，但眼前的场景还是让办案民警们大为震惊，赵志强已经被砍得不成人形，场面看起来无比血腥，而无法看到这一切的叶小兰看起来却是一脸的如释重负。

没过多久，赵家的盲人媳妇把赵志强杀了的事就在十里八乡传开了，一个手无缚鸡之力的盲女居然杀掉了自己的丈夫，这不能不算一起轰动一时的案件。一个双目失明的女人，为什么会杀掉自己的丈夫？她到底经历了什么？

说起叶小兰，她的人生经历比起一般人要坎坷得多。叶小兰出生在一个茶农家庭，家境贫寒，那个时候的她还并没有失明，长着一双水汪汪乌溜溜的大眼睛，加上面若桃花、肤如凝脂，是村子里出了名的美人。还在十四五岁的时候，她的美貌就初露端倪，到了十六七岁的时候，村子里提亲的人络绎不绝。

在她十七岁这年，村子里一个叫王水生的采石场工人来到她家里提亲，还带来了厚厚的一沓子钱，其貌不扬又略显木讷的王水生并没有让叶小兰心动。可是，他带来的钱却让叶小兰的父母动了心。

叶小兰家是兄妹两人，哥哥已经到了而立之年还没有娶妻，就是因为家里太穷，拿不出女方家要求的那些彩礼。所以，王水生带来的这些钱，让老两口眼前一亮，他们觉得有了这些钱，叶小兰的哥哥娶妻就不成问题了，再加上王水生的父亲是村支书，听起来觉得体面，就一口答应了王家这门亲事。

叶小兰虽然心里不愿意，但是在父母的再三劝说下，也勉强接受了这门亲事。随后，叶家收下了王家的聘礼。不久，叶小兰的哥哥就顺利地娶到了媳妇，当然，这笔聘礼也被花得所剩无几。

王家时常会把叶小兰叫过去帮忙干农活、干家务，叶小兰手巧，采的茶都能卖上好价钱，可是王家从来不会给她工钱，这让叶小兰觉得十分委屈。王水生的母亲也对这个高价定下的准儿媳有诸多不满，不是嫌她不会做饭，就是怪她纳不好鞋底，这些事让叶小兰对于和王水生的婚事逐渐心生抵触。

由于叶小兰还没有到法定婚龄，王家对结婚这件事也只能从长计议。叶小兰中学毕业以后，父母觉得她作为女孩子没必要再多读书了，而她也决定像村子里很多年轻人一样外出打工。叶小兰攒够了钱，便买了一张火车票，坐了很久很久的绿皮火车，来到了南方的一座繁华的沿海城市。

从小生活在大山里的叶小兰，对眼前见到的一切都觉得无比地新鲜，她用好奇地眼光打量着她眼中的都市——她喜爱这个城市里的一切，包括它的喧嚣和空中弥漫的灰尘。

叶小兰每个月的收入仅仅够养活自己，但她还是省吃俭用攒下钱买了一台相机。工作之余，叶小兰会带上相机跑到城市的各个角落，拍城市的树木、花朵、建筑物，当然，还包括她自己。

照片冲洗好之后，她快乐地把这些照片寄回了家乡，和远在家乡的父母分享这一切，叶家父母看到照片以后，为女儿的变化高兴，也把这份喜悦分享给了准亲家，可他们没想到，这些照片，却在王水生家激起了轩然大波。

看到叶小兰穿着时髦的衣裳、描眉画唇的照片，王水生一家感到极为不安。他们觉得，如果不加控制，那么叶小兰很快会在城市这个大染缸里变成另一个样子，那个时候她恐怕就会更不愿意回到家乡过本分日子了，叶小兰已经是我们王家的媳妇了，不能让她在外面招惹是非，万一给水生戴了绿帽子或者悔婚那可如何是好?

于是，全家商量以后，王水生家向叶家发出最后通牒，要么叶小兰马上回乡，要么退回彩礼钱。这个时候，彩礼钱已经全部用来给叶家大哥娶妻了，叶小兰微薄的打工收入哪里还得起那一大笔彩礼。在父母的再三敦促下，无奈的叶小兰只好含泪匆匆收拾行李，踏上了回乡的路。

回到家以后，王水生便三天两头来找叶小兰，叶小兰始终对他不冷不热。有时候，王家父母会邀请叶小兰去家中，刻意制造她和王水生亲密相处的机会，叶小兰也总会巧妙避开。

再后来，王家人有点耐不住性子了，怂恿王水生追问婚事，叶小兰总是以没有到法定婚龄回应。在叶小兰看来，自己和王水生的思想差距实在太大，这样凑合在一起也不会幸福，婚事能拖一天是一天。但她没有想到，王家人的忍耐已经到了极限，一场不幸正在一步步向她逼近。

有一天，叶小兰又被邀请去王家吃饭。饭桌上，王家的母亲有意无意地提到邻村的一件事：说是有一个姑娘，定亲以后迟迟不嫁，后来被未婚夫咬掉鼻子，就再也嫁不出去了。叶小兰听了，心里有点不舒服，但也没有太当回事。

当天晚上，王水生突然来到叶家，要叶小兰给他洗衣服，叶小兰说："我自己衣服都还没洗，为什么要给你洗呢？"王水生说："你是我的未婚妻，当然得给我洗衣服了。"叶小兰随口说了一句："我是你未婚妻，我又没跟你结婚啊！"王水生没有再说什么，默默走了。

第二天，叶小兰哼着轻快的歌曲去茶园采茶，那一天的阳光格外明亮，但她没有想到，那会是她最后一次见到阳光。

叶小兰采了一会儿茶，王水生出现在茶园，找到叶小兰，说是要帮她采茶，叶小兰不太愿意，就说："大男人在茶园里采茶太难看，再说你帮我采的那些茶叶都是老叶子，回头我还得给挑出来。"就一边催促王水生离开茶园，一边手脚麻利地采着嫩芽。

忽然，王水生冲过来，猝不及防的叶小兰被扑倒在地。随后，王水生狠狠地掐住了她的脖子，不到片刻，叶小兰就浑身瘫软失去了抵抗能力。这时候，王水生将手指伸向了叶小兰的眼窝……叶小兰眼前一黑，随后是撕心裂肺地疼痛，她觉得自己整个人都要死掉了。

王水生残忍地挖出了叶小兰的眼球，还在叶小兰身上踢了一脚，恶狠狠地说："你去死吧！"然后就一个人飞快地跑下山，在下山的途中，他还把眼珠在溪水里洗了洗。

也不知过了多久，叶小兰醒过来，她开始本能的呼救，循声赶来的人被眼前的景象吓呆了，跌跌撞撞跑去找到叶小兰的母亲。叶小兰的母亲看到女儿空洞的流着鲜血的眼眶，心都碎了，深一脚浅一脚地把她背下了山。

王水生到案以后，对自己的罪行是供认不讳，但面对行凶动机，他始终三缄其口。村民们从王水生的大嫂那里听到的说法是，王水生感觉自己得不到人，投进去的钱也可能血本无归，所以在他母亲讲完咬鼻子的故事以后，他就决定用这种方法让叶小兰一辈子都嫁不了别人，可是他没想到，任何不计后果的冲动都必须付出沉重的代价！

双目失明的叶小兰在朋友的指点和家人的帮助下，找到了当地的法律援助中心，法律援助中心指派援助律师为叶小兰提供了法律援助。叶小兰委托援助律师向王水生提起了刑事附带民事诉讼。接受叶小兰委托的这位法律援助律师是位女律师，她在见到叶小兰并且听完她的叙述后，对叶小兰的遭遇感到震惊，尤其是在看到曾经留下美好回忆的那些照片，对比叶小兰如今的惨状，不由地深感痛惜，她下定决心帮助叶小兰。

最终，王水生被以故意伤害罪追究刑事责任，由于情节上属于以特别残忍手段致人重伤造成严重残疾，王水生一审被判处死刑，并承担相应的民事赔偿责任。可能是自知罪孽深重，王水生没有上诉。死刑复核后，王水生被执行了死刑。

叶小兰在床上躺了整整四十天才下地，本来以为自己会命丧王水生之手，没想到保住了一条命，却从此步入了漫无边际的黑暗。失明以后，叶小兰绝望了很长一段时间，但强烈的求生意志，使她慢慢学会在黑暗中摸索着生活。她偶尔会想，这辈子恐怕是不会再有人要她了。

可就在她对生活不抱任何希望的时候，一个叫刘刚的男人出现了，这刘刚三十多岁，据他自己说是一个小生意人。刘刚信誓旦旦地说，想带她去大城市帮她治眼睛。这仿佛是黑暗中的一道光，自己是盲人，没有被人家嫌弃，让叶小兰又燃起了希望。

于是，尽管叶小兰的母亲觉得这个男人是骗子，可叶小兰还是抱着一线希望跟着这个男人走了。事后，果然不出母亲所料，这个男人并没有带叶小兰去医院，而是直接把她带回了自己家。其实，刘刚也是贪慕叶小兰曾经的美貌，许多人求而不得的女神就这样轻而易举的到手，他不由得沾沾自喜。

不久，叶小兰生下了女儿。她觉得，我就认命了，从此跟着这个男人踏踏实实过日子吧。可是，刘刚并不是一个靠得住的男人，他整天游手好闲、好吃懒做，家里的活都是叶小兰承担。刘刚一把年纪还指着父母给的钱生活，叶小兰也一直忍气吞声。

直到有一次带着刘刚和女儿回娘家，刘刚的懒惰让叶小兰的母亲彻底爆发了，双方冲突过后，刘刚扔下孩子，独自一人走了。

回到娘家的叶小兰和大哥大嫂生活在一起，这个时候，大哥已经经历了离婚和再婚。叶小兰没有经济收入，又带着女儿，家里凭空多了两张吃饭的嘴，大哥大嫂很不高兴，从一开始指桑骂槐到为了叶小兰和母亲争吵，叶小兰过得很不开心。

不久，叶小兰的大哥酒后骑摩托摔下山崖去世了，尸骨未寒，嫂子就匆匆嫁给了同村的村民，还留下两个孩子给叶家老人照顾，叶小兰的生活又一次陷入困顿当中。

在叶小兰心如死灰的时候，又一个男人出现了。这人叫赵志强，赵志强比叶小兰大十几岁，是个老光棍，他从更偏远的山区而来。在叶小兰还是一个健康人的时候，赵志强就对她的美貌心动过，但无奈家徒四壁，他知道叶家一定看不上他，就没有贸然提亲。现在叶小兰落难了，他觉得娶叶小兰的时候到了。

赵志强的家里人并不同意他和叶小兰在一起，他们觉得，叶小兰是盲人，娶了她意味着更重的负担，不如娶个健康的女人。赵志强却执意要娶叶小兰，因为她长得漂亮。

在叶小兰娘家简单摆的几桌酒席上，赵志强信誓旦旦地承诺，会一辈子照顾叶小兰。之后，他就从叶小兰的娘家带走了她，一行人轮流背着叶小兰走了好几个小时，来到了赵志强位于大山深处的家。

赵志强家所在的是人烟稀少的村落，村子里总共就那么几家人，叶小兰忐忑地开始了新的生活。在一起生活的头一个月，赵志强对叶小兰还算不错，叶小兰满心欢喜地觉得，生活要开始走入阳光了。可是，她没想到，这一切只是黑暗前的短暂光明。

在一起生活没多久，叶小兰就怀孕了。一天，她端着一盆猪食去喂猪，在她熟悉的门口不知道何时横了一条板凳，她被绊了一个趔趄，猪食撒在了赵志强的身上，赵志强破口大骂：“你是瞎了眼吗？”叶小兰委屈地说：“我本来就是瞎的，你又不是才知道！”话音未落，赵志强的拳头便重重地打在了叶小兰的胸口，毫无防备的叶小兰连退几步坐在一块大石头上。

这个时候，她的肚子一阵疼痛，赵志强却丝毫没有怜惜的意思，拿着劈柴的刀啪啪地拍叶小兰的腿，恶狠狠地说：“你今天要是给我小产了，我就把你的头剁下来。”叶小兰做梦也没想到，之前那个当着众人表示要好好照顾她一辈子的男人，会露出这么狰狞的一面。从那天起，叶小兰更为暗无天日的日子开始了。

赵志强动不动就会找茬辱骂叶小兰，一开始她会还嘴解释，再后来，她什么话都不敢说了，有时候甚至一个细微的动作，都会换来赵志强的一顿毒打。就在这样的日子里，叶小兰熬过了六年，生下了两个儿子。

赵志强每天白天出门下山，傍晚时分回来。孩子们平时也没少遭受他的打骂，每天远远地看到他，只要觉得他脸色不对，就会吓得躲起来，而每次他回来，叶小兰的心就怦怦直跳，不知道又要面对怎样的一场狂风骤雨。

赵志强对她所做的一切，叶小兰都不敢告诉家中的父母，因为赵志强威胁她，如果敢让父母知道，就杀了叶小兰，然后再杀她全家。这样的恐吓总是让叶小兰不寒而栗，为了保护自己的家人，她只能打落门牙往肚里咽。

村子里的年轻人外出打工越来越多，打工赚的钱拿回老家盖了二层小楼，赵志强看着更不是滋味，他觉得都是自己的盲人媳妇拖累自己，让他没有办法外出打工，于是，他变本加厉地把这股怨气发泄在了叶小兰的身上。

隔三岔五，村民们总是听到山顶上传来一个女人的惨叫，但村民们没有人前去劝解，他们觉得，打老婆是别人家的家务事，自己管不着。村干部对他家的矛盾，也是有心无力，就算这样的事报了警，赵志强治安拘留几天后还可能对叶小兰打得更狠。

对于这一切，叶小兰不是没有想过离开，可是双目失明，即使逃又能逃到哪里去呢？无数个夜里，她泪湿枕巾，想着熬一熬，到孩子大一些就好了。但即便这样的念头，对她而言，还是奢望。

大山里的雨季来临，接连下了好几天雨，叶小兰的脚气犯了，这让她很难受，听村里人说旱烟叶可以治脚气。于是有一天，她管村里的一位路过的老人开口借了些旱烟叶。而就在这天晚上，赵志强在村里和这位老人打牌，打牌结束后，老人让赵志强把旱烟叶捎给叶小兰。

没想到，这件事触怒了赵志强，他怒气冲冲地回到家里，叫嚣着叶小兰到处借东西给他丢人了，将叶小兰打得动弹不得。孩子们吓得躲在门后瑟瑟发抖，问:“妈……妈……爸爸把你打死了吗?”叶小兰扭头苦笑着安慰孩子:“妈妈没事，将来你们有了媳妇，可不要像爸爸这样子打人。”孩子们似懂非懂地点点头。

叶小兰强撑着爬起来，帮三个孩子梳洗干净哄他们睡下，自己也精疲力竭地躺下。没过一会，她听到门外传来刺耳的霍霍磨斧头的声音，心里十分害怕，但架不住身心俱疲，还是迷迷糊糊睡着了。

半夜里，她忽然被赵志强推醒，赵志强说他做了个梦，梦到他自己和村里一个老头睡在一起，而这个老头最近刚刚去世。赵志强说，这一定是叶小兰想害他，如果叶小兰不死，总有一天会把他害死。

他不由分说，揪住叶小兰的头发，把她扔到了床底下。随后，赵志强起身，去水缸里舀了一勺凉水，逼着正在经期的叶小兰喝下，咆哮着:“你要是不喝，我就把你的头剁下来!”叶小兰顺从地喝下了那些生水，她以为自己的配合，能使今晚的闹剧就此打住。

没想到，赵志强并没打算善罢甘休，他拿了两样东西扔在叶小兰的面前，一根绳子和一把斧头。他阴沉地说:“今天晚上两条路，一条路是你拿斧头自杀，还有一条路是上吊自杀，反正你必须得死。如果你不自己了断，我会让你死得很难看，这几个小孩还有你的娘家人，一个也别想活。”叶小兰吓得瑟瑟发抖，而赵志强却心安理得地躺下，很快进入梦乡，还打起了呼噜。

叶小兰摸着绳索和斧头，颤抖了大半夜，在鸡叫第三遍的时候，她想明白了：在她和赵志强之间，今天必须得死一个！于是，她抄起斧头，循声向发出鼾声的位置用力砍过去，这个时候，一只手抓住了她的脚脖子，她吓得魂飞魄散，使出浑身力气挥动斧头，直到身边没有了动静。

这些响声，早已把在屋里睡觉的孩子们吵醒，可能是习惯了目睹暴力，孩子看着眼前的一切，显得很平静："妈妈拿斧头把爸爸剁了，他死了，他是不是以后不打我们了？"叶小兰摸索着搂紧孩子："不会了，以后他再也不会打我们了……"

叶小兰在邻居帮助下投案自首。之后，她被以故意杀人罪提起公诉。依照《最高人民法院关于执行〈中华人民共和国刑事诉讼法〉若干问题的解释》规定："被告人没有委托辩护人而具有下列情形之一的，人民法院应当为其指定辩护人：（一）盲、聋、哑人或者限制行为能力的人；"，同时规定："人民法院指定的辩护人，应当是依法承担法律援助义务的律师。"由于叶小兰家庭困难无力委托律师，依照规定法院应当通知法律援助机构指派律师为其提供辩护。于是，法院向法律援助中心发来了指定辩护函。

经审查，法律援助中心认为叶小兰符合《法律援助条例》的规定，为她指派了援助律师。而最终指派的这位援助律师，就是七年前，代理叶小兰提起对王水生的刑事附带民事诉讼的律师。看到叶小兰，她百感交集，七年前，叶小兰虽然身受重伤，可她残存的美让她记忆深刻，可七年后，叶小兰已经憔悴得如同一个四十出头的中年妇女了。律师在翻阅案卷后，认真研究了本案的辩护方向。

庭审中，律师主张，本案中存在多种从轻或减轻处罚的情节：首先，叶小兰案发后在邻居帮助下主动投案的行为构成自首；其次，本案属于盲人犯罪，依照法律规定可以从轻、减轻处罚。除此之外，本案还存在一个重要的情形，即"被害人过错"。

被害人过错，是指被害人出于故意，实施违背社会伦理或违反法律的行为，侵犯了被告人的合法权利或者正当利益，引发被告人实施犯罪或者激化加害行为危害程度的情形。

结合本案而言，本案系由婚姻家庭矛盾激化而引发的刑事案件，丈夫赵志强对妻子叶小兰实施了暴力殴打、逼迫其自杀等一系列行为，其本人对矛盾激化负有直接责任，因此可以认定本案中存在被害人过错。

最终，法院认定叶小兰的行为构成故意杀人罪，但考虑到其案发后行为构成自首、认罪态度好、系盲人犯罪，以及本案中存在被害人过错等因素，全部采纳了法律援助律师的辩护意见，最终判处有期徒刑十二年。

之后，叶小兰前往监狱度过她的漫长刑期，她的大女儿被送往儿童福利院，两个儿子分别被两户好心人家收养。

律师点评：

在本案当中，叶小兰是施害者，也是受害者。她受害于愚昧的婚嫁观念，也受害于男友和丈夫对她极强的占有欲和控制欲。这两个男人都着迷于她的美丽，王水生采取了残忍的手段试图占有叶小兰，赵志强选择的是用粗暴的方式控制叶小兰，都造成了不可逆的深深伤害，而这两个男人最终又得到了什么呢？

人们说，当你喜欢一朵花的时候，会摘下它，而爱一朵花，却会每天给她浇水。对于美丽的事物，当我们放开胸怀，换一种方式去对待，也许才能够更长久地拥有和欣赏。

《中华人民共和国反家庭暴力法》于2016年3月1日起施行，对家庭暴力从预防到救助都有了明确而又详尽的规定，我们呼吁像叶小兰一样的受害者积极拿起法律的武器维护自身权益，同时也希望大家能给予身边的家庭暴力的受害者多一些帮助，有你们的勇敢和温暖的扶助，也许就能避免类似悲剧的再次发生。

律师介绍

窦龙斌，北京大学硕士，北京市东城区女律师工作委员会副秘书长，北京市东城区执业纪律和执业调处委员会委员，投资项目分析师，上市公司独立董事，中央电视台CCTV12《法律讲堂》主讲律师。2016年获CCTV社会与法频道《法律讲堂》栏目年度最佳新人。专长领域：家族财富管理、知识产权、企业投融资、民商事诉讼。

本期节目总编导：杨　晖

编导：王守先

亡妻归来

推荐单位：北京市法律援助中心

主讲人：北京市东元律师事务所　王立军

关键词　诈骗罪　共同犯罪

2012年六月的一天深夜，王宇拖着疲惫的身躯回到了家中，躺在床上很快进入了梦乡。可正当他睡得正香的时候，隐约感到有人在叫他的名字，王宇睁开蒙眬的双眼，这不看还好，一看吓得魂不附体，只见床边站着一个身穿白色睡衣，披头散发的女人，脸色惨白，眼里还往外淌着血，再仔细一看，王宇吓得魂都没了，因为站在他床边的不是别人，正是他刚刚死后没多久的老婆董萍。亡妻一言不发地看着王宇，脸上露出了狰狞之色，王宇是越看越害怕，冷汗直往外冒，张大了嘴声嘶力竭地喊道："老婆是我对不起你，你不要吓我，我知错了。"一边说一边往后缩，只听咕咚一声，王宇一个没留神跌下了床。老婆董萍也突然不见了，王宇这才意识到原来是噩梦一场，他长出了一口气。亡妻在梦中归来让其陷入了深深的恐惧之中，难道真的是亡妻怨气太重，阴魂不散，找王宇算账来了，还是另有隐情？您别着急，这事还得慢慢地从头说起。

王宇1米75的个头，身材显得很魁梧，可能是经常下地干活的原因，肤色黝黑，整个人显得很结实。1995年王宇和董萍经人介绍相识，性格开朗，办事干净利索的王宇给董萍留下了深刻的印象，二人交往了半年后，在1996年初正式结为了夫妻。婚后，王宇还是一如既往地对董萍好，这也令董萍感到很欣慰，认为自己和王宇结婚是她这辈子最正确的选择。

可令董萍万万没有想到的是，结婚没多久，董萍发现王宇有个不良的嗜好，爱喝酒，而且一喝就多，喝多了就撒酒疯，而董萍自然而然地也就成了发泄的对象。酒后的王宇变得如此陌生，跟平时的他判若两人，董萍是怎么也想不明白，一直对自己恩爱有加的人，怎么会突然像变了个人似的，这个酒后失德，对自己大打出手之人还是那个对自己百依百顺、恩爱有加的王宇吗？而每次酒醒之后，王宇又对自己的行为万分自责，向董萍保证以后绝对不再犯类似的事，以此希望能得到董萍的谅解。性格软弱的董萍也知道王宇在内心里还是爱自己的，每当看到王宇悔恨的样子，董萍的心也就软了下来，原谅了王宇。

如果说此时的王宇对董萍还有爱，对董萍的伤害只是出于酒后无法控制自己的话，那女儿小红的出生使王宇对董萍的爱荡然无存了，对妻子的伤害也越来越频繁，越来越深，使董萍彻底地陷入了生活的谷底，最终导致了家庭悲剧。按说有了孩子是好事，孩子是夫妻的调味剂，有了孩子，家才更有味道，才更能感受到家的温暖与温馨，又怎么会导致家庭悲剧呢？原来，在当地农村重男轻女的思想非常严重，如果谁家要是生个男孩就脸上有光，在人前都感觉高人一等，孩子的满月、生日都要大办。可要是生个女孩就正相反，全家人都觉着没面子，总觉着没能生个男孩，不能传宗接代是最大的不孝，在别人面前说话都不硬气，感觉矮了一截。而王宇是家里的独苗，重男轻女的思想尤为严重，自从女儿出生后，王宇对董萍的态度发生了更大的变化，平时对董萍不冷不热、爱答不理的，时不时还冷嘲热讽，对女儿小红也不关心。王宇的这一改变让董萍伤心不已，而令董萍更加痛心的是，王宇喝酒的频率越来越高，而每次喝完酒，不管喝没喝多都借机大撒酒疯，对董萍非打即骂，因为自己性格上的懦弱，再加上没能生个男孩，董萍对王宇的行为逆来顺受，感叹自己命苦，终日以泪洗面。女儿小红一天天长大了，自打小红懂事以来，就从来没有感受到过父爱，见到的只是父亲的冷言冷语，而更让小红不能忍受的是，王宇在遇到不顺心的事后，不光对母亲，自己也会成为父亲发泄的对象，挨打受骂也就不可避免，每当受到父亲的打骂后，小红就会抱住母亲痛哭一场，以此来宣泄心中对父亲的愤恨，从小就缺乏父爱的小红幼小的心灵也一次次受到伤害。董萍见到女儿伤心的样子眼里也会流出泪水，可对此又无可奈何，而这一忍就是十几年。在女儿小红读到高二的时候，一件事的发生，使这个家彻底分崩离析，支离破碎。

2012 年五月的一天晚上，小红放学回到家，看到母亲已经做好了一大桌子菜，就兴奋地说："妈，今天是什么日子呀，怎么做了这么多的菜？""什么日子？你可真行，今天是你的生日呀，怎么连自己的生日都忘了？"经母亲一说，小红才忽然想起今天是她 16 岁的生日，心里觉得暖暖的，走过去，抱住了母亲，缓缓地说："谢谢您，还是妈妈好，可我爸要是回来不高兴怎么办，我真的怕他了。""没事，今天是你的生日，他应该不会生气的，放心吧。"说完在女儿的肩上轻轻地拍了拍。虽然是这么说，女儿的话也让董萍的心里一紧，真的害怕王宇回来后又发脾气，说实话，现在的董萍对王宇是又恨又怕，有时在王宇面前都不知应该说什么，因为说什么都有可能遭到王宇的打骂。母女俩一边看电视一边等王宇回家吃饭，可左等不来右等也不来，都 8 点多了还是没有见到王宇，董萍的心里不免有些担心，不会是出了什么事吧？想给王宇打个电话，可他今天出去忘了带手机，没办法只得到附近的朋友家去找，可找了几家都说没有见到王宇。无奈之下，董萍怀着忐忑不安的心情回到了家。可正当她愁眉不展的时候，只听"咣当"一声，门被用力推开了，只见王宇脸色通红，一摇三晃地进了屋，满嘴酒气地对董萍说："今天真痛快，好久没这么喝了，真是酒逢知己千杯少呀。"说实话，董萍的心里对王宇有些不满，倒不是因为王宇喝酒的原因，男人嘛，偶尔喝个酒也没什么，但不管怎么样都得和家里说一声，让家人放心呀，害得自己白担心了半天。虽然是这么想，但看到王宇的样子，董萍心里害怕得不行，因为她知道，现在的王宇没事都要挑自己的毛病，更别说喝完酒了。想到这儿她急忙小声怯怯地说："出去喝酒怎么不说一声呀，害得我白担心了半天，回来了就好，赶紧吃饭吧，今天是女儿的生日，我早就做好了一桌子好菜等你回家吃呢。”话刚说完，只听“啪啪”两声，董萍的脸上挨了重重的两个耳光，把董萍都给打蒙了，待在了那里，董萍虽然有心理准备，说话也小心了，可没想到王宇的反应是如此之大，本来是好意却没想到还是挨了王宇的打，心里也有些窝火，就气呼呼地对王宇说：“你干嘛打我，我有什么错？”“干嘛打你？你说干嘛打你，老子喝点酒还用向你汇报吗？你管得也太宽了。”说完又指了指小红，厌恶地说道：“还过生日，一个臭丫头片子还过什么生日，我的脸都让你们丢尽了，让我在朋友面前抬不起头，还想过生日，呸。”说完一下把董萍推倒在地，骑在董萍的身上抡起双拳，不顾一切地向董萍打去，董萍是一边哭泣哀求一边招架，可一个柔弱的妇女哪里是王宇的对手，只有挨打的份，王宇打得董萍鼻青脸肿，嘴角还淌了血。小红见状急忙上前拉住父亲的手说：“您干嘛呀，有事说事不行吗？”王宇怒冲冲地对小红吼道：“给我滚一边去，这哪有你说话的份。”说完一拳将小红打倒在地，又上去狠狠地踢了几脚。打完后，王宇还气呼呼地说：“连个儿子都给我生不了，还活什么劲，死了算了，以后少管我的事，否则今天就是你们的下场。”说完躺在床上呼呼大睡起来。董萍缩在墙角，呆呆地盯着地面，也不去擦嘴角的血，神情有些呆滞，委屈、悔恨的泪水顺着眼角任意流淌。小红此时也缓过了神，上去抱住母亲边哭边说：“妈，您怎么样了，没事吧。”对于女儿的话，董萍好像没有听到一样，依然呆呆地发愣。小红用手将母亲嘴角的血轻轻地擦净，怜爱地说：“妈，您说话呀，别吓我。”过了好一会儿，董萍才慢慢地抬起头，看着女儿轻轻地叹了口气说：“咱娘俩怎么这么命苦呀，都是妈不好，平白让你也跟着受这种窝囊气，这种日子什么时候才是个头儿呀，活着真没劲。”小红也无奈地叹了口气说：“您千万别那么想，一切都会好的。”

此后的几天，小红总觉着母亲有些不太正常，对自己嘘寒问暖，倍加关心，但总是有些魂不守舍。每次小红都会关切地问母亲怎么了，董萍都会轻轻地摇摇头说没事，不用担心。小红也就没往心里去，但心里却总感觉有一丝不安。

一天晚上，小红像往常一样放学回家，推开家门，小红的脸色变得煞白，吓得呆在了那里，只见母亲董萍倒在地上，两眼无神，面如死灰，嘴里还吐着白沫，在母亲的身边倒着一个小瓶，小红拿起小瓶一看吓得魂都没了——母亲董萍想不开喝了农药。正在这时，刚喝完酒的王宇也一摇三晃地回了家，看到这场景吓得酒也醒了一半，用颤抖的声音对小红说："这怎么回事，你妈怎么了？"小红一听就急了，吼道："怎么回事，你说怎么回事，还不都是因为你，要不是你，我妈也不会想不开，要是我妈有个三长两短，我跟你没完。"说完抱住母亲呜呜地哭了起来。此时的王宇也意识到了问题的严重性，急忙拨打了"120"急救电话。在赶往医院的路上，小红一边哭一边不停地和昏迷的母亲说话，希望母亲能够醒来。王宇也不断地责怪自己。可还没有赶到医院，董萍因喝下农药的时间太长停止了呼吸。女儿小红声嘶力竭地哭道："妈你不能走呀，你走了我怎么办呀，你可是我人生的唯一依靠呀。"此时的王宇也已控制不住自己的情绪号啕大哭道："董萍你怎么这么想不开呀，我知道这一切都是我的错，我知错了，你醒醒呀。"见到此情此景，在场的医生和护士也都流下了眼泪。事后，小红在母亲的床上发现了她死前写好的遗书，小红一边读一边流着泪，遗书的大概意思是：因不能忍受王宇的虐待，死对她来说是最好的解脱，而这个世界上最对不起的是女儿小红，希望女儿能原谅自己的选择。

董萍的死，亲朋好友的指责和家庭的支离破碎，对王宇产生了很大的触动，自从董萍死后，小红每天以泪洗面，像失了魂一样，王宇生怕女儿也做出什么傻事，如真是那样的话，自己会更加悔恨终生。回想起与董萍从相识、相知、相恋，到结婚后生活中的点点滴滴，特别是女儿出生后，自己的种种恶行，心中对董萍充满了负罪感，总觉着对不起死去的老婆。安葬时，按照当地的风俗，如果人是非正常死亡的话，应找所谓的法师给死去的人做法事，超度他的亡灵，否则的话，那个死去的人的怨气会越来越深，将对家人不利。法事做完后，王宇将妻子生前用的东西一起随葬，由于怀着对妻子的赎罪心理和对女儿的愧疚，在董萍的坟前王宇幡然悔悟。

事后，王宇对女儿的态度也发生了巨大的转变，对女儿异常得好，想以此来弥补十几年来自己对女儿的冷漠与轻视。

时间过得很快，一晃董萍下葬已经一个多月了，王宇每天都生活在妻子死亡的阴影中不能自拔。一天晚上都10点多了王宇正失神地看着妻子的遗像，突然听见屋外有“沙沙”的响声，王宇感到奇怪，这么晚了，外面的响声是什么东西弄出来的？于是就借着月光向屋外看去，这不看则已，一看直吓得他灵魂出窍，瘫坐在了沙发上。王宇究竟看到了什么把他吓成那样？原来，他看到屋外面有个女人，而真正让王宇害怕的是，这个女人的体形、相貌、穿着打扮怎么看怎么像自己刚刚去世的妻子董萍，还没等他反应过来，那个女人的身影一晃就不见了。但这次可不是在做梦，既然不是做梦，难不成董萍又活了？或者这世上真的有鬼，董萍怨气太深，阴魂不散，找王宇索命来了？王宇越想越害怕，吓得一晚上都没睡着觉。

俗话说：日有所思夜有所梦。董萍的死给了王宇很大的触动，发自内心地感觉对不起妻子，妻子对他，对这个家的好全都呈现在眼前，越这么想，心里的愧疚感、负罪感也越深，时间长了也就成了王宇的心病，常常在梦中梦见董萍找他索命。为此，王宇每天都会在董萍的遗像前忏悔。其实王宇也知道是自己的心理在作怪，这世上哪来的什么鬼，可有些时候，在事实面前也不由得他不信。

第二天早上，王宇将昨晚上的怪事和女儿小红说了，小红听后脸上露出了惊异的神色，低声对王宇说：“是吗？怎么这么巧，昨晚上我也做了个怪梦，梦见我妈穿着白色的破旧衣服，浑身打着哆嗦对我说，她在阴间的日子过得很苦，那里的人都欺负她，让我给她多送些钱，还说要用9999元真钱来祭拜，这是阴间的规矩，这个钱不能多也不能少，否则的话将对死去的人和家人不利，我妈还说，要将真钱装在盒子里埋在坟前，连着三天，都要在每天晚上9点去坟前祭拜，三天后，将钱取出，就能让她在阴间得以解脱。”王宇听后将信将疑，别的他都信，可这亡妻让用真钱祭拜，他还是多少有点不太相信。小红看出了父亲的疑虑，于是又说：“爸，这事呀，我觉着还是宁肯信其有不可信其无，我妈生前没享过什么福，尽遭罪了，万一这要是真的，您不是更对不起我妈了吗？再说了，真钱祭拜就是一个形式，完事后又少不了一分。”王宇听后叹了口气说：“是呀，你妈生前跟着我尽遭罪了，这点小事我要不答应她，我还是个人吗？”

当晚父女俩就带上了祭奠之物，又带上了9999元的真钱，来到了董萍的坟前。将冥币烧完，又将真钱装到了事先准备好的盒子里，埋到了董萍的坟前。在妻子的坟前，王宇又忆起了董萍的好和自己对董萍的种种恶行，悔罪的心情表露无遗，这也使小红深有触动。第三天晚上祭拜完后，当王宇小心翼翼地挖开埋钱的土时，却傻了眼，埋在土里的钱不翼而飞。这到底是怎么回事呢？难道鬼不光收冥币，这堂堂的人民币在阴间也能用？

回到家中的王宇越想越不对劲，就问女儿小红，是不是她搞的鬼。可不管王宇怎么问，小红都说此事与自己无关，无奈之下王宇选择了报警。警方听了王宇的叙述后也很奇怪，以他们的直觉，这里肯定大有文章。于是警方首先对小红进行了询问，开始小红还是一问三不知，可在警方旁敲侧击地询问下，她的回答漏洞百出，无奈之下说出了实情。原来，小红在内心深处对父亲王宇充满了怨恨，母亲的死可以说是父亲一手造成的，而且自打自己出生以来，父亲对自己一点都不好，总是不冷不热的，小红的童年很少能享受到父爱，这也令她在同学面前有些抬不起头，更不愿在同学面前提起父亲。也正是在这种心理的作用下，在母亲死后，小红对父亲的怨恨又加深了，而这个家对她来说也就失去了留下的意义，于是就想报复一下王宇，然后离开这个让她彻底伤心的家。小红首先想到了她的同学方平，方平在学校是文艺骨干，还有些表演天赋，每次学校有活动都少不了她。找到方平后，小红将自己的想法说给了方平，方平听后对小红说：“我知道你家里的情况，你爸简直就不是个人，如果不是他重男轻女，你妈也不会想不开，你也不会受到他的冷落，你说吧，要我怎么帮你。”小红说：“我妈的死，可以说是我爸一手造成的，我爸现在心中有鬼，经常梦见我妈，所以我想让你扮成我妈的模样吓吓我爸，让他也尝尝害怕的滋味，然后我谎称我妈托梦给我，让我爸连着三天到坟前祭拜，拿到钱后我就离开这个让我伤心欲绝的家。”听小红这样一说，方平有些犹豫，但在小红的苦苦哀求下，方平最终答应了她的请求。

可出乎警方意料的是，那9999元钱并不是小红拿的，这也让小红很奇怪，因为这事除了王宇和自己，只有她的同学方平知道，以她对方平的了解，她不可能拿这个钱。那到底这钱是谁拿的呢？难道真的是死人显灵了？经过警方的进一步侦查，这个偷钱的贼浮出了水面，而让人意想不到的是，这个偷钱的人不是别人，却是方平的父亲。当警方向方平的父亲讯问时，其对自己的犯罪行为供认不讳，说自己也是无意中听到了小红和方平的谈话，就产生了贪念，对于以种地为生的他来说，这9999元可不是个小数目，充满了诱惑力，而且他觉着这事神不知鬼不觉的，做了谁又能知道？可没想到天网恢恢，疏而不漏。因为自己的一时贪念，却使其陷入了牢狱之灾，相信这是他万万没有想到的。

警方在了解了案件的前因后果之后将小红和方平带回了警局。王宇这下可傻了眼，自己刚刚没了老婆，女儿又被抓了，急得直跺脚。

到底小红和她同学方平的行为应如何定性？是否构成犯罪呢？这里就涉及诈骗罪这一概念。诈骗罪是指以非法占有为目的，用虚构事实或者隐瞒真相的方法，骗取数额较大的公私财物的行为。该罪的表现形式为：1. 行为人以非法占有为目的实施欺诈行为。2. 被害人产生错误认识，并基于错误认识处分财产。3. 行为人取得财产，被害人受到财产上的损失。

结合本案，首先，小红为了在报复其父王宇同时，拿到离家出走的钱，实施了欺诈行为，让同学方平假扮其母董萍吓王宇，并编造谎言，骗王宇，说其母托梦给她，让王宇将真钱埋在妻子的坟前，以达到将钱取走的目的；其次，王宇出于对女儿的信任，将钱埋在了妻子的坟前，处分了自己的财产，而王宇之所以会这样做，是女儿的欺诈行为所致；最后，王宇因女儿的欺诈行为受到了财产上的损失。

综上，小红的行为完全符合诈骗罪的犯罪构成，构成诈骗罪，另外，小红的同学方平在明知其的诈骗目的后，不但没有制止，反而协助其实施犯罪，也构成诈骗罪，二人属于共同犯罪。

女儿被警方带走后，王宇后悔不已，责怪自己不该报警，觉得这样的结果对不起女儿，更对不起死去的妻子董萍，而且对女儿的这种行为从内心来说他也理解。但出了这种事，王宇是一点办法都没有，难道唯一的女儿小红真的要被判刑入狱吗？在好心人的提醒下，王宇怀着期待的心情来到了法律援助中心寻求帮助。法援律师在了解了整个事情的经过后对王宇说："警方将该案定性为诈骗是没有问题的，但也不是没有办法解决。因为第一，该二人属于未遂犯，根据我国《刑法》第二十三条第二款的规定，对于未遂犯，可以比照既遂犯从轻或者减轻处罚。第二，二人是未成年人，根据我国《刑法》第十七条第三款的规定，已满14周岁不满18周岁的人犯罪，应当从轻或者减轻处罚。第三，根据《最高人民法院、最高人民检察院关于办理诈骗刑事案件具体应用法律若干问题的解释》第四条的规定，诈骗近亲属的财物，近亲属谅解的，一般可不按犯罪处理。"法援律师接着说："结合本案案情，二人犯罪情节轻微，社会危害性也不大，如果她们能得到您的谅解，综合上述法律规定来看，案件的结果应该对她们很有利。"听了法援律师的讲解，王宇的心情轻松了许多，因本案涉及未成年人，符合援助的条件，法援律师接受了王宇的委托。

法援律师接受了委托后，积极和公安机关进行了沟通，在案件的侦查过程中，公安机关听取了法律援助律师的意见，结合案件事实与相关法律，小红和方平因属未遂犯、未成年人，同时得到了被害人王宇的谅解，公安机关对小红和方平做出了不予立案的决定，二人被无罪释放。

律师点评：

事后，小红原谅了父亲。尽管如此，王宇对自己的行为仍是悔恨不已，因为产生家庭悲剧的根源正是自己重男轻女的思想，如果不是自己重男轻女，自己对董萍的爱会继续下去，也就不会有妻子死亡的惨剧，如果不是自己心中有鬼，也就不会疑神疑鬼。这就应了那句老话：不做亏心事，不怕鬼敲门。

律师介绍

王立军，毕业于中国人民公安大学，获法学学士学位。全国律师协会会员，北京市律师协会会员，北京市法律援助中心援助律师，北京市残联、朝阳区残联援助律师，国家信访局法律援助律师，北京市高级人民法院法律援助律师，中央电视台社会与法频道《法律讲堂》栏目主讲律师，北京人民广播电台城市广播《楼市好声音》特邀嘉宾律师。2013 年、2015 年被朝阳区律师协会评为优秀共产党员，并多次被西城区总工会、西长安街街道总工会评为“优秀工会工作者”“优秀职工”等荣誉称号，曾被西长安街街道办评为“西长安街地区 2013 文明市民标兵”。

自执业以来，办理了几百件诉讼案件及仲裁案件，业务领域涉及刑事辩护、婚姻继承纠纷、房产纠纷、交通事故、建筑工程施工合同纠纷、企业法律顾问等业务。

本期节目总编导：杨　晖

编导：刘文辉

找老伴闹出人命

推荐单位：山东省法律援助中心

主讲人：山东崇诺律师事务所 孙军军

关键词 激情犯罪 雇员受伤 雇主赔偿

2013年的一个凌晨，天刚蒙蒙亮，呼啸的警笛声就打破了山东某村庄的宁静。警车径直开到了一间出租屋旁，只见屋子门口蹲着一个五十来岁的老汉，颤抖着双手在那儿一根接一根地抽烟，出租屋里乱七八糟的，一个披头散发的女人倒在血泊里，满头满脸都是血，旁边还扔着几个破碎的啤酒瓶和一把带血的菜刀。法医上前一探，那女人早就没了呼吸。“是你报的警吗？”警察询问门口的老汉。老汉夹着那根马上就要烧到手的烟，哆哆嗦嗦地站了起来，说：“是……是我报的。人……是我杀的。”闻讯赶来的房东赵大爷一看这情景，脸“唰”地一下就白了：“哎，老刘，那……那不是我给你介绍的对象张翠吗？不是说你们要结婚了吗？你这是怎么回事啊？”

这姓刘的老头这么大岁数了怎么刚找对象啊？这都要结婚了，他怎么又把自己的女朋友给杀了呀？这事儿还得从头说起。

姓刘的老汉名叫刘卫国，今年56岁，是一名外来务工人员，他有一儿一女，妻子十几年前因为一场意外去世，儿子已经成了家还有了孩子，女儿在外地打工。平时，刘卫国一个人住在出租屋里，除了白天在工地干活的时候可以和工友们聊天解闷以外，晚上回到出租屋他连个说话的人都没有。与其说刘卫国打工是为了赚钱，还不如说是为了排解寂寞。

由于刘卫国人老实，不爱说话，所以，尽管他来这里打工已经大半年了，身边却没什么朋友，和他接触最多的，除了工地上的工友，就是房东赵大爷了。赵大爷没别的爱好，就是爱喝酒，他知道刘卫国一个人在出租屋无聊得很，晚上没事的时候，他就会去找刘卫国喝两杯。一来二去，这两个老汉就成了无话不说的好朋友。

这一天，这俩人几杯酒下肚，话匣子就打开了。赵大爷说："老刘，你这儿连个给你洗衣做饭的都没有，这哪像个家啊！要不哥再帮你找一个吧！"这刘卫国听到这话，去拿酒壶的手顿了顿，接着，他给自己倒了满满一杯的白酒，一口就给干了，抹了抹嘴，红着眼睛和赵大爷说："老哥你不知道，你老弟这辈子不容易啊……"这是怎么回事啊？难道这刘卫国有什么难言之隐？等刘卫国断断续续把身世说完，赵大爷才算是明白了。原来刘卫国5岁的时候父母就因车祸都去世了，他十几岁就跟着村里的青壮年出去打工。31岁这年，刘卫国用自己多年打工攒下的钱，盖起了五间大瓦房。建好房子的第二年，他就和打工时认识的姑娘李芳结婚了。李芳也是个孤儿，两个苦命人走到一起，互相关心互相温暖，这日子过得倒也不错。后来有了儿子，刘卫国干活更卖力了，李芳也是，在工地上推车子搬砖头，一点也不输给男人。儿子3岁那年，李芳又生了个女儿，把刘卫国给乐的，去工地的路上都哼着小曲儿。可谁知道，就在闺女5岁那年，一场意外，要了他媳妇李芳的命……从那以后，他就一个人打工赚钱拉扯孩子长大。现在，儿女们都大了，他也老了……这人越是上了年纪，身边越是需要一个知冷知热的人，刘卫国也需要啊！可是李芳在他心里太重要了，他的眼里，根本就容不下别的女人。刘卫国说完是满脸的泪，赵大爷也是听得两眼通红，泪珠子是吧嗒吧嗒掉。他觉得刘卫国，是个重情重义的好人。

过了没几天，赵大爷就给刘卫国带来了一个四十多岁的女人，和刘卫国说："这是张翠，和丈夫离婚了，人不错，你们了解了解。都这把岁数了，就是一块儿搭伙过日子，找个伴儿。"本来，赵大爷这话让刘卫国挺抵触的，心说我不都和你说了吗，我心里只有李芳，你这是干什么呀？可谁知道，他抬眼一看张翠，就愣了，为什么呀？这张翠长得和他去世的老婆李芳几乎一模一样！这世上怎么能有人长得这么像啊！刘卫国太吃惊了，他呆呆地看着张翠，感觉就像是李芳站在自己面前一样，心里刚开始那点抵触，早就抛到九霄云外去了。张翠也对这个老实憨厚，甚至还有些木讷的刘卫国很有好感，她告诉刘卫国，自己前年和丈夫离婚之后就出来打工了，自己有一儿一女，儿子在上海打工，女儿上学。张翠还说，我们都这岁数了，能找个老实可靠的人好好过日子，比什么都强。这两个人是互相看对了眼，很快就确定了恋爱关系。

刘卫国对张翠那是有求必应。张翠说要翻修自己老家的房子，还差6万元，刘卫国二话没说，掏出银行卡就取了6万元给张翠；张翠说房子装修还差2万元，刘卫国出了；张翠儿子要考驾照没钱交报名费，刘卫国出了；张翠女儿在学校要交学费，刘卫国也出了。这刘卫国为什么要这么干呀？原来十几年前，李芳的去世让刘卫国心里充满了愧疚，他觉得是自己没照顾好李芳，他对不起李芳。现在，自己身边突然有了个长得和李芳几乎一模一样的张翠，他觉得这是老天在给他机会，他把张翠当成了李芳，把当年对李芳的亏欠全都弥补在了张翠的身上。本来，刘卫国找老伴儿这事儿子和女儿还是挺支持的，可是后来发现这张翠一个劲儿地跟父亲要钱，眼看父亲的老底儿都要被她掏空了，这儿女们急了，心说这张翠是要和父亲结婚过日子吗？这怎么光冲钱使劲啊？他们害怕父亲上当受骗，就一起来劝刘卫国，让他多留个心眼。可正在兴头上的刘卫国根本就听不进去啊！这儿子觉得父亲简直是鬼迷心窍了，气得摔门而去，说再也不认这个父亲，女儿更是和刘卫国大吵一架，嚷嚷说："爸你是不是疯了？我妈拿命换来的钱，都让张翠掏空了！"这句话，一下就戳中了刘卫国的心窝子，让他忍不住老泪纵横啊！怎么回事呢？

原来李芳死的时候，还真留下了一笔巨款。那年女儿刚5岁，刘卫国突然接到李芳工地打来的电话，说李芳出事了，让他赶紧过去。等他急匆匆赶过去的时候，只看见李芳就那么直挺挺地躺在地上，头裂成了两半，血和脑浆流了一地，早就没了气。原来工地脚手架的安全网上烂了个窟窿，李芳从那个窟窿掉了下来，脑袋正好砸在一块大石头上，当场就摔死了。刘卫国看着死去的李芳，感觉天都塌了！他抱着李芳，呆呆地坐在地上，两只手紧紧地捧着李芳的手，整个人和丢了魂似的，愣是一滴眼泪都流不出来。事情发生之后，工地的发包方和施工方相互踢皮球，谁都不愿意承担赔偿责任。刘卫国带着两个嗷嗷待哺的孩子是叫天天不应，叫地地不灵！怎么办啊？难道李芳就这么白死了吗？最后，还是在工友的提醒下，他才知道可以去当地的法律援助中心申请法律援助。援助中心的工作人员看着胡子拉碴、眼窝深陷的刘卫国和两个哭得上气不接下气的孩子，心疼得直掉眼泪，马上给他开通了“法律援助绿色通道”，指派了法援律师王律师。王律师通过向工友和工地的发包方、施工方了解情况以后发现，李芳和工地的发包方之间没有劳动关系，而是工地的施工方临时雇来干活的，和施工方之间是雇主和雇员的关系。《最高人民法院关于审理人身损害赔偿案件适用法律若干问题的解释》第十一条规定，雇员在从事雇佣活动中遭受人身损害，雇主应当承担赔偿责任。依据这项规定，王律师通过和施工方协商的方式，给刘卫国要回了李芳的死亡赔偿金、被抚养人生活费、丧葬费等，共计53万元。

女儿一提她妈用命换来的钱，让刘卫国忍不住又想起了苦命的李芳。五十多岁的刘卫国用袖口擦了擦眼泪，和女儿说：“你们都大了，都有自己的工作有了自己的家，没时间陪我。我好不容易才碰上了张翠，刚回家能吃上口热乎饭，你们就来搅和……”“那……那我们不是忙嘛？再说了，我和我哥，也没少给您钱花呀！”父亲的话，让当女儿的多少有点心虚，着急地给自己辩解。“我知道你们忙，我不也没怨你们吗？平时不回来看我，过年过节你们也不来，我这当爹的，说过什么吗？”这话，让这女儿羞红了脸，都不敢抬眼看自己的父亲。“说到钱，你们兄妹俩是没少给我钱花，可我都快六十岁了能花几个钱啊？我牙也咬不动了，眼睛也花了，我拿着那些钱有什么用啊？我需要的，是个伴儿，你们懂吗？”刘卫国说着，眼泪又忍不住掉了下来，他心疼自己的儿女，可是又生气他们不理解自己。“实话告诉你吧，我给你张阿姨的，是我这些年打工攒的钱。你妈那笔钱，你和你哥给我的钱，我都没动，等我死了你们爱怎么分怎么分吧！”刘卫国的女儿瞪大了眼睛，不敢相信地看着自己的父亲，给父亲的钱父亲都没花？那这些年，自己除了给父亲那点钱，还为父亲做过什么呀？“你们张阿姨整天给我洗衣服做饭陪着我，对我挺好。”这刘卫国一想到儿女对张翠有意见，那火气又上来了：“就算是她真的骗了我，我也愿意！我告诉你们，她已经同意今年和我结婚了，你们以后都给我对她好一点！”看父亲这么坚决，又想到自己以前确实对父亲不够关心，刘卫国的女儿就没再说什么。

可一段时间以后，本来和刘卫国感情还不错的张翠，却开始和他吵架了。为什么呢？原来，因为刘卫国对张翠的要求从来都没拒绝过，让张翠的胃口越来越大，而自己打工攒下的那点积蓄已经所剩无几，他越来越不能满足张翠。张翠想买车，和刘卫国要钱，刘卫国说自己没钱了，等结婚了两个人攒攒钱再买；张翠看上了一条项链，5000多元，让刘卫国买，刘卫国说我就剩2000多元了，你等我发了工资再买。那天，张翠又看上了一个钻戒，喜欢得不得了，让刘卫国给她买，刘卫国一听要好几万元，吓了他一跳，尴尬地和张翠说自己真的拿不出那么多钱了。张翠终于火了，她骂刘卫国：“你真没用，你说你没钱了你骗谁呢？你那个死了的老婆李芳给你留下的那好几十万呢？哪儿去了？”本来刘卫国一声不吭蹲在墙角抽烟，一听张翠说他那死了的老婆，刘卫国“呼”地一下就站了起来，红着眼盯着张翠，恶狠狠说：“你再敢和我提李芳，我弄死你！”张翠吓得一哆嗦，慌里慌张地又说了一句：“反……反正，你赚这么点钱想娶老娘，门都没有！我是不可能嫁给你这么没用的男人的！”说完，就气哼哼地离开了刘卫国的出租屋，刘卫国也气得把烟摔到了地上，“嘭”地一下关上了房门，心说你走就走吧，反正我也没钱了，你走了，我还落得个耳根清净呢！

第二天一整天，刘卫国和张翠是谁也没联系谁，一直到晚上，刘卫国也没接到张翠的电话，张翠也没来，刘卫国心想坏了，好不容易找到个愿意陪自己唠嗑的，可不能就这么散了呀！因为惦记张翠，刘卫国翻来覆去睡不着，想喝两瓶啤酒睡觉吧，没想到反倒越喝越精神了，是一晚上都没合眼。第二天一大早，他就起床收拾准备去找张翠。可还没等他洗完脸，张翠自己就来了，进了屋一屁股就坐在了凳子上。本来刘卫国看见张翠高兴得不行，屁颠屁颠地跑过去准备套套近乎，可张翠冷着脸问了一句话，就让这刘卫国的心凉了半截。为什么呀？原来还是来要钱的。张翠说："我儿子要结婚了，你准备出多少钱？"刘卫国一听有点蒙，可是他不敢发作了，万一再把姑奶奶气走了可怎么办？于是，他就"哈哈"笑了两声说："你儿子那不就是我儿子吗？给他操办婚礼那还不是应该的？可是你看，咱俩的事还没办，我去给他操办婚礼这名不正言不顺的，不合适吧？""你操办？你操办得着吗你？老娘是问你准备出多少钱！"张翠又一句冷冰冰的话扔出来，就跟那冰碴子似的扎得刘卫国的心生疼。刘卫国的脸也拉下来了，他问张翠："钱钱钱，你这整天除了钱你还想什么？你到底有没有想过和我结婚？""结婚？"张翠冷笑一声："你这老头儿想什么呢？你也不想想，你这都要六十了，老娘我还风韵犹存呢，我凭什么嫁给你呀？你年龄大点就大点吧，你有钱也行啊，可是看看你现在，连给我买钻戒的钱都没有，我和你结婚？你以为我傻啊！"刘卫国听完这话是火冒三丈，他一把抓着张翠的衣领就把她给拽起来，气呼呼地吼道："你是不是打从一开始就没想嫁给我啊？你是不是就想骗我的钱啊？"张翠是一边挣扎一边喊："哎呀，你放开我你放开我！我和你说实话吧，我根本就不能和你结婚，我有老公！"什么？刘卫国一愣，手一松，张翠就从他手里逃出去了。

这是怎么回事？这张翠不是说她已经离婚了吗？这怎么又冒出来一个老公啊？

原来，张翠根本就没离婚。她是在老家和自己的丈夫吵架以后一气之下离家出走，来到这个城市打工的。刚到这儿的时候，她租住在赵大爷的出租屋里，和赵大爷说自己早就离婚了，赵大爷看张翠整天忙着打工赚钱，出租屋也被她收拾得利利索索，平时也没见她和男人有什么来往，觉得这人还不错，所以就把她介绍给了刘卫国，还和她说，你别看这老刘就是个打工的，他手里有钱，他媳妇死的时候给他留了赔偿金，好几十万呢！张翠一听这话，那眼睛都亮了，她这一个女人在外地打工，身边没个男人，确实挺寂寞的，这家里有什么力气活，都没人帮自己，这有了刘卫国，不就可以让他帮自己干了吗？关键是刘卫国还有钱，自己当初和老公吵架离家出走，不就是因为老公没钱给自己买车吗？看着和自己差不多大的姐妹整天开着小车，还涂脂抹粉打扮得那么漂亮，自己还和老公整天灰头土脸地到处打工，自己这心里能好受吗？这要是把刘卫国那好几十万弄过来，那什么汽车、化妆品、衣服、首饰，那都不是事儿了！刘卫国手里那笔钱，对她实在是太有吸引力了。

张翠倚着墙根继续气哼哼地对刘卫国说："老娘不能白和你睡那么久，你得给老娘10万块钱的补偿！要不然，我就去公安局告你强奸！"刘卫国知道事情真相后整个人都崩溃了，童年的不幸，李芳的惨死，自己二十几年养育儿女的辛酸，自己对张翠的真心付出，都出现在了眼前，他一下就被愤怒冲昏了头，抓起啤酒瓶照着张翠的头就打了下去，边打边说你不和我结婚就把钱还我！谁知道张翠竟然一边捂着头躲一边喊："想要钱？门儿都没有！"刘卫国一下就疯了，他冲进厨房拿出菜刀，照着张翠的脑袋就狠狠地砍了下去，一刀，两刀……这血溅了刘卫国一脸……张翠死了，刘卫国攥着菜刀也倒在了地上，整个人就像被掏空了似的，连爬起来的力气都没有了，嘴里不停地念叨，你为什么要骗我，为什么骗我呀？几分钟之后，回过神来的刘卫国看了看身边死去的张翠，心说李芳死了，张翠也死了，孩子们也大了，自己活着也没什么意思了。自己现在杀人了，这杀人得偿命啊，想到这儿，刘卫国自己拨打了"110"，于是，就出现了故事开头的那一幕。

案件移交到法院时，法院了解到刘卫国没有委托律师为自己辩护，就通知法律援助中心依法为其指派法援律师。根据《法律援助条例》第十二条第二款的规定，被告人可能被判处死刑而没有委托辩护人的，人民法院为被告人指定辩护时，法律援助机构应当提供法律援助，无须对被告人进行经济状况的审查。而刘卫国刚好符合这一条的规定。检察院以故意杀人罪对刘卫国提起公诉，张翠的丈夫和一双儿女也对他提起了刑事附带民事诉讼。开庭时，法援律师对检察院指控的罪名没有异议，但是，他认为刘卫国案发后主动投案，如实供述罪行，属于自首，而且被害人张翠也存在过错，本案属于因情感纠纷引起的激情犯罪，依法可以从轻处罚。在这里就讲到了“激情犯罪”。所谓“激情犯罪”，一般被认为是当事人在某种外界因素刺激下因心理失衡、情绪失控而产生的犯罪行为。对于本案来说，刘卫国是在突然得知被害人张翠有老公，自己上当受骗，要求张翠还钱又被拒绝，在张翠的欺骗行为和言语刺激下，基于愤怒才杀害张翠的。尽管我国的刑法没有具体规定“激情犯罪”，但在司法实践中，这却是法官从轻量刑考虑的因素。所以，法院在综合考虑整个案情以后，采纳了法援律师的辩护意见，以故意杀人罪判处被告人刘卫国死刑，缓期2年执行，剥夺政治权利终身，判决其赔偿附带民事诉讼原告人丧葬费21000元。

法庭宣判以后，刘卫国的脸上没有任何表情，对他来说，这个世界，他已经没什么可留恋的了，不管是什么样的判决结果，他都能接受。而坐在旁听席上的刘卫国的儿子和女儿，却哭得泣不成声，他们觉得自己对不起父亲，想再好好地去孝敬父亲，却已经晚了。

律师点评：

刘卫国只是想找个伴儿共度晚年，在他知道张翠欺骗了自己的时候，如果去报警，通过法律的途径来维护自己的合法权益，那么今天，他可能就不会成为杀死张翠的凶手。“君子爱财，取之有道。”如果张翠能够脚踏实地，通过劳动获得财富，而不是通过欺骗的方式来满足自己的物质欲望，那么她也不会被刘卫国夺去生命。在整个故事中，最后悔的，可能就是刘卫国的儿子和女儿了，“树欲静而风不止，子欲养而亲不待。”如果他们当初对父亲多一点关心，现在，可能就不是这样的结果。希望大家都能够关爱老年人，希望每一个家庭都能多一点欢笑，少一点悔恨。

律师介绍

孙军军，毕业于潍坊学院法学院，中国政法大学民商法研究生，现为山东崇诺律师事务所副主任，中央电视台社会与法频道《法律讲堂》栏目主讲人。曾获山东省司法行政系统演讲比赛第一名，被评为当地司法行政系统先进个人，并荣立三等功。

本期节目总编导：郝燕飞

编导：李　威

捡来的儿子像丈夫

推荐单位：北京市法律援助中心

主讲人：北京市炜衡律师事务所　蒋亚丽

关键词　拐卖儿童罪的认定

孙大成和妻子胡杏花在郊区某村的路口开了家面馆，他们有两个可爱的孩子，女儿笑笑8岁，儿子龙龙快1岁了。这天一大早，孙大成开着农用三轮车去县城蔬菜批发市场进货，刚走到半路，妻子胡杏花突然打来电话说："大成，你快回来吧，咱们的龙龙找不着了。"孙大成一听，顿时脑袋"嗡"的一下，赶紧开车掉头往家赶。早上临出门时，孙大成还亲了一下正睡觉的儿子，怎么一会儿工夫孩子就丢了呢？

孙大成又气又急，见到妻子，二话不说，抬手就是一耳光，质问道："你是怎么看孩子的，龙龙哪儿去了，你给我找回来。"胡杏花边哭边说："我怎么知道龙龙去哪儿啦？早上你走了以后，我把龙龙送到了他奶奶家，之后就去了店里，结果他奶奶看了没一会儿，儿子就不见了，你说这能怪我吗？"此时，孩子的奶奶靠在墙头，已经吓呆了，听到孙大成的质问才惊醒过来，说："龙龙啊，刚才还在院子里玩他的小汽车呢，我进屋去拿了个东西，转身出来孩子就没了。"听到这儿，孙大成赶紧动员亲朋好友四处寻找，临近中午了，整个村子都找了个遍，也没看到龙龙。

"完了，龙龙不会是让人给拐跑了吧？"孙大成整个人一下子瘫坐在地上，妻子胡杏花也向围观的乡亲们哭诉着，场面一片混乱。这时，一辆警车开了过来。原来，村干部在协助寻找孩子的同时也打了"110"报警。

"110"出警后随即展开调查，有人说看到有一辆没有牌照的面包车出现过，可村里没有安装摄像头，无法查看车辆的去向，因此也没有查出什么有价值的线索，最后警察把龙龙在家使用的奶瓶带走，采集了DNA数据存档，并将龙龙失踪的信息传上了网。

孙大成和胡杏花四处打听龙龙的下落，孙大成的胞弟孙大海得知消息后也从外地赶来帮忙寻找，他们甚至跑到周边几个省市去打听，可始终没有龙龙的音讯。看着失魂落魄的孙大成，胡杏花说："当初咱要是不收养这个孩子该有多好，也就没这回事了。"

原来龙龙是孙大成和胡杏花收养的孩子，但收养孩子这事，咱们还得从一年前说起。

一年前，孙大成还在外打工，妻子胡杏花在家照料面馆。这天晚上，忙碌了一天的胡杏花正准备关门，突然闯进来一个年轻女人，怀里还抱着个婴儿，看上去也就两三个月大的样子。年轻女人靠墙坐下后点了一份热汤面。等胡杏花端着做好的面从厨房出来的时候，才发现刚才进来的那个年轻女人不见了，可孩子却被放在了桌子上。胡杏花大吃一惊，连忙把孩子抱了起来，仔细一看竟然还是个男孩。胡杏花怕有人找来，也没敢关门，可左等右等，年轻女人却再也没有回来。

就在胡杏花抱着熟睡的婴儿不知如何是好的时候，丈夫孙大成打来了电话。胡杏花赶紧把这事告诉了丈夫，孙大成听后惊讶地说："怎么还有这种事儿啊，你先看着点儿，别声张，我这两天就回去，到家咱们再商量。"

胡杏花就暂时收留了这个弃婴。她看着这个长得白白净净、能吃能睡，偶尔哭闹的孩子，不由得动了收养的念头。要说胡杏花的生活还有什么不如意，那就是没能生个儿子满足丈夫的愿望。她和孙大成10年前结婚，一年后生下了女儿笑笑，可重男轻女的丈夫一心想要胡杏花再生个男孩。虽然他们也符合农村生二胎的条件，可说来也怪，胡杏花自从生了笑笑之后，就再也不见怀孕的迹象，这么一晃几年过去了，随着年龄增大，孙大成要儿子的希望越来越渺茫。于是他就把怨气撒在胡杏花身上，这两三年不但回家的次数少了，带回来的钱也越来越少了，而且在家的时候，孙大成动不动就对胡杏花呼来喝去，甚至有时还会大打出手。胡杏花文化水平不高，她只知道如果能生个儿子，孙大成肯定不会像现在这样对待她。因此丈夫一回来，胡杏花就提出了收养的想法，孙大成答应得非常痛快，说："咱们想要儿子，这就有人给送来了，也是缘分，就留下养着吧。咱们好好待他，这长大了，不就跟自己亲儿子一样吗。"夫妻俩一拍即合，从那之后也没人来找过孩子。

转眼过了年，孙大成也不出去打工了，他跟妻子说，现在政府给个体经营户很多优惠政策，咱俩就在家好好经营这个面馆，再把店面扩大点儿，一年下来也不少挣，还能有时间带孩子。胡杏花想想觉得丈夫说得在理，点头同意了。他们夫妇后来又想办法给孩子办理了收养手续，这样终于可以名正言顺地做这个孩子的父母了。

两人为孩子取名叫龙龙，把龙龙当成亲骨肉抚养。尤其是孙大成，对龙龙可谓是百般溺爱，平时不做家务的他如今不嫌脏不嫌累地对待这个收养的弃婴，喂奶、喂水、换尿布、洗衣服、打预防针，还要照顾店里的生意，忙得团团转，但他也整天乐呵呵的，大家都说孙大成像换了个人似的。就这样夫妇二人精心照顾龙龙长大，却不想被收养的龙龙如今又丢了，这对夫妻俩，尤其是孙大成，是多大的打击啊。

儿子丢了以后，孙大成除了出去找孩子，就是在家喝闷酒，还经常责怪胡杏花没有照看好龙龙，面馆的生意也早就停了，而胡杏花的压力也很大，一看到龙龙的照片她就忍不住抹眼泪，后悔自己那天没有亲自带孩子。胡杏花一方面忍受着孙大成的坏情绪和他一起去找龙龙，另一方面还得照顾女儿笑笑，心力交瘁地支撑着这个摇摇欲坠的家。时间一天天过去，三个月了，还是没有龙龙的任何消息。就在孙大成心灰意冷，濒临绝望的时候，从公安机关传来了好消息，龙龙被找到了！原来警方在一次联合打拐行动中解救了一批被拐卖、收买的幼儿，龙龙正是其中之一，通过全国打拐 DNA 信息库存档的数据比对，为龙龙找到了回家的路。在龙龙被送回来的那天，孙家好不热闹，孙大成一看见儿子，这个一米八多的男人就哭得泣不成声，弟弟孙大海也激动地握着警察的手连话都说不出来了，而胡杏花似乎有些惊慌失措，躲在了一边，后来抱住龙龙号啕大哭，还自言自语地说："都怪妈妈不好，都怪妈妈不好。"

龙龙回来了，要说这孙大成家的幸福生活又要开始了，可后来发生的事却出乎了所有人的预料。

在龙龙回来后不久的一天，警察突然来到孙大成家里带走了胡杏花。原来人贩子落网后，警方顺藤摸瓜，发现正是胡杏花让人抱走了龙龙，致使龙龙最终落入了人贩子的魔掌。这个消息在村里炸开了锅，大家都觉得不可思议，平时待龙龙不错的胡杏花为什么要这么做呢？俗话说虎毒不食子，虽然龙龙是收养的，胡杏花也犯不着要把龙龙给卖了吧。这究竟是怎么一回事？

胡杏花到案后，向警方道出了事情的原委。刚开始收养龙龙时，胡杏花还真是把他当亲生孩子来养，因为龙龙的到来，孙大成对胡杏花的态度一下子就转变了，胡杏花自结婚后第一次感受到了温暖，就连一向对自己爱答不理的小叔子孙大海见了她也热情起来，胡杏花心里想，龙龙还真是我的福星呢，虽说不是自己亲生的，但龙龙来了后家里人都高兴，家庭越来越和睦，看着这么可爱的小家伙朝着自己甜甜地笑，胡杏花觉得所有的辛苦也都值得了。可让胡杏花不舒服的是，孙大成对女儿笑笑却是越来越不耐烦，家里有好吃的好玩的先紧着龙龙，把笑笑放一边，这还不算，笑笑一旦惹龙龙哭闹，孙大成不分青红皂白对女儿就是一顿训斥或一巴掌，胡杏花看在眼里疼在心里。她也知道孙大成是重男轻女，可笑笑毕竟是亲生女儿啊，胡杏花觉得丈夫这么偏心对笑笑太不公平。

转眼半年过去了，龙龙长得越来越讨人喜爱。胡杏花抱着龙龙出门晒太阳时，有的街坊邻居指着龙龙的鼻子和眼睛说，龙龙跟孙大成小时候几乎一模一样。一开始胡杏花并不介意，俗话说得好，谁养像谁，跟丈夫长得像怎么啦，说明这孩子跟自家有缘。可无风不起浪，胡杏花经不住大家一说再说，心里也泛起了嘀咕，等胡杏花翻出孙大成小时候的照片一对比，她自己也不得不承认龙龙跟孙大成长得确实很像，甚至笑起来的神情都感觉和丈夫那么相似，难道这个龙龙和丈夫真的有关系吗？这么一想，胡杏花自己也惊出一身冷汗，她只怪自己太多疑了，如果龙龙真是丈夫和其他女人生的，哪个当妈的能狠心抛弃自己孩子啊。可龙龙和丈夫长得像又是不争的事实，就这么思来想去，胡杏花心里就越疑惑，她隐约觉得龙龙跟孙大成之间肯定有联系，只不过自己不知道而已。这种想法一旦有了，就像魔鬼一样折磨着胡杏花，平时看电视时只要涉及亲子关系的节目她就格外关注。终于，胡杏花下定决心要去做亲子鉴定。有一天，孙大成和同村几个留守青年拉着村办企业的产品去外省送货，这一来一回至少要一周时间。为了验证自己的猜测，胡杏花趁此机会抱着龙龙，拿着早已收集好的孙大成的头发到市里做亲子鉴定，没想到从电视剧里学到的用头发做鉴定这招还真管用，鉴定中心工作人员告诉她说带毛囊的头发和现场抽取的龙龙的血液两份检材就可以进行亲子关系的比对。鉴定结果显示，待测父系样本无法排除是待测子女样本亲生父系的可能，而且这种生物学亲缘关系成立的可能为99.99%。

拿着亲子鉴定报告，胡杏花似乎明白了所有的一切，也终于肯定了自己的怀疑，这送上门的弃婴龙龙就是丈夫孙大成的亲儿子。她知道丈夫一心想要儿子，但万万想不到看似老实本分的丈夫居然会背着自己在外面找女人，不仅如此，还导演了一出把私生子送给她的疯狂闹剧，而且竟然还是自己主动提出收养龙龙的。胡杏花越想越生气，本想立即打电话质问孙大成，但她在拿起电话的那一刻转念一想，电话里骂他一顿也解决不了问题，龙龙现在是孙大成的心头肉，几个胡杏花加起来也撼动不了龙龙在他心中的位置，这个时候跟孙大成挑明显然得不偿失，但她又实在咽不下这口气。怎么办呢，想着想着丈夫孙大成回家了。得知鉴定结果后的这几天，胡杏花没心思照顾龙龙，再加上天气变凉没有及时给龙龙增添衣物，龙龙感冒了。孙大成看到龙龙这几天变得又黑又瘦，衣服也脏兮兮的，脸上还挂着鼻涕，心疼得要命。没等满腔怒火的胡杏花开口说话，孙大成就先把胡杏花大骂一顿，然后赶紧抱着龙龙去了医院。看着丈夫离去的背影，又想起丈夫对自己和女儿的种种不好，胡杏花不禁悲从中来。她暗暗打定主意，一定要让丈夫付出代价，你既然能和别人生下孩子抱来让我抚养，欺骗我，愚弄我，我一样也能把孩子给你送出去。

胡杏花暗中联系了老家的亲友，打听谁家想收养小孩，要把龙龙送走。一个远房亲戚主动跟胡杏花取得了联系，亲戚说他结婚好几年了，一直没有孩子，特别想收养一个。胡杏花看亲戚不像说假话的样子，也没再多问什么，简单说了说丈夫把孩子抱来让她养的情况。亲戚没有犹豫就表示要把孩子抱走，可这时胡杏花又觉得就这么轻易让他把龙龙抱走有点儿不划算，毕竟自己养了龙龙这么长时间，花费也不少，于是又向亲戚提出补偿3万元营养费的要求，远房亲戚想了想也答应了，又怕胡杏花反悔，没过几天就把3万元给了胡杏花，想要马上抱走龙龙。胡杏花担心直接让亲戚把龙龙抱走，孙大成肯定会怀疑自己，事情很容易就会败露，于是跟远房亲戚商量好趁孙大成不在家的时候再行动。

就在孙大成去县城进货的头天晚上，胡杏花给亲戚打电话说："明天一早我老公外出，我把孩子送到他奶奶家，就孩子奶奶一个人住，位置也偏，周围没有什么人，你瞅准机会就把孩子抱走吧。"同时也告诉了他龙龙奶奶家的方位和房子特征。第二天早上，胡杏花送完龙龙又把女儿笑笑送到学校后，赶紧给一直等着的亲戚打电话让他过来，随后胡杏花赶到路口的面馆开门营业。没过多久，胡杏花就看到一辆面包车远远地开过来，开进孩子奶奶家的胡同里。这时胡杏花又犹豫起来，心头闪过一丝不舍，但一想到丈夫在外面找女人，还生了孩子送给自己养的所作所为，胡杏花这气就不打一处来，怨恨最终战胜了她的感情。当她隔着窗户看到那辆带着龙龙的面包车快速从面馆门前驶过，一溜烟没了影的时候，胡杏花流下了五味杂陈的泪水。

可谁知道远房亲戚并不是真的想收养龙龙，把龙龙抱走后一转手又以高价卖给了人贩子，人也躲去了外地。尽管后来胡杏花还一度想找亲戚把龙龙要回来，但亲戚和龙龙都杳无音讯，而她又没有向公安机关坦白的勇气. 直到案发，一直提心吊胆的胡杏花似乎终于松了一口气，也许她早知道会有这一天的到来。

听了胡杏花的供述，办案人员也很感慨，随后去找孙大成核实龙龙的情况。此前孙大成倒是也怀疑过胡杏花，但不过都是瞬间的念头，他觉得再怎么着胡杏花也不可能把孩子卖掉，知道是胡杏花送走龙龙的那一刻，孙大成气急败坏，甚至有想掐死胡杏花的冲动，如今胡杏花被刑拘，龙龙刚刚回到家却又失去了“妈妈”，孙大成是焦头烂额，身心疲惫。面对办案人员的询问，孙大成却不承认孩子是自己的！他说出了龙龙的真实身份，警察们听后彻底哭笑不得了。原来，龙龙是孙大成弟弟孙大海的孩子。孙大海已经结婚有了两个孩子，在外打工时却又有了外遇并生下了龙龙，龙龙的亲妈觉得自己还没结婚，自己带龙龙怕别人说闲话，出了满月后就让孙大海自己解决孩子的抚养问题。可孙大海是出了名的怕老婆，这要是让他老婆知道了外遇生子的事，肯定得跟他离婚，急得不知所措的孙大海只能跟哥哥孙大成商量。孙大成和孙大海是双胞胎兄弟，打小就无话不谈。孙大成跟弟弟说:“孩子不能不管，可又不能带到你家养，这样吧，你看我也没有儿子，你干脆把孩子给我得了，只要你不说出去，我也不说，谁知道是你的孩子呀。”孙大海说:“这个办法倒是可以，可是嫂子愿不愿意啊，而且她们妯娌关系一直不好，三天两头吵架，即使嫂子愿意，也保不准哪天说出去，搞不好是聪明反被聪明误啊。”孙大成拍着胸脯对弟弟说:“你放心吧，办法我想好了，孩子给我你放心，我是孩子的大伯，我就当自己的亲儿子一样，咱哥俩就把这事烂在肚子里，谁也不说。”就这样，孙大成雇人把龙龙送到面馆，让胡杏花收养了误以为是别人遗弃的孩子，上演了一出送子好戏。看到这里大家可能要有疑问了，这当初胡杏花可是做了亲子鉴定的呀。但无巧不成书，这孙大成和孙大海是同卵双胞胎，如果做亲子鉴定，两人都和孩子符合生物学上的亲子关系。因此胡杏花才那么肯定地认为龙龙就是孙大成的亲生儿子，才会义无反顾地要把龙龙送走。

但无论出于何种原因，胡杏花都不能把年幼的龙龙作为发泄自己对丈夫怨恨的牺牲品，法律的底线不容触碰。

因涉嫌拐卖儿童罪，胡杏花被公诉至法院。孙大成对胡杏花充满了怨恨，没有为她聘请律师辩护。胡杏花的娘家只有老母亲一人在世，成了胡杏花唯一的精神支柱。听说女儿出事后，年近七旬的母亲心急如焚，想给胡杏花找律师但又无力承担费用，后来在好心人的指点下来到法律援助中心提出了法律帮助的申请。根据《法律援助条例》的规定，刑事诉讼中，犯罪嫌疑人在被侦查机关第一次讯问后或者采取强制措施之日起，因经济困难没有聘请律师的，可以向法律援助机构申请法律援助。

经过审查，法律援助中心认为胡杏花的情况符合《法律援助条例》的规定，为她指派了法援律师。法援律师在会见之前，查阅了案件的全部卷宗，在对胡杏花的行为表示震惊的同时，也对孙大成这个整个案件的始作俑者表示了强烈的好奇，这是怎样的一个男人，又是怎样的想法导演了这么一出荒唐的“收养疑云”？法援律师走访了孙大成和他的家，刚到孙大成家，女儿的哭声就让人为这出悲剧更唏嘘不已。孙大成愁眉苦脸地蹲在院子里，胡子拉碴，一脸愁容，律师向孙大成说明了来意，未等律师说完，孙大成就跳起来说绝对不会原谅胡杏花，情绪很是激动。法援律师问你希望孩子失去妈妈吗？这个事情难道不是因你而起的吗？孙大成陷入了长久的沉默，过了好一阵才叹了口气说，都是我自作自受啊。此时法援律师也明白了，在为胡杏花辩护的同时，维护这个家庭的完整也很重要。

在法援律师会见胡杏花时，胡杏花已经得知了真相，她责怪孙大成欺骗了她，也对自己的行为表示了悔恨和自责，但她强调自己并不需要律师，读书不多的她只是一个劲地哭着说，不想活了，没脸见家人，也没脸面对孩子。为缓解胡杏花的思想压力，法援律师跟胡杏花说了家里的情况，告诉她孙大成虽然还有恨意，但是孙大成内心里也不想孩子没有妈妈，而且她的犯罪行为也是有前因的，希望她积极配合，认真悔罪，争取轻判，早日回归家庭。

开庭当日，胡杏花在法庭上对自己的行为表示了悔恨。但胡杏花认为在这件事上，自己本身也是受害者，她的目的只是想把龙龙送给他人抚养，没有出卖的故意，其收取的3万元是对方给的营养费，不是以获利为目的，因此辩解自己的行为是送养而不是拐卖。

那么胡杏花到底构不构成拐卖儿童罪呢？我们先来看一下刑法对拐卖儿童罪的定义。根据我国刑法第二百四十条的规定，拐卖儿童，是指以出卖为目的，拐骗、绑架、收买、贩卖、接送或者中转儿童，以及以出卖为目的，偷盗婴幼儿的行为。因此主观上有无出卖的故意是判断胡杏花是否构成拐卖儿童罪的关键。

具体到本案而言，胡杏花在“送走”龙龙前，不存在生活困难或自身残疾等无力承担抚养义务的客观原因；胡杏花在联系远房亲戚时也没有主动考察过对方是否真心愿意收养且具备抚养能力，加之，胡杏花主动向对方索要了3万元营养费，已明显超过合理的营养费范围等事实，可以判断胡杏花所谓“送养”只是她的一种说辞，其主观上还是以出卖、获利为目的。

法院经审理后认定胡杏花构成拐卖儿童罪，同时部分采纳了辩护律师的意见，认为被告人胡杏花已上缴全部赃款，且孩子也被找回，没有造成严重后果，酌情判处其有期徒刑3年，并处罚金1万元。

对于孙大成和孙大海的错误行为，法官当庭也对他们进行了严厉的批评教育。在谈到龙龙的收养问题时，兄弟俩经过慎重考虑，从有利于龙龙成长的角度出发，决定还是把龙龙留在孙大成家，孙大海每月也出一部分抚养费，两人共同抚养龙龙。

判决生效后，胡杏花被送到女子监狱服刑，她终日以泪洗面，陷入深深的悔恨中。而孙大成也意识到自己在这件事上负有不可推卸的责任，看到龙龙整天哭喊着要妈妈，他也渐渐原谅了妻子。

一个月后，教导员给胡杏花带来了一封信，信是孙大成写的，在信中孙大成向胡杏花坦承了自己的错误，希望能得到妻子的原谅，同时也希望胡杏花好好改造，争取早日和家人团聚。

律师点评：

弟弟婚外生子本已犯错，哥哥不去批评指正，却在重男轻女思想的影响下用一个荒唐的举动掩盖错误，结果错上加错，最终波及的却是整个家庭的稳定，无辜孩子的成长和未来，而法援律师的工作这时候考虑的就不仅仅是法律问题了。希望故事中的每一个当事人，经过这一番波折后，都能吸取教训，回归最初的善良和真诚。

律师介绍

蒋亚丽，法律硕士，北京市炜衡律师事务所律师，中央电视台社会与法频道《法律讲堂》栏目主讲人，北京市律协法律援助与公益法律事务专业委员会委员。法律工作经验丰富，曾供职检察机关，后投身律师行业，努力践行公平正义，热心公益，曾荣获北京市海淀区法律援助先进个人。

本期节目总编导：杨　晖

编导：刘文辉

绝望的爱恋

推荐单位：北京市法律援助中心

主讲人：北京中勉律师事务所　黄莉凌

关键词　被告人积极退赔对量刑的影响

2014年7月22日的午夜，做着排档生意的老李正要打烊。他突然听见有女子大声哭喊：“救命啊！”只见在对面马路上，一个姑娘踉跄地跑过来，后面一个小伙子追过来，两人拉拉扯扯的。老李想这是小两口打架吧？可是一会儿，只见那姑娘被推倒在地上，小伙子对着她捅了一下，又对着自己比画了一下，这是在干吗呀？离得远，看不太清楚，再等老李看仔细了，可不得了！那男的手里有刀吧？只见两人都倒下了。老李赶紧报了警。当警车和救护车赶到时，这一男一女都血肉模糊，倒在血泊中，这就是震惊当地的一场血案。

这一男一女曾是一对情侣，男的叫林双福，女的叫庄小月，那是什么样的纠葛让他们反目成仇呢？这得从他们的相识相恋的经过说起。

25岁的林双福来自西北农村，家境贫寒的小林，从小刻苦读书，成为他们村第一个考取北京高校的大学生。大学毕业之后，他选择留在北京，他想靠着自己的努力拼出一片天地。

可是由于所学专业的限制，以及没有工作经验，他想在北京找一份满意的工作很不容易，无数次的面试失败让小林备受打击。这让他一度动摇了自己在这个大城市留下去的信心。为了先解决生存问题，他应聘去了一家大型超市当采购员。每月的工资除去房租、生活费，所剩无几，正当小林做好艰苦奋斗的准备时，没有想到一份美好的爱情不期而至。

为了节约开支，在北京的城乡接合部，小林与别人合租了一个小房间，正是通过合租室友袁蓬，小林认识了袁蓬的大学女同学兼好友庄小月。

庄小月是个北京姑娘，父亲是市机关的干部，母亲是老国有企业的职工。小康之家长大的孩子，无忧无虑，秀丽可爱。大学毕业之后，小月顺利地进入一家事业单位。当她到大学同学的住处来找袁蓬玩时，遇见了让她一见倾心的帅小伙儿林双福。

小林相貌俊朗，少言寡语，眉宇间还透着一丝忧郁，第一次见面就引起了小月的注意。尤其是看到小林简陋而整洁的房间里摆着不少藏书，书架上还放着一支旧笛子，因为常年被摩挲闪着可爱的光亮。这是一个好学上进、多才多艺的青年，小月颇为动心。

这之后，小月总爱上他们出租屋来玩儿，小林经常施展厨艺，一阵忙活之后，端出几个小菜，让室友袁蓬和小月欢呼雀跃。年轻的快乐很简单，一起聚餐、聊天、吹笛子、唱歌，这些都让他们觉得生活很美好。小林也发现自己已经喜欢上这个热情的北京姑娘。

他们渐渐地成为了一对甜蜜的小情侣。恋爱的初期一切都是美好的，小月知道小林的经济并不宽裕，她总是体贴地尽量不让小林花钱，也从来没有在小林面前有过半点过分的要求。情人节，街上看着别的小伙子捧着一大束玫瑰，小月却说一枝就好，代表着一心一意。而小林呢，也总是从网上淘些别出心裁的小玩意儿，小月也一样高兴，不论小林送她什么，哪怕再廉价，小月都说喜欢。

当然爱情不可能总是风花雪月，小林也明白他和小月之间世俗的差距。听小月说，她妈妈就坚决反对她找一个外地的男朋友。小林想只有通过自己的努力，等条件好一些了，小月父母自然就能接受他了。

其实小月不敢告诉小林，她妈妈是多么固执的人，从小到大妈妈就告诫小月不能找外地的男朋友。小月的父亲就是早年从外地农村考出来的，大学毕业之后成为一个公务员，经人介绍认识了小月妈妈。小月妈妈很欣赏小月爸爸的才学和能力，可是对小月爸爸农村老家的亲戚就总没个好脸。她说那七大姑八大姨，扯不清楚的亲戚关系，今天生娃明天盖房，送不完的红包，还隔三岔五地来旅游、看病，小月从小就听见爸爸妈妈为这类有事吵不完的架。妈妈总是告诫小月千万不能找外地的男朋友，她绝对不能再接受一个农村出来的女婿。自从和小林恋爱之后，小月一直提心吊胆，万一被妈妈知道了，不敢想象会是怎么一场暴风骤雨。

他们的地下恋情经过美好的一年，慢慢开始出现裂痕了。小月也能感觉，她和小林对于双方之间的经济差异都很敏感。虽然他们都很小心，可是有时不经意的小事还是会触动小林敏感的心。小月有时也在怀疑到底妈妈说得对不对。

恰在这个时候，小月的小姨给她介绍了个特别优秀的小伙儿。小姨说，这小伙子家境优越，本人也是仪表堂堂，出类拔萃。母亲催着小月去见见，在妈妈的围追堵截下，小月实在找不出不去见面的理由，只好来向小林哭诉。

小月愁容满面地告诉林双福，她小姨给她介绍男朋友呢，她不想去见，可又拗不过她家人，该怎么办啊？不料小林主动说："你妈妈这么操心你的终身大事也是人之常情，谁让我现在见不得光呢。你就去见见吧，别伤了你妈妈的心，也算是我们的小考验吧，我对你有信心。"小月一听，轻松了，她就是怕小林多想才这么为难的，原来小林这么通情达理，她一再表示，你放心，我就是去应付一下啊！

果然，见完之后，小月对小林说，没想到那小伙还真挺帅呢，然后说自己如何故意表现得很差劲，把人家搞得有些摸不着头脑，所以此次相亲最终不了了之。

小月觉得这事过了，可是她不知道，在林双福心里颇感酸楚。当时小林嘴上说让小月去相亲是言不由衷的，当小月答应去相亲时，小林的心里十分不快，他觉得如果对方条件好，小月说不定会弃他而去。这件事成为他们感情裂痕的导火线。他们开始为一些琐事发生争吵。

这事过去3个月之后，正当他们已心生芥蒂时，小林发现小月居然还瞒着自己和那个小伙子——小王还有联系，尤其是小王表白的邮件让小林发现了，这让小林暴跳如雷。

小月解释说，她和小王之间什么事都没有，她已经拒绝了小王的表白。就是怕小林多想才没有告诉他。

可是小林并不相信，他说："我知道自己配不上你，要分手你就早说啊。我最恨水性杨花的人了！我错看了你！"

小月急了："那是他的意思，不是我的意思啊。见第一面时我已经和他说明白了。可是我没想到他对我还有这个意思啊。"

可小林却听不进去："你要和人家说明白了，怎么还一直有联系呢？也没告诉人家你有男朋友吧？所以人家才对你抱有想法。对了，你肯定故意不告诉人家有男朋友的，你是在骑驴找马吧！"

"你怎么能这么污蔑我啊！"小月委屈地哭道："我敢告诉他我有男朋友吗？他和我小姨那么熟，那样不是等于告诉我妈了吗？我为什么不敢让我妈知道你还不清楚啊？"

"是的，我让你受委屈了，可我一开始就没隐瞒我的出身啊，这是我无法改变的啊。早知今日何必当初呢？长痛不如短痛，咱们趁早分手好了！"

从小林那儿哭着跑出来的小月，一路走一路哭。快到自己家楼下时，她不敢上楼，怕自己哭红的眼睛引起妈妈的追问，只好坐在楼下健身器材那里休息。在那里却意外发现了正在发呆的小王。

原来小王收到小月拒绝的短信后，心有不甘，请了探亲假想当面告诉小月自己是多么诚心诚意。可到了小月家楼下，又没勇气上去，正在楼下徘徊，却发现了哭红了眼睛的小月。

小王关心地问道："发生什么事情了？"小月抽抽搭搭地把事情的前因后果告诉了小王。听完之后，小王也沉默了良久，才说："对不起，是我的鲁莽造成你男朋友的误会。要不要去替你解释啊？从见你第一面我就知道你对我没交往的意思，可是我还是一厢情愿地想多接近你，想让你多了解我。希望能获得一个机会。”此时的小月觉得小林真不如小王成熟宽容，自己和小林在一起，总是得小心翼翼，生怕哪句话触动他敏感的神经。而小王每句话都是为她考虑，小月觉得小王对自己倍加呵护，而这一点在小林那里她现在根本感觉不到了。

而此时小月有些犹豫，但思前想后她还是放不下与小林的这段初恋，当小林打电话跟她道歉时，他们又重归于好，小心翼翼地维护这段感情。

这时，小林正迎来他人生第一次升职。由于他的才干，领导准备升他做采购部经理。小林终于摆脱了“月光族”的日子。这让他们仿佛看到了这段感情浮出水面的曙光，可是一场暴风骤雨正在降临。

原来小月妈妈一直很奇怪为什么别人介绍那么多优秀的男孩子，小月要不不见，要不就见一面敷衍了事。这天在收拾屋子时，她发现小月的抽屉没有上锁，在好奇心驱使下，她拉开了抽屉，在小月的日记里妈妈终于知道了为什么小月一直拒绝交男朋友，原来自己的女儿竟然瞒着自己一直和一个穷小子在交往。抽屉里面放着小林送给小月的贺卡、情书、礼物等，在小月的日记里也写满了她心里的矛盾。妈妈不能接受一向乖巧听话的女儿，怎么就和自己对着干。终身大事居然瞒着自己，还找了个自己绝对不能接受的男朋友。

回家后，小月觉得妈妈的脸色异常阴沉。小月妈妈几乎标点都不打一个地列举了一大堆找穷小子的坏处，听得小月儿恨不得捂住自己的耳朵。

其实妈妈的这些话已经把小月对于这段感情刚刚恢复的那点信心又打击得荡然无存。但让小月始料不及的是，妈妈竟然限制了她的人身自由，除了上班哪儿也不许去！这让小月很反感，本来她已经想结束这段让她倍感疲倦的感情，可妈妈蛮不讲理的做法引起了小月的激烈反抗，她顶嘴说：我偏要和小林在一起！面对女儿的倔强，小月妈妈把账算到小林那里，她竟然找到小林单位去了。

这天小林正在办公室，小月妈妈冲进来当着同事的面抓住小林，一把鼻涕、一把泪地让小林放过她女儿，这让小林尴尬不已。好不容易同事才把她劝走，临走时她还不忘丢给小林一句：“我们家是坚决不会接受你的！你就死了这个心吧！”

小月知道这事之后，回家跟她妈妈大吵了一架。而她妈妈又把跟女儿的矛盾迁怒到小林身上，认为是小林的挑唆才弄得她们母女反目，于是，她再次跑到小林的单位进行第二轮攻击。

这次，小月妈妈没像上次那样哭，而是大声骂小林癞蛤蟆想吃天鹅肉，逮着那些不认识的人就编造小林是如何花言巧语蒙骗她的女儿、惦记她家的财产等。经她一说，小林成了多么肮脏可怕的人。这时正是超市繁忙的时间，她的吵闹引来了许多顾客的围观，也严重影响了超市的业务。有些不明真相的人开始附和地指责要趁早揭穿小林的画皮，免得耽误女儿的终身。这让小林百口莫辩，无处可藏。没有人能够感受这时的小林心里有多痛，他觉得自己千辛万苦努力建立的自尊与自信，被小月妈妈撕得粉碎，丢在地上任意践踏。

小林妈妈闹过之后，也有同事替小林抱不平，劝说他，不被家长认可的感情是不会幸福的，摊上这样的丈母娘，你即使娶了她女儿又如何？这时小林的手机收到小月发来的分手短信，小月说她经不住压力了，请小林原谅她。

而正在这一天，原来对小林升职的正式任命通知被收回了，因为总部认为需要重新对小林进行考察。重新考察？！小林觉得这是对自己莫大的侮辱，自己一个堂堂名牌大学毕业生，在超市勤勤恳恳工作这么长时间，这么小的提拔，就因为小月妈妈这么一闹，公司居然要对自己重新考察，太可笑了，一气之下，小林辞职不干了。

辞职之后的小林精神恍惚，漫无目的地在街上走着，他觉得哪儿都是他和小月昔日甜蜜的影子。

这一天对小林来说太黑暗了。命运将他从幸福的云端抛向地狱。自己这么长时间地隐忍，就是想在大城市赢得认可。可是自己的出身就是一个深深的烙印，无论自己怎么努力都不能摆脱。而此时收到小月的分手短信，越想越气的林双福决定去找小月问个究竟，当他来到小月家楼下时，正好碰见小月与小王手拉着手从楼道里走出来，看着小王满面春光，显然他已经是小月家的座上宾了。临别时小王更是给了小月一个热情的拥抱。

送走小王的小月转身正要上楼，发现站在自己面前的小林。小月呆在那里，面对小林疯狂地质问，一直沉默的小月突然爆发，大声地说："你就知道说你难受，你有想过我的感受吗？你有为我分担过吗？一直以来我都小心翼翼地和你在一起，生怕不小心刺激了你，我还要做贼似的防着我妈，你知道我背地里流过多少眼泪吗？好了，我妈知道了我们的事情，天天对着我又骂又哭，我受不了，我真的受不了！是的，我水性杨花，我见异思迁！小王他成熟稳重，对我体贴入微，我已经答应了小王的求婚，半年后我就要结婚了！"

听到这些话小林只觉得脑袋里嗡嗡作响，他都不知道是怎么离开小月家楼下的，他拨通了好友袁蓬的电话。在一家小饭馆里，小林借酒浇愁，述说他心里的郁闷，他嘟囔着说：太累了，活着真没意思……面对失恋又失业的小林，袁蓬也不知如何安慰他，只能一杯接一杯地陪他喝酒。在袁蓬苦口婆心的劝说下，小林终于答应回去。当袁蓬扶他回家时，意外发现小林的口袋里居然有一把水果刀。他要干什么啊，不会想不开自杀吧！袁蓬偷偷地把那把刀扔了。

此时的袁蓬因公司搬迁，已不与小林合租。当他把小林送回家后，他放心地离开了。他哪里能预料到，一场血腥的案件即将发生。

原来，袁蓬回去之后，小林在床上辗转反侧，坐卧不宁。他一摸口袋，发现那把刀不见了，他以为是自己不小心丢了。于是，午夜时分，小林从家里出来，到一家24小时便利店又买了一把刀，同时买了一瓶高度二锅头。拿着酒瓶，小林边喝边走，不知不觉又走到了小月家楼下。在楼下健身器材那里，小林居然发现小月一个人坐在那里，她趁妈妈睡着了，下楼透透气。

小月看到醉得东倒西歪的小林，气不打一处来。恶狠狠地说："你能有点出息吗？喝成这样干吗呀！你能成熟点吗？"此时的小林丧失了理智，说："是的，我不成熟，我没有小王成熟！我要白手创业时你要和我恋爱，我和你恋爱后你嫌我一穷二白，当初你干吗看上我啊！我现在什么都没有了，你却进退自如！为什么这么不公平？！不行，不行，我要和你同归于尽！”说完，小林竟掏出刀冲着小月扎来。

面对疯狂的小林，小月忙大喊救命，拔腿就跑，几经挣扎，小月终是被小林摁倒在地，小林已经失去理智，他每扎小月一刀，又对着自己划一刀，当警察和急救车赶到时，两人都倒在地上。此时小月已经死亡，小林的气管断裂，仅一线相连，气若游丝。

经过医院的奋力抢救，在重症监护室里度过了半个月，小林终于脱离了生命危险，他因涉嫌故意杀人罪而将面临法律的制裁。此时的小林一心求死，拒绝家人为他聘请辩护律师。可是依据《法律援助条例》的规定，被告人可能被判处死刑的，因经济原因或其他原因未聘请律师的，人民法院应当为其指定辩护人。

北京市法律援助中心很快为他指派了律师。会见之前，法援律师查阅案件全部卷宗，卷宗里法医鉴定报告显示，庄小月全身刀口共34处，仅颈部就有9处。而林双福身上也有刀伤17处，大部分也在颈部。律师颇为震惊，林双福竟然能对昔日的恋人下如此狠手，卷宗呈现的场面令人触目惊心！可是他能扎自己17刀，并把气管割断，这是何等绝望，一心求死。经过那么多医护人员不懈地抢救，才让他死里逃生，现在的他是怎么想的？他对庄小月是爱，是恨？他还会放弃生命吗？他会以什么样的心态来面对审判呢？

法援律师尽快安排了与小林的会见。小林对律师的出现很诧异，他说：我不是说了不用请律师吗？我不需要辩护，我以命抵命！看到林双福抵触的表情，法援律师耐心地跟他解释，你犯的是故意杀人罪，是可以判死刑的。虽然你拒绝家里人为你聘请律师，根据《法律援助条例》的规定，法院也必须依法通知法律援助中心给你指派律师。法援律师是站在国家和法律的立场上，依法为刑事案件中的被告人进行辩护，辩护的目的，在于维护被告人的合法权益，也是监督司法机关依法审判、公正判决。也就是说即使你拒绝我为你辩护，也一定有另一位律师来履行辩护职责。

听完律师的解释，林双福稍作沉吟之后，与法援律师开始交流。当律师告诉他，小月的惨状和他父母对他的担心时，小林把脸深深埋在双手里，他后悔了，他说他对不起小月。律师继续问他，有没有对小月父母主动进行民事赔偿的意愿和能力呢？

为什么律师会问小林能不能赔偿呢？这对案件有什么样的影响呢？因为根据法律规定，由于被告人的犯罪行为致使被害人遭受物质损失的，被害人或者其近亲属可以对被告人提起刑事附带民事诉讼，要求赔偿损失。但长期以来，在刑事案件中追缴、赔偿的执行情况一直比较差，特别是在刑事判决作出后，自由刑刑期已经确定，被告人是否退赔都不能影响自由刑的执行，所以判决后的判令退赔履行的主动性比较差。所以，实践中往往是犯罪分子判刑后，被害人及其家属却得不到任何物质赔偿。

为了有利于被害人及其家属切实获得物质赔偿，最高人民法院于2000年12月13日通过了《关于刑事附带民事诉讼范围问题的规定》（法释〔2000〕47号），明确被告人在案件宣判前如果能积极退赃、退赔，人民法院可以作为量刑情节予以考虑。经过多年司法实践，在2013年1月1日开始实施的《最高人民法院关于适用〈中华人民共和国刑事诉讼法〉的解释》（法释〔2012〕21号）中，第225条明确规定：刑事案件审理中，被告人退赃、退赔及赔偿情况、被告人是否取得被害人或者其近亲属谅解等情况，属于人民法院应当审理的量刑情节。

法援律师把这些法律规定向林双福作了详细的讲解，让他好好考虑。一个月后，案件开庭审理。法庭上，小月的父母哭诉了他们痛失爱女的绝望，请求法庭严惩小林，同时向小林提起了刑事附带民事诉讼，要求小林赔偿他们各项损失共计人民币130余万元。

法庭上，小林特别平静，他说他对不起小月，但面对小月妈妈，小林还是没有亲口说出对不起，但他当庭表示愿意赔偿被害人家属，并说自己愿接受任何处罚。

面对这样一起案件，法援律师为他作了辩护，希望法庭能够从轻判决。

因为他还这么年轻，这是一起因感情纠纷而引发的案件，比起其他恶性案件，社会危害性较小。而且小林当庭表示悔罪，也愿意赔偿家属，他父母也在积极筹款，希望能早日先支付一部分赔偿金给小月的父母。经过审理，法庭作出判决，被告人林双福，因不能正确处理感情问题，以残忍方式杀害被害人庄小月，其行为构成故意杀人罪，鉴于其到案后能如实供述、认罪悔罪、积极赔偿家属损失等酌定从轻情节，法庭综合考虑，判处林双福死刑，缓期二年执行。

律师点评：

律师会见时，小林总提到两个字——尊严。是的，尊严无价，也许小月妈妈的偏见伤害了小林的自尊，但生命与自由同样无价。爱一个人的方式有很多种，有时放手是一种更高境界的爱。可小林在死里逃生之后才明白这个道理，才追悔莫及，可这时已经换不回曾经笑容灿烂的小月了。

实践中，围绕婚恋背景下的相关刑事案件并不少见。我们梳理这些因感情纠纷而引发的杀人、伤害类案件，多呈现这样的特点：1. 以女性为侵害对象；2. 犯罪行为人往往抱着同归于尽的心态，行为人实施暴力之后，往往有自残的行为，犯罪现场惨烈；3. 这类案件诱发因素中一定存在行为人或关系人的偏激心理状态，在这种偏激往往放大矛盾，激发犯罪。

律师介绍

黄莉凌，中国政法大学民商法硕士，北京中勉律师事务所合伙人。北京市律师协会公司法专业委员会委员。中央电视台《法律讲堂》资深主讲人，多家媒体法律点评专家。执业十余年，主要业务领域为：婚姻家庭法律事务、公司治理与风险防范、房地产开发和建设工程。

本期节目总编导：杨　晖

编导：杨　晖

谁侵犯了女儿

推荐单位：北京市法律援助中心

主讲人：北京市东卫律师事务所　赵素玲

关键词　留守儿童，未满16周岁犯罪也要承担刑事责任的情况

王娟原本有一个幸福的家庭，结婚十几年了和丈夫何明的感情一直都很好，13岁的独生女儿晓丽聪明、漂亮，学习也好，属于典型的乖乖女，女儿一直是夫妇两人的骄傲。

王娟满足于这种平凡的幸福，她也以为这种幸福会一直延续下去，可是就在2013年的春天，一场噩梦彻底毁灭了王娟的幸福，险些摧毁了她的家庭——她的女儿出事了。

王娟和丈夫何明在北京开了一家不大不小的公司，两个人白手起家，生意做得很辛苦，根本就顾不上家，因此他们唯一的女儿晓丽从小就在老家跟着王娟的父母，王娟夫妇几个月才回去一次，有时候忙起来甚至半年也难得见上女儿一面，即使见面也是匆匆忙忙一起吃顿饭，然后留下点钱，就匆匆地离开了。

2013年春节的王娟回家过年，很久没有见到女儿的王娟明显感觉到女儿比以前内向了很多，虽然女儿还是很懂事，但是话少了，不像以前，每次回来都会缠着她叽叽喳喳地说个没完，每到她走的时候就拉着她的手泪眼婆娑。而这次回来，女儿总是爱一个人待在房间里，不是在看书，就是在睡觉，王娟要带晓丽去买过年的新衣服，晓丽说作业多，不肯去，但是王娟也没有多想，觉得是不是女儿上初中了，学习紧张了，自己也辅导不了女儿的

作业，再加上过年事情本来就多，也就没有过多地过问女儿的情况。

很快就过完了年，王娟夫妇又像上战场一样回到了北京，开始了忙碌的工作。可是刚回来时间不长，王娟的父母就打来电话，说是晓丽生病了，吃不下东西，整天没精神，以为是感冒了，可吃了很多感冒药也不见好，还恶心干呕，跟王娟说让她回来带着晓丽去县城的医院里去检查一下。王娟听了连忙放下手里的工作，赶回老家去看女儿，并带女儿去医院做了一些常规性检查，之后医生告诉王娟，晓丽可能是身体有些虚弱、肠胃不适引起的，建议孩子加强锻炼、吃点健胃消食的药就好了。王娟放下心来，原来是虚惊一场，回家还埋怨父母小题大做，耽误了自己很多的工作，就又匆忙赶回到城里继续打拼。

过了半个月，以为晓丽早就好了的王娟打电话回去，没想到晓丽仍然没有好转，一直呕吐，吃不下东西，只是怕耽误王娟的工作，父母没敢再给她打电话。王娟这下有些着急了，这感冒怎么这么顽固，这都一个来月了还不好？心疼女儿的王娟再次赶回家。回家之后，王娟居然发现女儿的肚子有些异常，小腹微微隆起，走路也有些笨笨的样子。难道是女儿的病情真的很严重？不会是肚子里长了什么瘤子之类的东西吧？王娟赶忙带着女儿去了医院，做更全面的检查，这次的检查结果却让王娟差点晕过去，原来女儿竟然是怀孕了！怀孕了？这怎么可能？女儿才 13 岁，而且，也没听说女儿早恋啊，交什么不好的朋友之类的啊。王娟不相信这个检查结果，又带着女儿去了另一家大医院，结果还是一样的，女儿晓丽居然真的是怀孕了。王娟傻了，这个结果对她来说真是有如晴天霹雳一般，天啊，女儿才 13 岁，以后女儿怎么办？更可恨的是，是谁侵犯了女儿？

心乱如麻的王娟给丈夫打了个电话，没敢说怎么回事，只是说家里出大事了，让他马上回来。一回到家，王娟就厉声责问女儿到底是怎么回事，她做过什么？她最近都跟什么人来往过？而女儿却像根本不知道怎么回事，只是被王娟的严厉吓哭了，她只知道使劲地摇头说：“我不知道，我不知道。”不管怎样，一个小姑娘，这事如果传出去，以后还怎么去上学？怎么做人？

王娟想着悄悄带晓丽去做手术把这个孩子拿掉。而回家后知道出了什么事的丈夫何明，却是暴跳如雷，何明表示一定要找到那个家伙，把他杀了才解气，晓丽更是害怕得不行，她除了哭，什么都不说。王娟心想女儿还小，男女方面的事她肯定不懂，自己平时也没有跟女儿交流过这方面的事情，于是去问平时照料女儿的姥姥，晓丽最近有没有跟什么不三不四的人交往。姥姥非常内疚，可是她也是一无所知。她从来也没听晓丽提起过被谁欺负的事，只是觉得以前性格活泼的晓丽最近越来越内向了，常常一个人静静地坐在那里发呆。有时还偷偷写日记，看见姥姥过来就赶紧把日记收起来，不过这倒是青春期小孩正常的状况，因此姥姥也没有多想。可晓丽怎么会无端怀孕呢？这时姥姥突然想起，同村的张老头写得一手漂亮的毛笔字，晓丽小学五年级开始就经常去张老头家，跟他学写毛笔字。张老头也非常喜欢小孩子，又喜欢热闹，所以都是免费教的，村子里还有一些孩子也在他那里学。张老头平时在村子里人品人缘都很不错，大家又是一个村子的，知根知底，所以晓丽跟着张老头学毛笔字姥姥倒是也很放心。除了这个老张头，姥姥没见外孙女跟别的男人有来往，难道是这个平时看着老实巴交又有学问的张老头欺负了晓丽？王娟就问晓丽是不是张老头欺负她了，晓丽却不说话，问急了就点了点头，这下何明可怒了。

何明随手拿了把铁锹就要去张老头家拼命，王娟怕出事，赶紧也跟着跑去了。张老头见到何明热情地打招呼，何明却上去就要用铁锹拍他，王娟抱住何明不让他打，张老头却蒙了，问你们怎么回事，却被何明破口大骂："怎么回事，我女儿被你这个老东西欺负了，你还问我怎么回事，告诉你，我不会放过你的。"张老头却矢口否认，他一边躲闪一边表示自己不可能做这种丧尽天良的事。

这件事在不大的村子里闹得沸沸扬扬，人们在背后对着张老头指指点点，说这张老头太不是人了，有的人甚至当面骂他："你还活着呢？"而王娟也报了警，警方也介入了这件事。

几天之后，张老头却突然带着警察来到王娟家。王娟一看到张老头张口就骂："你怎么有脸来我家。"这时警察拦住王娟，说事情可能不像你想的那样，并递给了她一个纸条。王娟打开纸条，看到上面是几个清秀的字：张爷爷，对不起。王娟疑惑地看着警察问道："这是什么？"张老头接口道："这是我昨天在院子里发现的。小娟啊，我这把年纪都能当孩子的爷爷了，我真的没做过那种丧尽天良的事，你们一定要相信我啊。"说着眼泪顺着眼角的皱纹流了下来。王娟看着张老头没说话，而她以前一直对张老头的印象很好，也很尊重他，会不会真的冤枉他了？但同时心里也有些怀疑，是晓丽点头确认是张老头的，难道晓丽还能骗我们不成？是不是张老头伪造了晓丽的字呢？警察对王娟说："我们需要一些你女儿写过的字，这个字到底是谁写的，我们一定会查清楚的。"王娟想了想同意了。

第二天警察就找到了王娟，他告诉王娟那个字确实是晓丽写的。王娟还是有点不太相信，她说："警察同志，会不会你们鉴定错了啊。而且晓丽跟那个张老头学书法，是他伪造晓丽的字迹也说不定。"警察摇了摇头说道："事关重大，我们也不敢掉以轻心。经过反复确认，这个字确实是你女儿写的。而且每个人书写的方式顺序风格都不太一样，不是很容易模仿。当然也不排除模仿的可能性，所以为了谨慎起见，我们希望能做一次 DNA 鉴定。"

王娟带晓丽去医院做了引产手术，手术结束后，警方去做了 DNA 鉴定。鉴定结果很快出来了。警方通知王娟夫妇和张老头到公安局，告诉他们，事情真的不是张老头做的！张老头倒是很欣慰，自己终于被洗清了冤屈，可是王娟却是非常意外和震惊，这事不是张老头做的，那是谁呢？女儿为什么要冤枉张老头呢？愤怒的何明给了晓丽一巴掌："自己做了丢人的事还冤枉别人，你知不知道我差点杀了他。快说，到底是谁？"晓丽只是流着眼泪不说话。

王娟拦住丈夫，抱着女儿哭了起来："晓丽，这到底是怎么回事。到底是谁欺负你了？你告诉妈妈和警察叔叔，我们会帮你的，别怕孩子。"晓丽却还只是哭。"没关系，你说出来，妈妈不会怪你的。是不是有人威胁你不让你说？你放心，警察叔叔在这里，没有人敢欺负你。"王娟再次耐心地劝道。

可晓丽还是不吭声，只是一个劲儿地哭。何明火冒三丈：“干脆让我打死她算了，这样丢人现眼的！”警察赶忙拦住说：“孩子还小，别逼她了，别出点什么事。”王娟无奈地叹了口气，只好先带着女儿回家。临走她跟张老头再次道歉，这时张老头突然想起来，一个在他这里学书法的邻村男孩和晓丽走得非常近，他们经常一起来一起走，练字的时候也说说笑笑。会不会是这个男孩子？张老头一说那个男孩，晓丽却慌了，她赶紧抬起头来，紧张地说：“不是他，真的不是他。”一直沉默的晓丽忽然紧张起来，却让大家更加怀疑，这种做法过于欲盖弥彰了，难不成真的是那个男孩做的？王娟也突然想起来母亲曾经提过近来晓丽变得古怪的事，还偷偷地写日记，晓丽的日记里说不定有线索。

回家之后王娟立刻翻出晓丽的日记，晓丽死死抓住不撒手，不让王娟看。王娟哪里管得了那么多，一把推开女儿，看了起来。王娟越看越生气，狠狠地把日记扔到地上，气得半天说不出一句话。

这日记里写了什么呢？伤害了晓丽的那个人到底是谁？

原来十三岁的晓丽陷入了初恋，喜欢上了一起学书法的邻村男孩赵亮。日记里有很多内容都是关于赵亮的。“今天新来了个男孩长得很帅，皮肤白白的，个子高高的，他好像发现我偷看他了。”“原来他的名字叫赵亮。赵亮，多么阳光的名字，真好听。”“今天他送了我一个草编的小兔子，我好喜欢。”“他今天居然和别的女生说话，我讨厌死他了，再也不理他了。”看到女儿日记上的这些话，王娟是又诧异又内疚，诧异的是孩子居然早恋了，内疚的是孩子的这些心事自己一点都不知道一点都没察觉。自己和丈夫在外面打拼，平时总是忙忙碌碌，忙于挣钱，总觉得是为了给女儿打拼个更好的未来，创造更好的生活环境，可是女儿却离自己越来越远了，尤其是女儿到了青春期，自己这两年和女儿却几乎没什么交流，打电话、见面总是问孩子学习怎么样，考了多少分？想吃什么、想要什么？以为多挣钱就是尽了自己的义务了，却从来没问过孩子每天在想什么？有什么心事？有什么烦恼？以至于事情发展到了不可收拾的地步，自己也有错啊，怎么能只是责怪年幼的孩子呢！可现在后悔也来不及了，她现在唯一能做的就是揪出那个伤害了自己女儿的人，让他受到惩罚。

那么会是怎样的结果呢？

第二天，警方把男孩和他的家长都带了过来。王娟仔细地盯着这个叫赵亮的男孩，个头不高，清秀，腼腆，和自己的女儿一样地稚嫩。真的会是这个小男孩做的吗？他们懂这些吗？

赵亮哪里遇过这种情况，来的路上就已经吓傻了，现在腿也一直在哆嗦。但赵亮说他只是牵过晓丽的手，还抱过她一次，别的就再也没有了。

照小男孩的供认，他最多就只是抱了晓丽，没有做别的事情，那晓丽怎么会怀孕呢？难道是因为害怕说谎了？为了确认，警方又一次做了亲子鉴定，然而结果大家都很意外，晓丽的孩子，不是赵亮的！！！

原来赵亮和晓丽两个青春期的懵懂少年，只是单纯的好感，两个人从来没有做过越格的事。

那晓丽的孩子到底是谁的呢？事情变得更加扑朔迷离。

得知结果的王娟和何明已经快崩溃了，她已经不想知道到底是谁欺负了晓丽，她只希望这档子破事能早点结束，她现在只想带着孩子离开这个令她难堪、令孩子蒙羞的地方。何明对女儿失望至极，从出事以来都是冷眼对她，晓丽却越来越惶恐。

就在那个夜晚，晓丽躲在自己房间偷偷拿出家里的小药箱子，把里面的不管什么药，拿起来就喝，喝了也不知道多少盒，她就坐在那里，边喝边哭，直到晕倒在地上。晓丽的姥姥因为牵挂着晓丽，夜里来看她，发现了晕倒在地上的晓丽，姥姥吓得大喊救命，同时大声地哭了起来。王娟和何明马上把晓丽送到医院，幸亏姥姥发现的及时，经过抢救晓丽脱离了生命危险。在晓丽昏迷不醒的时候，姥姥哭着对王娟说："闺女啊，孩子还小，你就别逼她了，都是我没照顾好晓丽，晓丽要是有个三长两短的，我也不活了。"王娟也很后悔这些天对女儿的态度，毕竟晓丽还是个孩子，是自己没有尽到母亲的责任，才让孩子经受了这样的苦难，自己还有什么资格责怪孩子呢？

晓丽醒来后，王娟真诚地向晓丽道歉：“孩子，都是妈妈的错，要怪就怪妈妈没有照顾好你，你以后千万别做傻事了。”母女俩抱头痛哭，晓丽也终于放下了心理负担。她终于向妈妈敞开了心扉：“妈妈，我觉得可能是赵明做的。”王娟意识到女儿在说怀孕的事，问道：“赵明是谁？”晓丽回答：“是赵亮的哥哥。”“你确定吗？”晓丽小声地说：“我也不太确定，以前我一直以为是赵亮，但如果不是赵亮，我觉得可能就是他哥哥。”晓丽这才说出了那次事情的经过：“去年腊月的时候姥姥住了几天院，姥爷在医院照顾姥姥，你们忙，没时间回来，我一个人在家害怕，就叫赵亮来陪我，赵亮也害怕，就每天和他哥哥赵明一起来，我睡一个房间，他和他哥哥睡一个房间。有一天半夜的时候有一个人进来了我睡的房间，亲我，还和我做了那事，我使劲儿抗争也抗争不过。我本来一直以为是赵亮的，可那天他说不是他，如果不是他，那就有可能是他的哥哥。”“那你为什么不早说呢？”“我一直以为是赵亮嘛，我喜欢他，我不想他有麻烦。”

就在王娟找到警察要提供这个重要线索时，警察却说已经抓到了嫌疑人，要和晓丽确定一下。

原来那天赵亮被排除后，警方并没有放弃这个线索，经过几天的摸排，经过DNA鉴定，确定孩子是赵明的，因此已经控制了赵明。赵明也承认了事情确实是他做的。因为赵明属未成年人，父母在外地打工，家里也很贫苦，警方及时帮赵明申请了法律援助。法律援助中心很快为赵明指派了辩护律师。

那么，赵明是个什么样的孩子？他怎么会在晓丽不知情的情况下侵犯了晓丽？

原来赵明是赵亮的哥哥，正在上高中，因为赵明小时候查出来身体有些不太好，所以赵亮的父母又申请生了赵亮。赵明前几天刚过完16周岁的生日，还在上学，因为父母工作忙，不能经常回家，他和弟弟一直跟着爷爷奶奶一起生活，和很多留守儿童一样，父母只是偶尔回来给他们些生活费，平时对他们很少照料，更别说跟他们交流了。

赵明认识了学校外的几个朋友，他们都称自己和女生发生过关系，还笑话赵明是处男，说他长得这么丑，肯定没有女生愿意跟他发生关系，这让赵明既愤怒又自卑。他就时常用父母给他们买来让他们学习用的一个老旧的台式电脑上网看些黄色小说和录像，拿看来的那些情节跟朋友们逞能，但总是被人识破和当作笑料。那天晚上，赵明又在家里看了些黄色小说，正处于青春期萌动的他看完之后非常燥热，和弟弟到了晓丽家后，翻来覆去睡不着。他想着小说，又想着怎么能证明自己并不像朋友说的那样无能。突然他意识到晓丽就睡在另一个房间，最终没有忍住，因为冲动和好奇，赵明偷偷跑到晓丽睡的房间和她发生了性关系。

但是赵明却说，那天他和晓丽发生关系，是两个人自愿的，晓丽并没有反抗。经过警方对晓丽进行询问，因为晓丽当时把赵明当成了赵亮，因此确实没怎么反抗。而且，赵明说，自己在和晓丽发生关系的时候，还不满16周岁。他听说不满16周岁不能算犯罪，不应该被抓。

那么如赵明所说，他在侵犯晓丽的时候，晓丽错把他当成了赵亮，因此不属于强奸的说法能成立吗？赵明又说，自己当时不满16周岁，不应当构成犯罪，这个说法对吗？

我们来看刑法的相关规定。《刑法》第十七条关于刑事责任年龄是这样规定的：已满16周岁的人犯罪，应当负刑事责任。

已满14周岁不满16周岁的人，犯故意杀人、故意伤害致人重伤或者死亡、强奸、抢劫、贩卖毒品、放火、爆炸、投毒罪的，应当负刑事责任。

已满14周岁不满18周岁的人犯罪，应当从轻或者减轻处罚。

从上述条文我们可以看出，赵明犯罪的时候虽然还不满16周岁，但是他犯的是强奸罪，强奸罪的起刑年龄为14周岁，因此如果赵明构成强奸罪的话，是应当负刑事责任的。

那下面我们再来看《刑法》第二百三十六条的规定：以暴力、胁迫或者其他手段强奸妇女的，处3年以上10年以下有期徒刑。

奸淫不满14周岁的幼女的，以强奸论，从重处罚。

赵明当时利用了和赵亮同宿晓丽家的便利条件，知道晓丽喜欢赵亮，因此半夜潜入晓丽房中，对晓丽实施侵犯，而晓丽虽然错把赵明当成了赵亮，也确实进行了反抗，还在反抗过程中说赵亮你别这样，但赵明将错就错，强行侵犯了晓丽，因此构成强奸罪。

但赵明犯罪时未满16周岁，有法定从轻减轻处罚的情节，因此，最终法院以强奸罪判处赵明有期徒刑5年。

事情到这里终于真相大白，花季少女意外怀孕，经受了肉体和精神的沉重打击，使得一个曾经幸福的家庭险些遭受了灭顶之灾；而另一个原本青春懵懂期的孩子，因为别人的取笑和黄色小说的引诱，却要在监狱里度过几年大好的青春时光。

这个案例揭示了一个不可回避的重要问题，那就是留守儿童问题，由于父母常年在外，年幼的孩子被扔给祖辈照料。祖辈虽是对隔辈人疼爱有加，衣食无缺，却无法给他们精神层面的关爱，而青春期的孩子们，正是逆反心理最强烈的时期，心理还不成熟，自控能力差，分辨能力不强，容易冲动，当父母不能多陪伴他们，很好地引导他们，就会使他们走入歧途。所以希望做父母的，不能只是想着要给孩子们物质的满足，更要承担起教育和正确引导的重任，尤其是对青春期的孩子，性知识的教育同样不可或缺。让我们多给他们一些关爱，让孩子们的青春没有遗憾。

律师点评：

这是一个真实的案例，也是一个沉痛的事实。花季的少女，曾经幸福的家庭，在遭受如此变故之后，肯定会长时间受到此事件的影响，尤其是那个曾经活泼可爱、学习优异的少女，还能回来吗？而那个无知的少年呢？为了所谓的面子，因为一时的冲动，做出了错误的选择，却要付出几年的自由时光，又是一个何等惨痛的教训。

在此我也希望家长和社会都能关注留守儿童的教育问题和未成年人的心理健康。未成年人容易受到不良社会习气的影响，俗话说，三年学好三天学坏。未成年人更是很难分清对错，再加上青春的懵懂，更需要父母的关爱和陪伴，需要正确的引导，而父母对孩子童年成长的缺席，恐怕会付出沉重的代价。未成年人也不要试图用年龄这个节点来逃避法律的制裁，法律对未成年是宽容的，但也不是没有底线，人有情而法无情，触犯了法律，任何一个人都不能轻松躲过。

律师介绍

赵素玲，北京市东卫律师事务所律师，中国建筑业协会调解员，北京市律师协会建设工程法律专业委员会委员，北京市东城区律师协会对外联络委员会委员，北京市法律援助中心援助律师，北京市工会法律援助中心援助律师。多次处理法律援助案件，有着丰富的执业经验，担任多家企业法律顾问及专项法律顾问，成功处理了百余件各类案件，尤其擅长工程建设领域纠纷、民商事法律纠纷工作。

本期节目总编导：杨　晖

编导：闫红岩

变心的妻子回来了

推荐单位：上海市法律援助中心

主讲人：上海市法律援助中心　袁琳

关键词　变更监护人

躺在病床上的杨龙感觉到身上一阵钻心的疼痛，突然醒了过来。眼前是各种仪器设备，他不知道发生了什么，自己又为什么会在病床上。仔细地回想，依稀记得那天是新婚妻子何玲的生日，他特意提早下班，去市区买了一副纯金的耳环，揣在怀里，开车往家赶，谁知刚上高速，就被随意变道的一辆大货车撞个正着，之后的事情，他就什么都不知道了。

守在床边的只有他父亲杨铁山一个人，据他说车祸后杨龙被送到医院抢救，好不容易才捡回一条命，到现在已经昏迷了一个多月。杨龙向父亲询问妻子的去向，父亲犹豫了半晌，回答："她走了。"什么？走了？去哪了？杨龙的父亲杨铁山叹了口气说："哎，当初我就不该给你安排这门亲事。"丈夫发生严重车祸，妻子为什么没有在丈夫身边呢？父亲又为什么说后悔安排了他们的亲事呢？这事还要从杨龙和何玲的相识说起。

杨龙 28 岁，上海本地人，一家人在市郊开了个纺织厂，规模不大，但到底算个小企业主，被当成当地的香饽饽，许多阿姨婆婆上门给他说亲，但都被他父亲杨铁山拒绝了。杨铁山很迷信，附近的一位算命师傅说了，这些姑娘的生辰八字都和杨龙不般配。为了这事儿，街坊邻里都在背后议论杨铁山古板，害得儿子快三十了都没成婚。杨铁山却始终固执己见。一直到何玲的父亲何进根找上门。他一见杨铁山，便拿出女儿何玲的生辰八字说："别嫌我迷信，这儿女婚事还是要看看八字，不然我是怎么也不放心的。我已经和算命师傅约好了，咱们一起去看看。”这句话让杨铁山顿时觉得找到了知音，二人结伴去找算命师傅，师傅的一句“天作之合”更让杨铁山喜从中来，于是杨铁山都没和杨龙知会，便当场和何进根定了婚约。

杨龙知道以后，和父亲杨铁山大吵一架。其实，他并不反对父亲给自己找媳妇儿，但最近厂里的情况大不如前，还有几十万快到期的银行贷款，如果不赶紧想办法还上，纺织厂说不定就要破产了，这个时候娶人家姑娘，那是在害人！可父亲杨铁山不为所动，苦口婆心地劝杨龙，让他找个旺夫的姑娘，冲冲喜，说不定还能改善家里的财务状况。在父亲的软磨硬泡之下，杨龙与何玲见了一面。何玲年轻漂亮，性格温顺，杨龙一眼就喜欢上这个女孩，而何玲也当场表示，一切都听从父亲的安排。于是你情我愿的两个年轻人很快领了结婚证，在他们的父亲杨铁山和何进根的张罗下，举办了热闹的婚礼。

何玲嫁到杨家一个月左右，杨家的纺织厂贷款到期，不得不进入了破产程序。没有了纺织厂的收入，生活拮据了许多，一家人也从原来的大宅子搬了出来。转眼结婚两个月了，杨龙一直对没给何玲买过一件像样的首饰而很内疚，眼看着何玲的生日快到了，他盘算着要给妻子一个惊喜，于是问朋友借了车，带着父亲杨铁山帮忙凑的2000多元钱，赶到市区去给何玲买耳环，接着，就发生了车祸，醒来就只见到父亲杨铁山守在自己的病床前，而妻子何玲不见踪影。

据杨铁山说，杨龙刚进医院的时候，何玲也来到医院，跟随杨铁山一家人守在手术室门外，作为杨龙的合法妻子，何玲在杨龙的手术告知书上签了字。杨龙手术顺利，但腿脚却落下了残疾，通过医生的诊断，杨龙会在相当长的一段时期内，意识时而清醒时而模糊，还需要住院观察。在杨龙回到病房的昏迷期间，何玲也在病床前照顾了杨龙几天。原本一切如常，直到有一天，杨铁山无意间听到了何玲和她父亲何进根的一通电话。何玲当时躲在卫生间里头对电话那头说：“爸，杨龙他现在这样，我就这么走了，会不会让人说闲话呀。”隔了一会儿，何玲又说：“他们都已经破产了，还能怎么样？”虽然何玲压低声音，但杨铁山还是断断续续听到了他们的谈话，谁知，当天晚上便联系不到何玲了。家里她的衣服都不见了，打她的手机也关了机，显然是离开了。最让杨铁山痛心疾首的是，儿子床头柜的抽屉敞开着，他一直都知道儿子把结婚收到的礼金放在里面，抽屉平时都锁着，而此时已经空空如也。杨铁山再回想起何玲和何进根打电话的情景，恍然大悟，一定是父女俩串通好了，眼瞧着杨家的厂倒闭了，杨龙又出了车祸，就带着礼金走了！

杨龙再次清醒过来，吵着要找何玲，杨铁山看着心疼不已，只能告诉了他实情。可听杨铁山这么说，杨龙还是不愿意相信，何玲在他心里一直是个乖巧懂事的女孩，对自己照顾有加，怎么会做出这种落井下石的事儿呢？见他不相信，杨铁山捶胸顿足说：“你这个傻儿子，都到这份上了，我还骗你不成？你可知道，你们结婚时亲戚送的礼金，都叫何玲带走了！”听他这么一说，杨龙呆若木鸡，难道何玲真的是为了钱才嫁给自己的？

现在，杨家的情况今非昔比，厂子已经破产清算完毕，财产全部用来偿还银行贷款了，一点儿不剩。杨龙因车祸腿脚落下了残疾，面前是高额的医药费清单，而撞了人的卡车司机又躲躲藏藏不见人。才刚娶回家两个月的新婚妻子又带着结婚礼金一走了之。杨龙整日唉声叹气，杨铁山见儿子这样，很是心疼，心想这看八字的师傅简直是胡扯，还说什么天作之合，想来想去，只有找何进根说个明白一条路了，杨铁山打电话给何家人，对方不接电话，于是杨铁山决定直接找上门去。

趁着杨龙睡熟了，杨铁山一个人找到了何玲家，何玲没见到，见到了何玲的父亲何进根，只是这何进根已经一改以往的满脸堆笑，他甚至都没让杨铁山进门，见面便说杨家不能再这样拖累自己的女儿，他冷冷地对杨铁山说：“何玲年纪轻轻，今后的路还很长，你儿子现在这样不是让我女儿守活寡吗？你回吧，我们已经准备起诉离婚了。准备着付我们何玲抚养费吧！”说完把门一关，留下哑口无言的杨铁山。

杨铁山走回医院的一路上脑海里全是“抚养费”三个字，心想，离婚也就罢了，可这离婚还要付给何玲抚养费让他不能接受，见他们境况堪忧，好心的护士支了招，建议他们去法律援助中心申请法律援助，至少对于被起诉离婚的事情，可以免费咨询一下专业律师的意见。就这样，杨铁山来到了法律援助中心。

援助中心的工作人员接待了他，杨铁山将事情的经过声泪俱下地描述给法援律师听。法援律师仔细分析案情之后，认为杨家目前最迫切需要解决的问题并不是被起诉离婚，而是车祸赔偿的问题，因为离婚诉讼的财产分割和抚养费的支付问题法院都会根据实际情况进行判决，并不会因为要求抚养费的是女方，就加以偏袒，目前采取的最优方案应当是从交通事故人身损害赔偿入手。杨铁山作为杨龙的近亲属，替他申请了法律援助，法援律师也立刻采取行动，很快联系到了卡车司机。幸运的是，撞了杨龙的卡车不仅证照齐全，保险齐备，经过法援律师的一番沟通，卡车司机的雇主愿意出面协助办理赔偿事宜，并且答应先垫付10万元给杨龙治疗。这个结果让杨龙的父亲杨铁山心里宽慰了不少。

几经挫折，儿子杨龙的治疗费终于有了着落，如果何玲仍执意起诉离婚，那就按照法律的程序来，想到这些，杨铁山的脚步轻松了许多。可这时事情又发生了戏剧性的转折。这天他从援助中心了解了案子的最新进展后赶回医院照顾儿子杨龙，走进病房却见到熟睡的儿子病床前坐着一个人，他当场愣住，这个人不是别人，竟然是他卷款出走的儿媳妇何玲。何玲的出现让杨龙也惊讶万分，何玲之前不辞而别，一走了之，怎么又回来了？这个时候回来，又是为了什么呢？三个人沉默了一会，何玲尴尬地说："爸，我只是回娘家去住几天，杨龙伤成这样，我也放心不下，所以就赶紧回来了。"杨铁山忍不住数落："你以为我们不知道你打什么如意算盘吗！走，别再来祸害我们家了。"说着就把何玲往门外推，何玲手足无措，突然号啕大哭起来，边哭边说："爸，你别这样，我也是迫不得已的呀。这都是我爸逼我的呀。"

听她这么说，杨龙叫住了父亲杨铁山，他心里头一直有很多疑问，何玲嫁给自己究竟是不是为了钱？他很希望听何玲当面说清楚。何玲知道丈夫杨龙在等自己解释，于是她把事情的前因后果告诉了杨家父子。何玲是何进根的独生女，父女俩相依为命，从小，父亲何进根对女儿管教非常严格，说一女儿何玲不能说二，并且他一直对女儿灌输一个思想，真正的孝顺是什么？真正的孝顺就是嫁个有钱人家，让爸爸也跟着享福。因此，何玲一直没有谈过恋爱，但她心里一直期盼着早点嫁出去，好逃离父亲的专制统治。这些年来，何进根一直都知道杨龙一家在当地开了厂，很有钱，他早就下定决心要女儿嫁到杨家。但也有人说，杨龙的父亲杨铁山一直都没答应过一个说亲的人，为了马到成功，他下了不少功夫，终于得知杨铁山有些迷信。为了投其所好，何进根买通了杨铁山一直信任的那个算命师傅，让师傅配合着自己，说何玲和杨龙是“天作之合”，一直到亲事定了下来，才告诉何玲。就这么被嫁了出去，何玲很不开心，她连对方长什么样都没见过，性格脾气更是一概不知，生怕两个人相处不来。但她又不敢违抗父亲的权威，除了听天由命，别无他法，于是就这么嫁了过来。

说到这里，杨铁山恍然大悟，原来自己是中了亲家何进根的计了，难怪当时和何进根相见恨晚，原来都是他一早计划好的。何玲继续解释下去说，结婚后，何进根听女儿说，杨家的厂快倒闭了，就一直关注着，当他知道纺织厂只能破产，心里懊恼极了，就这么一个女儿，花了那么多力气，好不容易嫁入有钱人家，这有钱人家却突然变穷了，这可怎么办呢？他决定给女儿重新找个人家。说到这儿，何玲抹抹眼泪，可怜兮兮地说：“我从小听我爸话听惯了，这婚姻大事我怎么敢不听呢，但是我对杨龙是真的有感情呀！现在让我改嫁，我怎么能同意，我这次是瞒着爸爸偷偷跑回来的。”说完，小心翼翼地抬眼看了看杨家父子俩。

何玲还说，当时带着礼金出走也是父亲何进根的主意，但是这些日子自己回想起嫁到杨家的点点滴滴，家里人都对她百般照顾，尤其是丈夫杨龙，这让她不愿意再做出伤害杨家的事情，所以偷偷跑了回来。

听她说得声泪俱下，丈夫杨龙心软了，父亲杨铁山心中虽有疑虑但也不好再赶何玲走，可是她的回来仍旧让杨龙心里疑惑万分，妻子何玲这次回来当真是想真心悔改吗，还是另有所图呢？

何玲就此留了下来，接下去的几天尽心尽力地照顾丈夫杨龙，一家人也相安无事，可这平静并没有维持多少时间就被打破了，事由还是和钱有关。

这天，父亲杨铁山从援助中心回到医院，嘴角带着抑制不住的微笑，一进门就对刚刚醒来的儿子杨龙说："小龙，这下好了，你的医药费有着落了。"原来肇事司机的公司老总曾经承诺代为垫付10万元赔偿款，终于在法援律师的督促下，到账了。听到这个消息，杨龙也惊喜万分，可一边儿的何玲突然插嘴了："爸，这钱是不是应该打到我的账户上，毕竟我是小龙的监护人。"一听这话父亲杨铁山不乐意了："反正一样是给小龙付医药费，打到谁的账上有什么讲究的？"媳妇何玲也针锋相对："爸，话不是这么说，现在小龙的账单都是我签字的，万一有个什么事儿都是我担责任，这钱还是应该我来支配比较合理。"听到这儿，杨龙心里顿时闪过一丝疑惑，听妻子何玲的口气，不像平时，有些咄咄逼人，该不会是自己的岳父大人教她这么说的吧。见杨家父子俩都沉默，何玲继续说："你拿到10万元的医疗费，我怎么说也是你老婆，这钱怎么用得听我的。"杨铁山一听，暴跳如雷："这是什么话，是不是你爸教你的，你回来就是为了这笔钱吧！何老头原来在打这笔钱的主意！想得美！"见他气成这样，何玲吓了一跳，不由得有些心虚，她心里最清楚，这些话确实都是何进根教她说的，这次回来，也是受到父亲指使，冲着赔偿金而来，虽然父亲何进根听说这笔钱后让她再回到杨家，她有点儿不乐意，毕竟当初卷款走了，没有脸面再面对丈夫杨龙，但对何玲来说父亲的话就是圣旨，她相信父亲何进根肯定是对的，她就是按照父亲的意思，先把自己的错撇得一干二净取得杨家父子的信任，父亲当时说了，杨龙这个样子肯定能拿到一笔赔偿款，这不，赔偿款真的就来了，于是她又按照父亲的计划说了那些赔偿款应该归自己的话。杨铁山指着杨龙说："躺在这里的是你丈夫啊！你拿了钱给你爸，他怎么可能用来给小龙治病！"杨龙心里头说不出的痛心，看来，妻子何玲对自己真的没有感情了，他强忍住内心的气愤，问："这些都是你爸教你的？你回来，也是他教你的？"面对丈夫杨龙的质问，何玲不安起来，急急地说：“我爸说了，你撞成这样又请了律师，肯定会有一笔赔偿款的。我是你的合法监护人，要是你们不答应把这10万块给我，他就要通过起诉来取得。既然你们不答应我的提议，我只能听我爸的了。”说完，赶紧逃出了病房。

听了她的话，杨铁山气得说不出话，何进根的如意算盘倒是算计得很好，可生气归生气，何玲确实是杨龙的合法妻子，杨龙现在时而清醒时而昏迷，难道何玲真的是杨龙的合法监护人吗？这笔钱真的要何玲来做主支配使用吗？

为了解决这个问题，焦急的杨铁山再次求助了承办案件的法援律师，律师听说了这个新情况，立刻对此展开分析，法援律师认为，要想打消何进根利用女儿何玲占杨家便宜的计划，只有通过变更监护人的方法，来保护杨龙的合法权益。

经过杨铁山和杨龙的一致同意，法援律师着手去办理申请，所幸申请手续办理得非常顺利，而何玲的卷款出走也给了法援律师足够的理由，法院很快批准了申请。紧接着，法援律师提出了交通事故人身损害赔偿诉讼，最终法院依法判决交通事故肇事方赔偿杨龙医疗费、误工费等损失55万余元。而这笔钱，由杨龙的现任监护人杨铁山代为管理，杨龙的医疗费用最终获得了保障。

在法援律师的帮助下，杨龙保住了交通事故赔偿款，对杨龙来说，出了车祸丢了婚姻，虽然是不幸的，但他同时也认清了枕边人是真情还是假意。何进根和何玲的所作所为看似完全符合法律规定，何玲也确实有法律上的权利人身份，但最终他们一心想不劳而获，占别人便宜的目的并没有得逞，可见任何想要利用法律漏洞损人利己的行为都不会被法律容忍，面对这种侵害，最好的办法就是拿起法律这把强有力的保护伞。

律师点评：

我国《民法通则》第十七条第一款规定：“无民事行为能力或者限制民事

行为能力的精神病人，由下列人员担任监护人：（一）配偶；（二）父母；（三）成年子女；（四）其他近亲属；（五）关系密切的其他亲属、朋友愿意承担监护责任，经精神病人的所在单位或者住所地的居民委员会、村民委员会同意的。”从杨龙的实际情况看，他的妻子也就是何玲确实是第一顺位的监护人。

《民法通则》第十八条第三款规定：“监护人不履行监护职责或者侵害被监护人的合法权益的，应当承担责任；给被监护人造成财产损失的，应当赔偿损失。人民法院可以根据有关人员或者有关单位的申请，撤销监护人的资格。”本案中何玲作为杨龙的妻子，非但没有在他被监护期间尽到相应的职责，反而带着结婚礼金离家出走，明显侵害了杨龙的合法权益，而且，她也承认了回来的目的，是想要私自使用杨龙可能获得的交通事故赔偿款。因此，杨龙的父亲杨铁山完全有理由向法院申请撤销何玲的监护人资格，变更为杨铁山本人。变更之后，再进行交通事故人身损害赔偿案件对杨家来说才真正有保障。

律师介绍

袁琳，毕业于法国高等经济与商业研究学院商业管理专业，复旦大学法学学士，中国人民大学新闻学硕士。任职于上海市法律援助中心，上海法治天地频道兼职主持人。担任央视社会与法频道“法律讲堂——法律援助在行动”节目主讲人期间，致力于宣传法律援助工作，让更多的困难群众知晓、了解和获得法律援助服务。

本期节目总编导：杨　晖

编导：刘文辉

离婚抢儿子

推荐单位：江西省司法厅法律援助处

主讲人：江西省宜春市司法局　杨帆

关键词　抚养权、亲子关系的推定

2013年夏天的一个傍晚，南方某小区的空地上聚集着三五成群纳凉的人们。这时，突然有三辆摩托车驶入人们的视线，随着一阵急促的刹车声，齐齐停在一座楼前，只见从后座下来的三个壮汉戴着头盔一闪身就进了楼道，而三个驾驶员调好车头等在原地。不一会儿，就听见楼道里传出激烈的争执声，只见那三名男子快速跑了出来，其中一人怀里还抱着一个不停挣扎、哭喊的孩子。看到这一幕，空地上的人群骚动起来，可还没等人们明白过来究竟是怎么回事，这伙人跳上没熄火的摩托车一溜烟就跑开了。

紧追在他们身后的是一楼的付大婶一家，做了二十多年街坊，对这老两口及其女儿付小薇邻居们再熟悉不过。只见三人拼命追赶着远走的摩托车，小薇还一边哭号着："还我儿子！"可摩托车哪里追得上，眼看就跑没影了，小薇浑身一软瘫坐在地上。难道刚才被抱走是小薇的儿子？这究竟是怎么回事？邻居们围拢过来，关切地询问。付大婶惊魂未定，哭丧着脸说："这叫什么事呀？刚才，家里突然停电，小薇去楼道看是不是跳闸了，她刚开门，就挤进几个人来，抱着我外孙就跑了。"有这种事？骗开门来直接抢人孩子？这伙人也太胆大妄为了！而且，小薇多可怜呐，患了侏儒症，二十七八岁的年龄，身高才一米三，以她的身体条件，当年可是冒着生命危险才生下儿子东东的，怎么就这么被人给抢走了？邻居们义愤填膺，提醒"赶紧报警吧！”“啊，对对对。”回过神来的付家三口匆匆赶到了附近派出所。

接待他们的民警在了解孩子被抢的经过后，进一步询问几名男子的体貌特征。小薇说，事发太仓促，他们又都带着头盔，没留意到有什么特征。那民警又问了，你们最近有没有跟人结仇？一家三口相视一眼，付大婶很肯定地说，“没有，我们平头老百姓的能和别人结什么仇。再说，我们老两口就靠点退休工资，小薇也没个正经工作，图财也图不着哇。他们……他们不会是人贩子吧？”民警分析道，“拐卖人口的犯罪分子不至于这么嚣张。直接冲到家里抢人，肯定是对你们家庭情况比较了解，是早有预谋，有针对性的。这样吧，我们马上安排警力进行排查，你们先回去，要有什么消息，随时通知我们。”

家里的宝贝疙瘩被一群不明不白的人抢走了，小薇一家人急得寝食难安，度日如年。警察分析是熟人作案，可究竟会是谁呢？会是谁和付家人过不去，以至于要抢走一个不到3岁的孩子？思来想去，小薇的脑海里突然冒出一个念头：“自己正和丈夫梁保闹离婚，孩子会不会是梁家人抢走的？”小薇为什么会怀疑上自己的丈夫？她和丈夫梁保之间又究竟有怎样的矛盾以至于要离婚呢？事情还得从3年前小薇相亲时说起。

长不高的小薇一直是父母的一块心病，眼看到了谈婚论嫁的年纪，还一个人漂着在外打工，老两口放心不下，三番五次地催小薇回家相亲。可小薇这身体状况也不好找对象，往往刚一介绍情况就被回绝了。直到一天，邻居张大妈找上门来，说要给小薇介绍个泥水匠，这小伙子人很老实，所以三十好几了还没找着老婆。而小薇的身体情况张大妈也给他介绍清楚了，他表示能接受。这时恰逢年底，小薇回家过年，在张大妈的安排下，两家人见了面。

相亲对象就是小薇现在的丈夫梁保，梁保相貌平平，坐在角落不怎么吭声，梁保父母倒是看着挺精明能干的，家里虽说是农村的，但一家的男丁都在城里打工，据说收入也不错。老付两口子挺满意，小薇也同意先交往着。可这梁保，也是够木讷的，每次和小薇见面还得姐姐陪着，两三次面见下来，小薇净顾着应付未来大姑子了，和梁保都没说上几句话。梁保一家对小薇挺满意，急着要把婚事定下来。老付家也怕夜长梦多，去梁家实地查看一番后，双方就商定了婚事，选在了半个月后的一个良辰吉日，为两个年轻人举办了婚礼，也算是闪婚了。

婚后，小薇就住进了婆家。可共同生活不久，小薇就发现丈夫梁保的木讷根本不是因为老实本分，而是智力有问题，三十多岁的人的居然连钱都数不清，在外做工也只能做些力气活。感觉受到蒙蔽的小薇非常懊恼，但想到自己也就这条件，婚都结了，就这么凑合过吧。

可婚后的生活却越来越不如人意，和丈夫梁保沟通都有问题，更谈不上建立感情，住在婆家期间和婆家人又产生种种矛盾，这一切让小薇觉得无法忍受，生孩子时回了娘家，坐完月子也不愿再回婆家去。老梁家倒也无所谓，只是打发梁保一两个月过来一趟和小薇聚聚。就这样，他们一直维系着这种半分居的夫妻生活，一转眼，儿子东东都两岁半了，期间一直是由小薇抚养，梁家从来没给过生活费，小薇过得很是拮据。这年年后好心的邻居邀她一起到邻市打工，小薇也想自食其力，于是将东东托付给父母，只身外出了。

可2个月后，梁保父母却领着儿子怒气冲冲赶到付家兴师问罪，“有人说，在外面看见你女儿跟别的男人勾勾搭搭，这结了婚还在外面野，2个月都不回来一趟！这个儿媳妇我们不要了！”一听这话，老付两口子气得直哆嗦，“我女儿这几年带着孩子在娘家你们没给一分钱，现在想自己去赚点钱，你们倒血口喷人！”这两家人越说越来气，吵得不可开交。

而知道梁家如此抹黑自己后，小薇对这段婚姻也彻底地死心了，赶回家中和父母商量后一起来到梁家，提出了离婚。梁家倒也同意办理离婚手续，但却开出了一个条件——离婚后东东要由梁家来抚养。小薇觉得这样的要求简直是莫名其妙，绝不可能。僵持之下两家人不欢而散，离婚的事也就拖了下来，演变成一场拉锯战。现在正在两人谈离婚的节骨眼上，东东突然被人明目张胆地抢去，会不会就是这梁家干的？

正当小薇准备把这一线索提供给警方时，却先一步在警方那儿得到了好消息。两天来，警方通过排查周边路段的监控视频，查到了涉事摩托车，通过车辆，追查到其中一名嫌疑人。接到通知后，小薇一家连忙赶到派出所，当看到眼前这个嫌疑人时，小薇不禁脱口而出“梁松，怎么是你？你把我儿子抢哪儿去了？”这梁松眼见事情败露，却还是一副吊儿郎当的样子，说“是我怎么了？东东也是我哥的孩子！爸爸接儿子过去住，不是天经地义的事吗？”这梁松不是别人，正是梁保的堂弟，他的这一说法正好印证了小薇先前的猜测。

原来，这老梁家早就商量好，离婚一定要把孩子争到手。可要明着打官司，肯定争不过，孩子一直由付家人养着，于情于理也不会判给他们，干脆先下手为强，把孩子抢到手再说。怕付家知道后来闹，抢来孩子就送到一个偏远的亲戚家，请亲戚代为照顾。现在见小薇报警查到他们身上，他们就反咬一口，跟办案民警说，小薇一直不让东东和梁家人亲近，现在自己又抛下孩子出去打工，对孙子放心不下，才出此下策把东东接到身边，鉴于小薇对孩子的不负责任，他们不同意由小薇来继续抚养东东。

查明事情的原委后，办案民警对小薇表示爱莫能助，说这种情况是民事纠纷，不属于刑事案件，警察也只能帮着调解。见报警也要不回孩子，心急火燎的小薇来到了当地的法律援助中心寻求帮助。法援中心在审核通过了小薇的申请后，当即为她指派了法援律师。

向法援律师说明了事情的来龙去脉，小薇表示，这婚是离定了，就希望律师帮着把孩子要回来。律师为她分析通过离婚诉讼判处抚养权的几种可能性，又设身处地地劝解她说：“我能理解你急着接回孩子的心情，但就你目前的经济状况，独力抚养孩子会很吃力，你考虑清楚了吗？”小薇低下头若有所思，过了会儿，她像是鼓足了勇气，向律师说出她为什么非要争得孩子的原因。这是一个深藏在她心底的秘密——丈夫梁保并不是东东的生父。

原来，4 年前，小薇在外打工时，认识了老乡阿强，两个漂泊在外的年轻人相恋了，阿强没有嫌弃小薇身患残疾，反而对她呵护有加，让小薇感动不已。很快，两人同居在了一起。年底时，阿强还带着小薇回了家，准备商量婚事。可当阿强父母看到小薇身患残疾时，却拉下了脸，表示坚决不同意他们交往，甚至对小薇口出恶言，“就你这怪模怪样，配得上我儿子吗？”受到这种侮辱，小薇当时就哭着跑了。

失魂落魄地回到自己家，等了几天后，小薇终于等来阿强的电话，可阿强却在电话那头提出了分手，说是母亲寻死觅活地坚决不同意他和小薇在一起，自己也是实在没有办法。正当备受打击的小薇沉浸在失恋的伤痛中时，毫不知情的付家老两口就安排了她和梁保的相亲。小薇强打着精神去了，虽然对梁保没有任何感觉，可面对父母殷切的询问，想到自己早夭的恋情，小薇很是心酸，“自己有人要就不错了，总不能让父母一直牵肠挂肚吧？”于是就应承下这门婚事来。

可过门后不久，小薇就觉得身体不适，便在母亲的陪同下来到医院检查。这一查可不要紧，把母女俩惊得目瞪口呆，小薇居然已经怀孕4个多月了。拿着检查结果付大婶就追着小薇问:“这怎么回事呀？你这结婚才1个月，怎么怀孕4个月了？”小薇也有些发蒙，因为身体发育不正常，她往往要半年多才来一次例假，所以根本没想到自己是怀孕了。现在从时间上推算，正是和阿强分手前有的孩子，小薇只得把自己和阿强同居的事如实告诉了母亲。付大婶一声长叹，“你怎么这么糊涂呀！”可事已至此，也顾不上埋怨小薇，还是得先想对策。付大婶当机立断，说得把这个孩子打下来。可是询问医生后得知，胎儿4个多月了，只能做引产手术，而小薇身体状况特殊，引产对她的身体损伤非常大，可能今后就没法再怀上孩子了。到底是身体要紧，引产是不行了。那既然是阿强的孩子，他总得负责吧？可再打阿强的电话，却已停机打不通。找到阿强家，阿强父母说他俩早分手了，根本不承认这个孩子，也不肯说出阿强的去向。这孩子的生父也找不着，可怎么办呢？

回家后，一家人愁眉不展地在一起商量。商量到最后，付大叔一拍桌子决定了，“唉，事到如今，只能如实告诉梁家了，他要退婚就退吧。”付家老两口带着小薇上门，将实情一五一十地告诉了梁家。梁家人一听，顿时气炸了，这刚娶进门的媳妇，肚子里居然带着别人的种，这怎么行！付家老两口赔尽了不是，最后说：“你们要是实在接受不了，就只能让两个孩子离婚了。反正小薇是绝对经受不起引产手术的。”发完一通脾气冷静下来，梁保父母背过身一合计：“儿子梁保这情况之前说了多少姑娘都没成，好不容易娶来的媳妇，要逼着她打了孩子弄出个三长两短的，可真是人财两空。就让她生下来算了，以后再给我们生个亲孙子。”于是极为勉强地表示同意接纳小薇及其腹中的胎儿，但要求老付家一定要对此事严加保密，他们可丢不起这个人。见事情有了转机，付家老两口长舒一口气，忙不迭地说：“是是是，这又不是什么光彩的事，我们肯定会守口如瓶。生这孩子的费用，我们来出。”

两家人商量好，小薇就留在了婆家待产，5个月后，小薇即将临盆，为了掩人耳目，梁家要求小薇回娘家生孩子。小薇回家不久就生下了儿子东东，对于小薇婚后半年产子的事，两家人一致对外宣称孩子是早产儿。从表面看事情得到了圆满的解决，可两家人的心里却因此埋下了嫌隙，梁家总是想着东东不是亲生的，所以不愿承担抚养费用，小薇就带着东东一直住在了娘家。这也是导致小薇和丈夫一家矛盾不断的一个重要原因。

了解了事情的缘由后，法援律师为小薇拟好了离婚诉状，起诉至法院，要求判处小薇和梁保离婚，将东东判由小薇抚养。诉讼过程中，双方就离婚这一诉求没什么争议，但在孩子的抚养权上，却争夺得异常激烈。梁保父母甚至扬言，要是把东东判给小薇，就要带着孩子自杀！

既然梁家早就知道东东是别人的孩子，之前也一直不闻不问，离婚时为什么又要这样不择手段地来争夺呢？原来，小薇生下东东后，梁家就催着要再给他们生个亲孙子。为了生下健康的宝宝，还特地带着小两口去医院检查身体。给两人检查完，医生说，小薇的侏儒症是后天病变导致，不会影响下一代，可梁保的智力缺陷是因为自身染色体异常，这种情况很可能会遗传，建议两人要孩子一定得慎重。看到这样的检查结果，梁保父母傻眼了，就梁保这情况，已经让一家人都操碎了心，现在好不容易给他成了个家，要再生出个傻孙子来，这日子可就没盼头了。自此后，梁家人偃旗息鼓，再也没催过小薇生孩子。随着日子一天天过去，梁保父母有苦说不出，梁保前头三个都是姐姐，他就是家里的一根独苗，眼看就要断了老梁家的香火，愁得梁保父母是整日长吁短叹。

正在一筹莫展之际，小薇和东东的一次来访，却让梁家人看到了希望。原来，这次例行到梁家过年时，小薇想着东东两岁多了，正好带他去乡下玩玩。本来是一个无心之举，可看到东东却让梁家老两口眼前一亮，“哟，这孩子都这么大了？”东东也很有礼貌，进门就奶声奶气地喊“爷爷、奶奶。”这两声叫得两个老人差点没当场流下眼泪来。小薇走后，两人心照不宣就合计起东东来：“这小孩真是挺机灵的，唉，外人也不知道他不是我们亲孙子呀，户口本上不也姓梁嘛。”“对，我们得把这孩子接过来。”“可之前一直没管这孩子，要接过来，总得找个理由呀。”“这小薇不是都出去打工了吗？当妈的都不带孩子，我们当然可以接过来。”动了这个歪念头，梁家就在挑起离婚纠纷的矛头后又把东东强抢了过去，他们想付家人肯定不好意思说出小薇未婚怀孕的真相，孩子到手了又掌握了主动权，等小薇和梁保离婚后，东东就顺理成章地留在梁家了。

面对藏起孩子打得一手如意算盘的梁家人，小薇该如何是好？法援律师又将如何破解困境？开庭前，通过律师的鼓励，小薇打开心结，主动向法庭说明了东东的身世，并提出做亲子鉴定的请求。可梁家却说，东东就是梁保亲生的，街里街坊谁不知道，根本没有必要亲子鉴定。开庭时，梁家答辩道：东东是梁保和小薇的婚生子女，目前也一直在梁家生活，梁家家境殷实，对这个唯一的孙子疼爱有加；而小薇身患残疾，没有稳定收入，根本不具备抚养能力。希望法庭能将东东判由梁保来抚养。针对梁家的答辩，法援律师提请三名证人出庭作证，一位是介绍人张大妈，证明了梁保和小薇相识的时间，另外两位是小薇家的邻居，证明了东东一直随小薇在付家生活。接着又提交了相关证据，一组是东东的出生证明以及接生医院出具的住院记录和各项检查报告，证实东东是小薇怀胎40周时足月出生。一组是派出所的《接处警登记表》，证实数月前梁家纠集多人将东东强行抢走。根据这些证据，律师提出东东自出生起就一直随小薇在付家生活，付家老两口愿意并有条件协助小薇来抚养孩子；梁家对小薇母子一直不管不顾，而现在为了争夺抚养权，不顾幼童的身心健康，强行将孩子抢走的行为令人发指。最为关键的是现有证据证明梁保和小薇相识不到7个月，东东就足月出生，这点足以推定东东和梁保之间不存在亲子关系。

律师的这一说法成立吗？在一方不同意做亲子鉴定的情况下，怎么认定亲子关系呢？为了充分发挥亲子鉴定在民事审判中的作用，我国婚姻法司法解释三中明确亲子关系诉讼中，当事人提出确认或否认亲子关系的主张，并已提供必要证据予以证明，另一方没有相反证据又拒绝做亲子鉴定的，人民法院可以推定当事人所提出的主张成立，这就是“亲子关系的推定”。根据这一司法解释，在本案中，小薇提出了必要证据证明梁保和东东之间不存在亲子关系，在梁保没有相反证据，又坚决不同意做亲子鉴定的情况下，法院将推定梁保与东东之间不存在亲子关系。

面对执迷不悟的梁家人，法院数次调解无效。考虑到案件的特殊情况，两级法院加急审理，5个月后作出了本案的终审判决：认定付小薇与梁保感情破裂，梁保与东东之间无亲子关系，判处付小薇与梁保离婚，东东由小薇抚养。最终通过法院的强制执行，被抱走了近半年的东东回到了生母小薇的身边。看着黑瘦了一圈的东东，小薇心痛得眼泪直流，一把将孩子搂在怀中。心爱的孩子终于重回自己的怀抱，小薇心中充满了对法律援助律师和法院工作人员的感激之情。

律师点评：

婚姻是人生大事，爱情更是婚姻的基石。小薇当初由于感情创伤，缺乏了解就匆匆步入婚姻，而梁保家人为了延续香火，靠着欺骗缔结姻缘，最后导致双方身陷夺子之争的泥潭，闹得两败俱伤。当今社会，像本案这样为了凑合而凑合的婚姻为数不少，但缺乏感情基础的婚姻不仅不能给双方带来幸福，往往还会埋下隐患，影响家庭的稳定。夫妻双方只有真心相爱，真诚以待，相互包容，同甘共苦，才能共同谱写出幸福的人生新篇章。

律师介绍

杨帆，宜春市法律援助中心主任。从事法律援助工作9年来，注重工作创新，强化内部管理，推出系列法律援助便民利民措施。宜春市法律援助中心先后获得“全省三八红旗集体”“全省优秀青少年维权岗”“全国法律援助先进集体”等诸多荣誉。她本人也先后获得“全国法律援助工作先进个人”“江西省维护妇女权益先进工作者”“全国优秀律师”等荣誉称号。

本期节目总编导：郝燕飞

编导：李　威

丢失的传家宝

推荐单位：上海市法制宣传教育联席会议办公室

主讲人：上海市司法局法制宣传处（依法治市工作处）　袁琳

关键词　无权处分、非善意不取得

刘菁菁四十岁出头，上海本地人，十分孝顺，她的父母都已年近八十，身体很不好。这天中午，她下了早班，照例骑车来给老人送饭，刚进门就看见母亲刘大妈坐在地上痛哭流涕，一边的父亲刘大爷也痛哭不止，这是怎么了？刘菁菁被老两口吓了一跳，赶忙把母亲扶进屋，一看摆放在墙边多年的大衣橱不见了。刘菁菁忙问："这是怎么了？衣橱呢？"刘大妈抽泣着说："菁菁你可回来了，衣橱让人给偷了呀！"刘菁菁觉得奇怪："这么大个东西，怎么能给偷了呢？你们不在家吗？"刘大妈更是泣不成声："我们也就到楼上你哥家去做了个按摩，回来东西就没了！"看着家里一片狼藉，刘菁菁心想，看来家里真是遭小偷了，见老两口伤心欲绝的样子，她赶忙安慰："不就是个旧家具嘛，没了就没了，反正都那么破了，回头再给你们买个新的，人没事就行了。"听她这么说，刘大妈哭得更凶了，拉着刘菁菁说："闺女，我们一直没跟你说，那个大衣橱是你老太爷留下来的，是红木的！其实，咱家就这件东西最值钱，你赶紧报警，一定要把大衣橱找回来呀！"在老人家的催促下，刘菁菁报了警，可是心里却留下了疑惑，家里经济条件一直不好，二老只能靠低保生活，这红木大衣橱究竟是哪里来的呢？

警察很快赶到了现场，询问了大衣橱的相关情况。刘大妈很警惕，只肯说是个普通衣橱。刘菁菁在一边听了赶紧告诉办案人员，这衣橱是红木的，值不少钱呢！办案人员见刘大妈有所隐瞒，也解释道，如果大衣橱的价值达到一定程度，案件就上升到了刑事层面，公诉机关也会介入，犯罪分子一定能得到应有的惩罚。刘大妈这才说出了实情。原来早年刘菁菁的老太爷是在江南一带做生意的，还有些家底，后来家道中落，只留存了这么一件红木大衣橱，传了下来。这不是普通的红木，而是紫檀。而且是刘菁菁的老太爷从一个收藏家朋友那里寻觅来的。这个收藏家说这件大衣橱只是材料名贵，可刘家老太爷十分坚信这衣橱来自明代。因此，在家里最困难的时候，所有的家当都变卖了，就这件衣橱始终完好地保存了下来。老人家临走前，千叮万嘱这衣橱一定要保住并传下去。刘大妈当时也在床边，和刘大爷一起对老人家发过誓。刘大妈说："菁菁，我们可不是看中这衣橱值钱才非要找回来不可，这是祖传的东西，不能在我们这一辈失传呀！"

刘家祖辈贫困至极时仍旧如此珍藏着这个衣橱，可见这衣橱对刘家来说精神价值远远高于金钱价值，应该尽快查明真相给两位老人一个说法！警察分析，这很可能是一起入室盗窃案，而且是熟人所为，事发时老人在楼上儿子家里，周围邻居也没有听到什么动静，一时间还难以找到什么线索，只能告诉刘大妈一旦有线索会立刻通知刘家。

警察走后，刘菁菁问母亲："我听警察同志说，门没有被撬开的痕迹，可能偷衣橱的人是和我们认识的人勾结，最近有没有发生什么异常的事儿？"刘大妈回想了一下，还真记起一件事来。前不久，有个陌生人上门来想要收购衣橱。当时来了两个人，进了门还没自我介绍，就对着衣橱左看右看，其中一个男人对她说："阿婆，我给你10万块钱，你把这红木衣橱卖给我吧。"刘大妈当时说不卖，就把人打发走了，没再多想。可他怎么知道刘家有这么个衣橱呢？难不成这两个人买卖做不成，上门来偷了？此时刘菁菁突然想到，一直在刘家做保姆的张阿姨前几天突然辞职不干了，而且就在衣橱失窃当天。她问母亲："妈，你和张阿姨说起过这个大衣橱没有？"这个张阿姨在刘家好多年了，刘大妈和她像姐妹一样，刘大妈回忆自己确实跟张阿姨提过这个大衣橱是传家之宝，连刘家的儿女都不知道家里有这么贵重的东西，要不是张阿姨勾结了外人，这两个陌生人怎么可能知道呢？刘菁菁推断，当天门窗都没有被撬的痕迹，那说明肯定是里头有人给开的门。况且张阿姨辞职的时间如此之巧，不是她是谁呢？

刘菁菁将这一线索报告给了警方，经过多方努力，失去联系的张阿姨终于被找到了。面对办案人员对于张阿姨为什么恰巧在出事那天回了老家这个问题，张阿姨回答："大衣橱被偷的那天，我在外面买菜，什么也没看见。菜场好多熟人都看见我了。"办案人员又问："那你为什么要离开刘大妈家呢？"张阿姨回答："找到了更好的东家呗。"办案人员继续询问她是否知道上门要买衣橱的陌生男子时，张阿姨突然开始紧张了，她支支吾吾地拖延了一会儿，说这是自己的一个亲戚，是做红木生意的。自己确实提到过刘家有个老衣橱，刘家老人视为宝贝，没想到他就上门来看了，但是不是他偷了，自己当真不知道。

顺着张阿姨提供的线索，警方终于找到了当天上门要买大衣橱的陌生男子沈正良，而刘大爷和刘大妈丢的大衣橱此时就端放在他的店铺里。衣橱终于找到了，办案人员严厉地质问沈正良："这是刘家失窃的赃物，现在却在你这，你怎么解释？"沈正良却一脸委屈地说："警察同志，你可不能冤枉好人，这衣橱不是我偷来的，是我买来的！"见办案人员不信，沈正良有模有样地取出一份合同，上面明明白白写着沈正良花了9万元购买了这个大衣橱。刘大爷和刘大妈明明说衣橱是丢了，怎么被卖了呢？而且老夫妇俩口口声声说这衣橱是明代红木家具，怎么只被卖了9万元呢？是谁把衣橱卖了呢？

听说找到了大衣橱，刘菁菁连忙赶来，刘大妈和刘大爷等不及听办案人员说个原委就激动地拼命感谢，可办案人员拿来的这一纸合同，让刘大妈当场跌坐在地上，刘菁菁见母亲如此反应，赶紧抢过合同一看，上面赫然签着刘云贵的大名，而这刘云贵不是别人，正是刘菁菁的哥哥，刘大妈夫妇的儿子。

刘菁菁顿时想通了三分，心里直冒火，这个哥哥从小就总是惹老两口生气，一辈子游手好闲，一直靠爸妈节省下的钱接济着生活，他结婚以后，就在父母楼上租了间房子住，可从来没照顾过二老的生活，只顾自己抽烟喝酒，打牌赌博。能蹭饭就蹭饭，有时候还要叫保姆张阿姨顺便去他家里帮忙干活。就在三年前，刘云贵被查出患了肺癌，刘大爷和刘大妈心疼儿子，为了给他治病，几乎花光了所有的积蓄，可他即使是生病后也从来没改过性子，反而明目张胆地做起了“啃老族”，一定是他想钱想疯了，背着老人把这宝贝衣橱给卖了。可转念又一想，刘菁菁有些奇怪，老人家知道儿子生病后把自己所有的积蓄都拿了出来，可这大衣橱却一直没动，他们怎么就没主动把衣橱卖了给刘云贵治病呢？刘大爷听女儿这么问，老泪纵横：“听说你哥得了绝症，当时还真有些心动想把衣橱卖了给他治病。”刘大爷回忆着，说刘云贵曾经多次提到让老人把家具当废品卖了，可这不肖子几十年来骗了他们老夫妻不少钱，他不确信卖了衣橱，把钱给了儿子，他真的会用来看病。在他犹豫不决的时候，听说儿子一直赊钱买烟酒的店不肯再赊给他了，而这些年竟然欠了烟酒店一大笔钱，算算也有上万元了。这下刘大爷想明白了，就算为了儿子卖了这宝贝衣橱，儿子也一定会用来还债和挥霍。刘大爷便彻底死了卖衣橱的心。

办案人员找到了刘云贵，要确认到底是不是他把父母家的衣橱给卖了。这才知道，刘云贵就在几天前病情恶化，住进了医院。躺在病床上的他还理直气壮，怪办案人员多管闲事，他说：“这是我们家的私事，衣橱迟早要传给我，我也没多少时间好活了，现在只不过是提早拿来了而已，怎么能说是偷呢！再说我正需要钱，为什么不能卖？”办案人员苦口婆心地解释，但他完全不听。

事情进展到这一步，已经非常清楚了。知道儿子病情恶化住进了医院，刘大妈又心疼起儿子来，她赶到医院看望了刘云贵，还握住在场办案人员的手问道：“现在衣橱是不是能要回来了？不知道我儿子要不要坐牢啊？他身体不好，能从宽吗？”办案人员无奈地扶住老人，他认为既然是刘大妈儿子搬走了宝贝衣橱，那此事只能算作家人之间的内部纠纷，况且大衣橱的归属本就难以说清，不宜以刑事案件立案，这也就意味着大衣橱被卖掉了，警察也不能强行拿回来的！

这下刘菁菁和刘大妈都傻眼了。祖传的红木家具被刘云贵偷走卖掉了，就只能哑巴吃黄连。此时对刘云贵所作所为的气愤已经完全替代了对他的心疼，刘菁菁冲进病房："你偷了爸妈的东西卖掉还不认错，你可知道这衣橱是咱们刘家的传家宝，是老太爷留下的明代红木，你就卖了9万，90万元都不止啊！"一听这话，刘云贵也蒙了，他结结巴巴地说："什么？明代的？这我真不知道啊！"

那么刘云贵是怎么把这个衣橱卖给沈正良的呢？原来从张阿姨那儿，沈正良听说刘家有个宝贝衣橱，做红木家具生意的他便忍不住上门去看了个究竟，不看不要紧，一看竟然发现真是个值钱的宝贝。刘大妈不愿意卖，他本想放弃的，可刚从刘家出来，便在走廊里撞见了堵在门口偷听的刘云贵。刘云贵当时主动和沈正良搭腔，还说这个衣橱他要的话自己可以做主卖。沈正良出价9万元，刘云贵没想到这么破旧的玩意儿能值这么多钱，便一口答应了，还签了那份买卖合同。

知道真相后，刘大妈哭得几乎要晕了过去，她紧紧拽着刘菁菁说："闺女，这祖传的衣橱不能流落在外，我跟你爸都对祖宗发过誓，无论如何也要想办法把衣橱找回来啊！"现在该怎么办，大衣橱就真的要不回来了吗？

从医院回家的路上，刘菁菁一直在想办法，正巧遇到了在街头开展公益活动的上海市黄浦区法律援助中心的工作人员，她就上前做了咨询，她只想知道衣橱还有没有要回来的希望，如果还有希望，能否得到相应的法律帮助，法援中心的工作人员当场表示刘云贵不应逃过民事赔偿的责任，根据刘家的情况可以指派法律援助律师承办该案。刘菁菁想着母亲千叮万嘱一定要把衣橱要回来，看来只有起诉这一个办法了！

这时，一件事情的发生让整个事件陷入了僵局。从医院回家三天后，刘菁菁接到了医院打来的电话。刘云贵死了！在他听说自己偷来卖掉的衣橱价值连城后，悔恨交加，病情突然急剧恶化，没多久就走了。听到这个消息刘菁菁和刘家二老都悲伤极了，怎能不伤心呢？毕竟是有血缘关系的一家人啊，可哀伤的情绪过后，刘菁菁再次想到，这衣橱怎么办？哥哥的过世，会不会使家传衣橱的事情更难得到解决了呢?

为了达成父母的心愿，保住这个传家之宝，刘菁菁仔细考虑了一下。在和法援律师商议后发现，现在唯一没有找到答案的问题，就是刘云贵是怎么把衣橱偷走的呢?案发当天究竟发生了什么?为了找到答案，只能从唯一相关的案外人张阿姨身上寻找线索。

在法援律师的陪同下，刘菁菁再次找到了张阿姨。知道刘云贵去世，张阿姨也很伤心，她在刘家这么多年，知道刘大妈对这个儿子是又爱又恨，面对刘菁菁诚恳的眼神，她说出了当天自己见到的情景。大衣橱失窃的那天，张阿姨确实去了菜场买菜。回家的时候就撞见几个人正在搬运大衣橱。当时她往屋里瞧了一眼，自己出门的时候刘大爷和刘大妈还在屋里看电视，此时却不见人了。张阿姨赶忙上前拦着搬衣橱的人，一边还掏出手机准备打给刘菁菁，可还没来得及拨号，手机就被人夺走了。张阿姨抬头一看，竟然是刘家的儿媳妇，刘云贵的老婆赵宁。赵宁一副凶神恶煞的表情，厉声说:“这是我们的家事，你不要来多管闲事。”说完还威胁张阿姨说:“不要把事情说出去，不然有你好看的!你趁早离开这个家，也许以后家里还会出乱子，你走得越远越好!”身后几个在搬衣橱的彪形大汉也不耐烦地跟着起哄起来。张阿姨当场就吓得逃了出去。

张阿姨在刘家已经做了十几年的保姆，虽然刘家的孩子并不知道这红木大衣橱的秘密，但张阿姨是知道的，刘大妈把这衣橱看得比什么都重要。张阿姨也知道刘云贵曾经打过这大衣橱的主意，可没想到他竟然趁老人不在就上门来抢了。她很想告诉刘大妈真相，不说觉得对不起老人家，说了又害怕赵宁将来报复她，这赵宁可不是好惹的，这么多年来要不是她一直在背后怂恿，刘云贵也不至于这么变本加厉地从刘大爷和刘大妈这里要钱。思来想去，她决定还是离开刘大妈家，也算远离了是非之地。

说完，她如释重负地叹了口气，对刘菁菁说:“我一直于心不安，现在总算是说出来了!”刘菁菁听得心里又开始冒火，真亏刘云贵想得出，把家传的宝贝这么折腾。

刘菁菁将这些事情经过告诉了刘大妈和刘大爷，两位老人顿时恍然大悟，事情发生的那天，二老正在楼上刘云贵家做按摩，当时刘云贵特意下来，说自己给二老请了个盲人按摩师傅来，师傅走路不方便，要叫二老去他家享受享受。当时刘大妈和刘大爷还当儿子突然良心发现，没想到竟是个设计好的局。

法援律师了解案情后厘清了思路。这个衣橱如果真像老两口所说如此珍贵，那怎么只卖了9万元呢？沈正良明知老人拒绝出卖衣橱，为何却和儿子刘云贵做起了生意？虽说刘云贵不了解衣橱真正的价值，可沈正良他是做红木生意的，他肯定是识货才上门来要收购的，理应知道衣橱的真正价值。

法援律师向法院提起了确认刘云贵和沈正良之间买卖合同无效的诉讼请求，并且申请评估红木大衣橱的真正价值。整个案件的发生都围绕着大衣橱，这个大衣橱究竟是不是明代的，到底价值多少呢？鉴定结果很快就出来了，结果显示这个红木大衣橱并不是明代的，但是其木材确为上等紫檀，市场价值约60万元，远远超过沈正良出的9万元的价格。得知自己珍藏了一辈子的宝贝并不是明代留下来的文物，刘大妈和刘大爷并没有遗憾，他们一再表示：“这个大衣橱就算只值一块钱，我也要把它保存好，一代代传下去。”

法院最终作出了一审判决，支持了原告的诉讼请求。

大衣橱终于可以回到刘大妈和刘大爷手里了，事情似乎是得到了圆满的解决，但其实不然，沈正良付的9万元必须返还给他，可这钱现在在儿媳妇赵宁手里，她从刘云贵过世后就一直闭门不见人，这会儿却突然出现在了刘大妈家。她不是来还钱的，而是给刘菁菁和法援律师送来了一张字条，说：“这是刘云贵的遗愿，衣橱的事可跟我没关系，以后井水不犯河水了。”说完就走了。遗书上面刘云贵亲笔写着：“拆运变卖红木衣橱之事，均系我刘云贵一人所为，并为此获得了9万元人民币，与赵宁无关。”这张字条等于就是刘云贵的一份声明书，把事情的责任全部揽到了自己身上，彻底撇清了与赵宁的关系。此时，刘云贵已经去世，又留下了这份声明，那么是不是要返还沈正良的9万元就得刘大妈和刘大爷出了呢？赵宁是否就可以不承担法律责任了呢？

当然不是，虽然她当时没有在买卖合同上签字，但结合张阿姨的证言来看，她和这事脱不了关系。退一步说，即使她和买卖衣橱的事情没有关系，9万元作为刘云贵的遗产，赵宁要想继承，也必须先在遗产范围内偿还了刘云贵的债务。既然法院已经判决了刘云贵要返还那9万元给沈正良，那么赵宁就不可能实现继承了。在律师的分析解释以后，儿媳妇赵宁不得不将那9万元还给了沈正良。

传家之宝终于完好无损地回来了，刘大妈和刘大爷悬着的心终于放下了。刘菁菁在那个不争气的哥哥去世以后，搬来和父母同住，方便照顾他们，父母开心才是她最大的心愿。希望刘家的传家之宝失而复得的案例能够带给大家一些启示。

律师点评：

本案中确认买卖合同无效的请求的依据在哪里呢？首先我们知道，红木大衣橱属于刘大爷和刘大妈所有，两位老人都健在的情况下，刘云贵和刘菁菁对衣橱都没有所有权。儿子刘云贵擅自出卖的行为属于无权处分。《中华人民共和国合同法》第五十一条规定：“无处分权的人处分他人财产，经权利人追认或者无处分权的人订立合同后取得处分权的，该合同有效。”而本案中刘大妈和刘大爷明确表示不承认买卖合同有效，且没有任何将衣橱赠予刘云贵的意思表示，因此刘云贵和沈正良签订的买卖合同应当归于无效。站在买家沈正良的角度说，他始终说自己不知道是老人的儿子刘云贵捣的鬼，自己是善意取得。我国民法制度中确实有一项叫“善意取得”，《中华人民共和国物权法》第一百零六条规定了，“无处分权人将不动产或者动产转让给受让人的，所有权人有权追回；除法律另有规定外，符合下列情形的，受让人取得该不动产或者动产的所有权：（一）受让人受让该不动产或者动产时是善意的；（二）以合理的价格转让；（三）转让的不动产或者动产依照法律规定应当登记的已经登记，不需要登记的已经交付给受让人”。其中“善意”是指买受人不知出卖人无权处分，而本案中，沈正良明确知道刘大妈和刘大爷是衣橱所有人，且不愿出卖衣橱，明显不属于“善意”的购买。同时，法律还规定“以合理的价格转让”，刘大妈和刘大爷表示衣橱价值连城，而一直做着红木生意的沈正良仅仅出了9万元就与刘云贵达成了买卖协议，明显是以远低于市场价的价格占了便宜，就更不属于善意取得了。

律师介绍

袁琳，女，毕业于法国高等经济与商业研究学院商业管理专业，复旦大学法学学士，中国人民大学新闻学硕士在读。任职于上海市法律援助中心。上海法治天地频道兼职主持人。担任央视社会与法频道“法律讲堂——法律援助在行动”节目主讲人期间，致力于宣传法律援助工作，让更多的困难群众知晓、了解和获得法律援助服务。

本期节目总编导：杨　晖

编导：赵　钊

虚假的结婚证

推荐单位：北京市法律援助中心

主讲人：北京中勉律师事务所　黄莉凌

关键词　妨碍举证、申请法律援助

2013 年 8 月，法庭正在审理一起要求支付抚养费的案件，作为原告的女方，举着手里的一份结婚证，激动地对法官说：“你们想过吗？这结婚证居然都会有假的！他一骗骗了我四年！孩子就要出生了，他一走了之，他必须受到法律的制裁！”坐在被告席上的男子却一再辩解说：“我跟你根本就没结婚，这结婚证跟我一点关系都没有，你男朋友那么多，凭什么说这孩子是我的，你得拿出证据来，拿不出证据你就是诬告！”面对各执一词而且情绪激动的双方，审理无法继续下去，法官宣布暂时休庭。

这究竟是怎么回事呢？这个女人叫张琳，她是以自己孩子法定代理人的身份向孩子的父亲讨要抚养费的。他们到底结没结婚呢？这孩子究竟是谁的呢？这还得从他们的相识说起。

2009 年是张琳结束在法国酒店管理专业的学习回国后的第二个年头，这一年的 10 月，她结识了王志成，这个改变她一生命运的男人。

那时张琳在成都的一家星级酒店担任客服部经理。一天晚上在她值班的时候，客房服务员报告说，有一位客人好像生病了，让她过去看一下。当张琳赶到房间时，看到一名男子正捂着肚子，痛得在床上直打滚。张琳赶紧让服务员拨打了“120”急救电话，把客人送到医院。因为不放心，她也跟着去了医院。经过医生诊断，这名男子是患了急性阑尾炎，幸亏送医及时，现在需要做切除阑尾的手术。护士对张琳说："家属赶紧去办住院手续吧，手术马上就开始了。"张琳想解释自己其实并不认识他，可是一想情况紧急，先救人要紧，于是张琳就替他交了住院押金，办好了手续。这时她才知道，这名男子名叫王志成，36岁，北京市人。

手术很顺利，五天之后王志成就出院了。出院之后的王志成回到酒店，跟服务员说他要见经理，把住院的押金还给她，还要当面表示感谢。当王志成见到张琳之后，他没想到张琳这么年轻漂亮，非拉着张琳一起吃饭。吃饭时张琳了解到，王志成在北京有一家公司，最近是因为一个项目到成都来出差，项目谈成后，可能会长驻成都。没想到一个人出门在外突然生病，王志成说："幸亏您及时把我送到医院，否则我的小命就没了，张经理您可是我的救命恩人啊。"张琳觉得王志成言重了，自己做这些也都是应该的，她觉得这个男人事业有成，还风趣幽默，两人聊得很愉快。

聊天中王志成得知30岁的张琳至今孑然一身，说到这些时，王志成在张琳眼里看到了几许落寞。

接下来的一个月里，王志成每天都殷勤地追求张琳。每天晚上都等着张琳下班，一到休息就约她出去看电影、逛街……

一天，王志成兴奋地告诉张琳，他们公司成功打败竞争对手，拿到了成都的这个项目，他将在成都长驻。同时他向张琳表白了他的感情，通过一个多月的交往，张琳觉得王志成事业有成，对自己又很关心，稍加思考之后就答应了他的追求，两人确定了恋爱关系。

王志成总住酒店也不是长久之计，两人先是租房开始了同居生活，之后为了支持王志成的企业做大，张琳放弃了自己的事业，辞职在家全身心做起了贤内助，帮他打理公司的事务。

时间一晃，他们在一起有两年时间了，小日子过得很甜蜜，王志成时不时地北京成都两地跑，业务也是蒸蒸日上。这期间张琳曾经三次怀孕，王志成说他们事业刚起步，需要共同奋斗，希望张琳把孩子做了。

时间长了，张琳很奇怪王志成怎么总是不提结婚的事呢？2012年5月，快到张琳的生日了，王志成问张琳："你生日快到了，想要什么礼物？我送给你。"张琳说："我想要结婚证！"一提结婚的事儿，王志成愣了一下，接着他说："我的户口本还在北京，咱们得去北京办。你看，现在公司这么忙，走不开啊，等过一阵子再说吧。"看着王志成总说过阵子、过阵子，张琳脾气上来了，说："如果我生日之前咱俩不领证就分手，你看着办吧。"这下，可为难了王志成，接下来的几天，张琳对王志成都是不冷不热的。这天王志成兴冲冲地告诉张琳，他有一个同学在北京民政局，只要他们把材料寄回去，他就能帮他们把结婚证办好，再给他们寄回来。这样既满足了张琳的愿望，又不耽误工作，岂不两全其美。

王志成拉着张琳去照相馆拍了一张结婚照，没过几天，王志成果然拿回两本结婚证，盖着民政局的章，还说，就是有人好办事啊。而结婚证上的结婚日期正是张琳的生日——6月6日。

王志成说："我们先领了证，公司的事务也确实分不开身，等将来有空了，好好操办一下婚礼，咱们再出国玩一趟补度蜜月。"张琳也就同意了。趁着高兴劲儿，张琳拉着王志成又拍了一套婚纱照，小范围地宴请了张琳的父母和身边一些亲戚朋友，等将来好好筹备之后再办正式的婚礼。

日子又一天一天过去了，2012年10月，张琳发现自己又怀孕了。当她兴高采烈地告诉王志成这个消息时，王志成的反应却让她很失望。王志成又劝她把孩子做掉。张琳这回怎么也不同意："以前是没结婚，现在我们也领证了，虽然没办酒席，但在法律上就是合法夫妻了，再说我们年龄也都不小了，之前几次人流对身体伤害也很大，再不要这个孩子，怕是以后想要都不容易了，这次说什么我也不做！"

看着张琳这么坚决，王志成没办法了。但是从那以后，张琳总觉得王志成心不在焉，眼看张琳的肚子一天一天大起来，可孩子的准生证还没办呢。张琳总催王志成，这事不能耽误，回头孩子上户口都是个麻烦。

转眼到了年底，公司在成都的项目也圆满结束了，王志成对张琳说："我回去托人办准生证，你行动不方便，就在家里安心养胎吧。"于是，王志成一个人回了北京。王志成总说公司里的事特别多，特别烦心，这段时间少打电话吧。打那儿以后，张琳再也没有接到他的电话，打过去也总是关机。时间一长，张琳急了，王志成不会遇到什么意外了吧？

就在张琳心急如焚的时候，她收到了王志成的一条短信，他说："张琳，你别找我了，我们一直是非法同居，我现在不想回成都了，我想回到原来的生活状态。孩子你最好还是做掉吧，免得拖累你。"

这是怎么回事？张琳怎么看不懂这条短信啊，我明明领了结婚证，怎么叫非法同居？！一起生活了近四年的时间，什么叫想回到原来的生活状态？！张琳快急疯了，拼命拨打王志成的电话，可王志成的手机一直都是关机状态，而办公室电话也无人接听。

张琳细想起来，和王志成认识、交往、结婚这段时间，自己对他了解的还真是不多，王志成从来没带自己见过他的父母，没见过他的亲戚、朋友，没去过他在北京的家，张琳突然觉得自己太粗心大意了。王志成到底想干什么？就算不想要这个孩子也犯不着说他们是非法同居啊！这样一个大活人，怎么一下就人间蒸发了呢？

这时的张琳已经怀孕七个多月了，行动十分不便。在极度焦虑中，张琳早产了，生下一个男孩。直到孩子出生，王志成也没和张琳联系。

孩子因为早产，生下来时体重才三斤多，一出生就被送进医院的保温箱。孩子的出生转移了张琳全部的注意力，二十多天后，在张琳的祈祷下，孩子能够自主呼吸了，体重也增加了，终于离开了保温箱，转到了普通病房。可是正当张琳准备接孩子出院时，医生又告诉她一个不幸的消息，经过检查，孩子患有早产儿视网膜病变，这种病既非先天性，也非遗传性疾病，它完全是因早产或产后吸氧而致病，如发现早，治愈率很高。但手术治疗得分几个阶段，婴儿出生6至8周是第一阶段的最佳治疗时期，之后孩子三岁之前还要进行后续治疗，否则孩子以后极有可能会失明。

这个消息对于张琳无异于雪上加霜，张琳目前又没有其他生活来源，她如何承担昂贵的医疗费用啊。可不管怎么样，孩子的健康是最重要的。在张琳父母家人的支援下，终于完成了孩子第一阶段的治疗手术。孩子出院后，张琳下定决心去北京当面找王志成问个究竟。

可是北京那么大，她上哪儿去找啊？王志成走时带走了他所有的身份证件。突然张琳想起来，当初为了帮王志成办银行卡，她复印过王志成的身份证，当时因为照片不清楚，多印了一张，那多余的复印件应该还留着，好像夹在一本书里。果然，她在本书里找到了那张复印件。2013 年 3 月，张琳揣着他们的结婚证来到北京，按照身份证上的地址，她找到了那个小区，可是小区的保安说她既不是业主也不知道业主的电话，怎么说都不让她进去。她只好守在小区门口，看着过往的行人。这天下午六点多，那个熟悉的身影终于出现了，她猛然冲上去，却发现他居然还领着一个背着书包的小女孩。看到张琳突然出现在眼前，王志成慌了，呆在那里。旁边的孩子说："爸爸，怎么不走了？"

张琳指着那孩子歇斯底里地对他喊道："这到底是怎么回事？你给我说清楚！"

在张琳的一再追问下，王志成断断续续地作了解释。张琳这才知道，王志成早已经结婚了，刚刚见到的小女孩就是他的女儿，今年 8 岁了。当初王志成去成都做项目时认识了张琳，他说他跟张琳在一起很幸福，可时间一长张琳催婚催得紧，王志成觉得这关系维持不了多久时，一个办证刻章的垃圾短信提醒了他，他就找人做了个假的结婚证来骗张琳，所以王志成才说他们之间是同居关系，而王志成并不想让张琳生孩子，所以他以各种理由让张琳把孩子做掉，但没想到有了这张假的结婚证之后，这次张琳执意要生下孩子，孩子要生下来，又要准生证，又要上户口，一系列的麻烦事，他觉得快瞒不下去了，所以一走了之。张琳这才恍然大悟，这三年多来，原来自己从开始就一直生活在一出骗局当中！

当王志成听说孩子生了下来，并且还有先天不足，就说："我说了别生吧，你非得要生，你要生的，你自己负责吧，我可不管！"张琳明白了，如果不是自己坚持要生孩子，可能王志成还会继续骗下去，维持家外有家的生活。张琳愤怒了："你这人怎么这么无情无义，你说不管就不管，我上法院告你去，我绝对不能饶了你。"

话虽这么说，可是这几年的生活加上孩子的病已经耗尽了张琳全部的积蓄，孩子还有后续的治疗，王志成如今又翻脸不认账，谁能帮助她呢？

张琳哭着找到了北京市妇联，妇联的同志听了她的遭遇，鼓励她一定要拿起法律的武器来捍卫自己的权益，妇联的同志带她来到了北京市法律援助中心，援助中心的律师接待了她，张琳见到律师后，拿出那个结婚证，不停地感慨："没想到这结婚证也会有假的。"

律师告诉张琳，根据《中华人民共和国婚姻法》第八条的规定：要求结婚的男女双方必须亲自到婚姻登记机关进行结婚登记。符合本法规定的，予以登记，发给结婚证。取得结婚证，即确立夫妻关系。正是因为张琳听信了什么有人好办事的谎言，才让王志成有了可乘之机。对于张琳与王志成共同生活的三年多，在法律上就是认定为同居关系，王志成对张琳没有任何法律的义务。但这个孩子，是王志成的非婚生子女，根据婚姻法的相关规定，非婚生子女与婚生子女享有同等的法律地位，王志成应当承担相应的抚养义务。

根据《北京市法律援助条例》第九条的规定："公民对下列需要代理的事项，因经济困难没有委托代理人的，可以向法律援助机构申请法律援助：……(四)请求给付赡养费、抚养费、扶养费的；……"援助中心可以帮她打这个追讨抚养费、医疗费的官司。

张琳说："他这样欺骗我，对我就没有一点补偿吗？法律上对他就没有任何制裁吗？"

律师解释，根据张琳介绍的情况，王志成的行为涉嫌重婚罪和伪造国家证件罪，应当承担相应的刑事责任。所以，张琳可以以孩子法定代理人的身份要求王志成支付抚养费的民事诉讼，同时，为了追究王志成的刑事责任，张琳可以一方面向公安机关举报王志成伪造国家证件的行为，另一方面向人民法院提起王志成涉嫌重婚的刑事自诉。

就这样，在律师的帮助下，张琳分别启动了民事诉讼和刑事诉讼的程序。王志成在接受公安机关的讯问之后，办理了取保候审手续。他回家后发现自己已无家可归了，他妻子已经带着孩子回了娘家，并向法院起诉要求离婚。而他的合作伙伴也不再相信他的信誉，纷纷要求终止合作，公司业务陷入瘫痪。

2013 年 8 月，法院开庭审理了张琳起诉要求给付抚养费、医疗费的民事案件，张琳向法庭提交了那份假的结婚证、自己以前做人流手术时王志成的签字、孩子的出生证明、诊断证明以及孩子的第一阶段治疗的相关花费的票据等。

可是在法庭审理过程中，王志成矢口否认有什么假的结婚证，更不承认那孩子是自己的，他说自己和张琳只是性伴侣，根本不存在婚姻关系，当初张琳做人流手术时，自己只是出于朋友帮忙才签的字，他更编造说张琳同时与好几个人交往，而这个孩子根本不是自己的，再说这孩子全部出生手续上都没有他的签字，张琳这么告他是希望制造舆论，达到讹诈钱财的目的。

张琳没想到王志成这么翻脸无情。真的假不了，假的真不了。她的律师向法院申请要求进行王志成与孩子之间的亲子鉴定，来判断他们之间是否有血缘关系。律师提出这个申请，让王志成慌了神，他执意说这孩子跟他没任何关系，民事诉讼中不是说谁主张谁举证吗？张琳作为原告得拿出证据来证明这孩子是他的，他没有义务配合鉴定。这让案件的审理陷入了僵局。王志成不配合，张琳就没办法了吗？

律师指出，王志成的行为属于举证妨碍，什么是举证妨碍呢？举证妨碍又称证明妨碍，是指不负举证责任的当事人通过作为或不作为的方式，使负有举证责任的当事人不可能提出证据，导致待证事实无证据可资证明，形成待证事实真伪不明的情形。《最高人民法院关于民事诉讼证据的若干规定》第七十五条规定："有证据证明一方当事人持有证据无正当理由拒不提供，如果对方当事人主张该证据的内容不利于证据持有人，可以推定该主张成立。"

在索要抚养费的案件中，是否存在亲子关系是判断是否应当承担抚养责任的关键。如果被申请人拒绝做亲子鉴定，导致亲子关系无法确认的，应当推定对其不利的事实成立。但应当严格掌握以下条件：首先，提出申请的一方应当是亟待抚养和教育的非婚生子女或与非婚生子女共同生活的父母一方；其次，提出申请的一方已经完成了与其请求相当的证明责任；再次，被申请人提不出足以推翻亲子关系存在的证据；最后，被申请人拒绝做亲子鉴定。只有同时具备上述条件，才能推定对其不利的事实成立。

在本案中，张琳已经出示了其与王志成以夫妻名义长期共同生活的相关证据，而孩子才刚出生，需得到抚养和教育，王志成也没有提出任何足以推翻他与孩子之间亲子关系存在的证据，只是一味地拒绝做亲子鉴定，王志成的行为已构成举证妨碍，法院应当推定其亲子关系成立。

2013年11月，法院作出判决，最终法院采纳了代理律师的意见，判定王志成与孩子之间亲子关系存在，王志成应当每月向孩子支付抚养费1000元，对于已经发生的医疗费王志成应负担一半，后续发生的医疗费用，待实际发生时可由张琳另行主张。

就在张琳拿到这份判决书没多久后，王志成涉嫌重婚罪和伪造国家证件罪的刑事案件也作出宣判。法院认为：被告人王志成已有配偶，为达到与张琳共同生活的目的，伪造其与张琳的结婚证，并与张琳以夫妻名义共同生活并参加各种活动，其行为侵犯了我国一夫一妻的婚姻制度，侵犯了国家机关的正常管理活动和信誉，被告人的行为符合我国刑法关于重婚罪、伪造国家证件罪的构成要件。故判决王志成犯重婚罪，判处有期徒刑一年；犯伪造国家证件罪，判处有期徒刑一年，决定执行有期徒刑一年零九个月。

律师点评：

婚姻法赋予每个公民婚姻自由的权利，也严格规定了办理结婚的实质要件和形式要件，可是我们还是看到很多因为冒领结婚证、代领结婚证而引发的各种纠纷，结婚不是儿戏，我们应当慎重对待。同时我国法律明令禁止重婚，重婚行为是对我国一夫一妻婚姻制度的破坏，对人对己对社会都有很大的危害性。

律师介绍

黄莉凌，女，中国政法大学民商法硕士，北京中勉律师事务所合伙人。北京市律师协会公司法专业委员会委员。中央电视台《法律讲堂》栏目资深主讲人，多家媒体法律点评专家。执业十余年，主要业务领域为：婚姻家庭法律事务、公司治理与风险防范、房地产开发和建设工程。

本期节目总编导：杨　晖

编导：杨　晖

“骚扰”女下属，人财两失

推荐单位：上海市松江区法律援助中心

主讲人：上海市诚至信律师事务所　李辉

关键词　法律责任竞合、侵权责任、人身损害赔偿

这是一个初夏的夜晚，十一点多钟，南方某城市，一个五星级酒店，酒店客人大都已经入睡了，夜色非常宁静。突然，一个房间里传来女人的大声喊叫：“你放开我，你放开我，你这个混蛋！”接着，好像有什么东西被撞倒在地上，发出“咣当”一声巨响。不少酒店客人被这突如其来的声音惊醒了，大伙儿纷纷打开门，往走廊里张望，想弄清楚到底发生了什么？就在这时，一个年轻的女孩从801房间冲了出来，她衣衫不整、头发凌乱，还带着满脸的怒气，慌慌张张地跑进了走廊尽头的另一个房间。过了一会儿，801的房门，被人从里面给关上了。这是怎么回事儿呢？大伙儿你看我，我看你，胡乱猜疑。“会不会是小两口在吵架啊？”“不可能，不可能，要是小两口，干嘛开两个房间啊？”“嗯，我看也不像，肯定不是小两口，也不像是谈恋爱，要是谈恋爱的话，那男人还不得赶紧追出来啊，哪儿能窝在房间里不敢露头呢！”大伙儿是七嘴八舌，议论纷纷。毕竟都是住酒店的客人，彼此之间也不熟，聊了一会儿也就准备散了。就在这个当口儿，警察和酒店保安来了。他们先是进了801房间，几分钟后，把里面一个四十多岁的男人带了出来，然后又走到走廊尽头，敲开了另一个房间。大伙儿见到刚才夺门而出的那个女孩儿，拖着行李，也跟着他们一起走了。

这一下，大伙儿再也没有了睡意。一名警察还专门留下来向他们了解情

况，把大家听到的、看到的都做了笔录。

这个男人是谁呢？这个年轻的女孩子又是谁？她为何会在深夜出入这个男人的房间呢？警方又为何要带走这个男人？这一切还要从被带走的这对男女的身份讲起。

经过警方初步调查，男人名叫陆峰，今年 45 岁，是某投资集团的总经理。女的名叫杨婷，是陆峰所在公司最年轻的部门主管。也就是说，陆峰和杨婷是上下级关系。熟悉陆峰的同事都知道，身为总经理的他能有今天，多亏有个好岳父。陆峰和妻子岳莉莉是大学同学，莉莉长相一般，学习也很一般，在大学里不显山不露水。可是，莉莉有个好爸爸，她的爸爸岳天在投资行业是一言九鼎的人物。来自小县城的陆峰为了追莉莉，大学毕业后，自愿入赘到岳家来，并且许诺，将来有了孩子就让他姓岳，做老岳家的人。岳家父母最终同意了他们的婚事。入赘后，岳父把陆峰当儿子一样看待，不仅为他安排了投资行业的工作，还用自己的人脉关系给他铺路搭桥，直到陆峰登上了总经理的位置。现在陆峰和莉莉有一个聪明可爱的儿子，陆峰在投资界也混得有头有脸，可谓家庭事业双丰收。

再说这杨婷，不仅学历高，在国外留学多年，人长得也漂亮。秀气的鹅蛋脸上，一双明亮的大眼睛，娇俏的鼻子，饱满的红唇，一头秀发，窈窕身材，在公司里那是一道亮丽的风景线。两年前，杨婷获得博士学位回国，正赶上陆峰主持公司招聘，杨婷凭借她的聪慧，过五关斩六将，成了陆峰的部下。

陆峰和杨婷，此次入住这家酒店，是为了参加第二天在这个酒店举办的全国投资行业峰会。全国投资行业峰会，一年举办一次，作为投资行业的年度盛会，知名的行业企业都会参加。陆峰还是本届峰会的开场嘉宾。主办方对他的出席很重视，陆峰和杨婷的飞机一落地，主办方就派车把他们接到了酒店，并为他们举办了接风盛宴，喝了不少的酒。直到晚上 11 点，陆峰和杨婷才回到了各自房间。没想到半夜竟出了这样的事。

那么，这天晚上在 801 房间里究竟发生了什么呢？

据杨婷跟警方描述，她和陆峰参加完接风盛宴后，自己回到房间，正准备洗个热水澡休息，就接到了陆峰的电话："杨婷啊，你把明天峰会上我的开场发言稿送到房间来，我要熟悉一下。"放下电话，杨婷犹豫了，心想太晚了吧？这么晚了孤男寡女的总不太好。但回头又一想，她觉得自己想多了，陆峰毕竟是上司，再说明天的场合确实很重要，陆峰需要好好准备。于是，杨婷拿着发言稿来到了陆峰的房间。没想到，一进门就被陆峰抱住了。"婷婷，我喜欢你很久了，你就跟了我吧"，满身酒气的陆峰边说边要强行亲吻杨婷，还把杨婷往床边带。杨婷是又急又气，奋力挣扎。没想到越挣扎，陆峰抱得越紧了。杨婷无奈，只得一边挣扎一边大喊："你放开我，你放开我，你这个混蛋。"挣扎时撞倒了床边的茶几，发出"咣当"一声巨响，最后挣脱了陆峰，夺门而出。

逃回房间的杨婷，手脚发软，后怕不已。好不容易平复下来，却又陷入了激烈的思想挣扎。她不知道自己该怎么办。是报警，让这个坏蛋受到法律的制裁，让他为自己的行为付出代价？还是吃个哑巴亏，隐忍下来，假装什么也没有发生？毕竟陆峰位高权重，这件事传开了对自己的名誉和工作也没有好处！杨婷犹豫不决。她不敢告诉父母，父母年龄大了，妈妈心脏又不好，万一担心过度，身体受不了。最后她拨通了男朋友张毅的电话。张毅是杨婷在国外留学期间的同学，现在也在国内一家知名企业就职。听完杨婷的哭诉，张毅非常愤怒，他鼓励杨婷："婷婷，马上报警！如果不报警，他还会伤害你！不要怕，我明天就过来陪你，所有问题我们一起面对。"听了男友的话，杨婷放下了最后一丝心理负担，拿起电话，拨通了"110"。警方以涉嫌猥亵带走了陆峰，杨婷也跟着到派出所说明情况。

杨婷没想到的是，陆峰一到派出所，立马就来了个猪八戒爬墙头——倒打一耙："你们凭什么抓我？我没怎么着杨婷啊，是她勾引我的，我喝了那么多酒，面对美女投怀送抱，我就是把持不住，怎么啦？这你们警察也管得着吗？"

双方各执一词，谁说的才是真相呢？

警方在询问杨婷的时候，发现她右耳的耳环掉了，耳垂被划出了一道血痕。警察来到了陆峰的房间再次勘查，在床底下找到了那只掉落的耳环，在耳环和床单上还发现了几丝血迹。警方又调取了酒店的录像，录像清楚地显示出杨婷手拿发言稿敲开陆峰的房门，以及后来杨婷夺门而出的场景。酒店8楼的其他住客也已指证，他们看到了杨婷从801房间冲出来，也听到了杨婷的喊叫声。面对警方的证据和杨婷的指控，陆峰不得不交代了事情经过。

原来，陆峰是杨婷入职时的面试官。陆峰虽然娶了一个有钱的老婆，可是打心里不喜欢老婆那张平淡无奇的脸。陆峰觉得，当年不过是人穷志短没办法，现在自己已经不是当年的“穷小子”了，现在是要钱有钱，要地位有地位，家里红旗不倒，家外彩旗飘飘。就这样，面试时陆峰见到漂亮的杨婷，一眼就看上了。杨婷一入职，陆峰就把她安排到了自己的直属部门。杨婷上班后，陆峰发现这个女孩子了不得，她不只是漂亮，还聪明、能干。她入职不到两年，就升了三次职。陆峰对杨婷关注越多，对杨婷的喜欢就越控制不住。但是，陆峰清楚自己已经结婚，他和杨婷不可能有正常的恋爱交往。不过陆峰觉得自己有权、有钱、有魅力，杨婷又在国外留学多年，肯定性格开放，他觉得最好的结果就是把杨婷变成自己的情人。在日常工作中，陆峰苦于没有合适的机会，一直不敢轻举妄动。这次行业峰会让他觉得机会来了。主办方为他们举办的接风盛宴，更是让陆峰感到，真是想睡觉的时候有人递枕头、想喝酒了有人递杯子——正中下怀！他一定要借这个晚宴达到“俘虏”杨婷的目的。所以，晚宴上他对主办方的敬酒，那是来者不拒，还多次找借口让杨婷回敬主办方几杯，就是想借着酒劲儿，和杨婷发生点儿什么。所以回到酒店，就发生了开头时他借口让杨婷送发言稿到房间来，强行与杨婷亲热的那一幕。但是陆峰千算万算，却没想到杨婷虽然在工作上泼辣大胆，在感情上却非常专一。他更没想到，事发后杨婷居然敢报警。事情发展脱离了他的控制。

警方认定陆峰的行为已经构成了猥亵女性，对陆峰作出了行政拘留十日的处罚。

陆峰和杨婷都没能出席第二天的投资行业峰会。陆峰这个开场嘉宾连个招呼都不打就不见了，主办方临阵换将，手忙脚乱。对于陆峰为何没能出席峰会，参会代表说什么的都有，同住8楼的代表更爆料说他们看到警察把陆峰和杨婷带走了，这一下陆峰和杨婷的事情就像长了翅膀，在峰会上被传得沸沸扬扬，一下子成了行业最热闹的八卦话题。

由于没能参加会议，回到公司后，杨婷马上向公司领导汇报了事情经过，要求公司对陆峰的行为作出处罚，可是公司迟迟没有答复。陆峰在拘留结束后，也回到了公司上班。公司碍于陆峰岳父的影响力，没有对陆峰的工作做出调整。杨婷仍然和陆峰在同一个办公室，仍被陆峰呼来喝去，这让杨婷快崩溃了。不仅如此，杨婷还发现同事们看她的眼神也变了，不管她去哪儿都有人指指点点的。原来陆峰回来后逢人就说，杨婷作风不正，为了升职勾引他。杨婷愤怒之极，百口莫辩！更让她没想到的是，两周后公司领导找她谈话，谈话的内容居然不是处分陆峰，而是要调动杨婷去新加坡工作。

杨婷非常不满。她认为，公司如此无视女职工的权利，包庇和纵容陆峰。同事们不明真相，见了她都躲着走，她简直成了现代版的“潘金莲”！她觉得自己太委屈了，平白受了欺负，名声还受到损害，现在公司要把她调走，就等于是坐实了陆峰散播的谣言。既然公司不肯为自己主持公道，杨婷决定打官司。她要告陆峰，也要告公司，告陆峰侵害她的人身权利，告公司不履行保护女职工工作安全的义务。

打官司？这事儿可非同小可。这官司一打起来，陆峰被拘留的事儿就瞒不住了，公司的形象也会受到损失。公司高层坐不住了，派了一名董事出面组织陆峰和杨婷进行调解。他们让杨婷提出赔偿方案，只要合理，就让陆峰接受。将这件事大事化小，小事化了。

公司以为杨婷最多要个十万八万元的赔偿就顶天了，没想到杨婷一开口，就索赔一百万元。“一百万？你怎么不去抢劫？”陆峰一拍桌子跳起来说：“还说不是为了钱！装什么清高！”说完拂袖而去，两人的调解不欢而散。公司也认为杨婷是狮子大开口。那么真的是杨婷在“敲竹杠”吗？不是！杨婷算了一下，就目前情况来看，她在公司是待不下去了，她和陆峰的事在行业内也传得沸沸扬扬。她要想平静地工作，肯定是要转行的。这样一来她不仅要失去现在的工作，没了收入，还要增加支出去培训学习新的专业，两三年内她是很难成功转行的。所以，按照她现在每个月3万元的收入计算，再加上她重新学习的费用，这两三年她确实是要损失一百多万元的。

调解不成，公司的人事主管找到了杨婷，建议她离职。人事主管很清楚杨婷受到了不公正待遇，但公司没办法，为了公司利益，公司其他领导难以处分陆峰。公司主动提出如果杨婷辞职，公司愿意给她超额的经济补偿。杨婷考虑再三，接纳了公司的建议，拿了60万元的补偿金，离开了公司。

那么，离职后，杨婷的处境变了吗？没有！

不出她所料，离职后她在投资行业找不到工作了。面试时人家都会问她："你为什么离开上一家公司啊？你在陆峰手下具体做什么呀？上家公司给了你巨额的经济补偿吧？他们为什么给你那么多钱？"这哪里是面试，分明是羞辱！几次求职下来，杨婷精神崩溃了。整个人变得抑郁、痛苦、晚上睡不着，迅速消瘦下来。男友张毅带她去精神科就诊，医生认为："她的精神极度紧张脆弱，猥亵这件事给她造成的精神伤害还在持续，如果治疗不充分，她很可能在以后的工作中都无法与男同事安心相处，长期下去还会影响她的家庭幸福。"

张毅接受了医生的建议，劝说杨婷先不急着找工作，带她来到南方一个陌生的城市休养。张毅安顿好杨婷后就回去工作了，一有时间就赶过来陪她，但杨婷迟迟没能走出这件事的阴影。

张毅甚至开始后悔，他常常问自己："当时是不是不应该鼓励婷婷报警？是不是当时咽下这个哑巴亏，现在就没事儿了？"可是，张毅觉得不会，如果当时不报警，陆峰也不会受到行政拘留的处罚，他只会变本加厉更加嚣张，婷婷会受到更多的伤害。

看着女朋友沉浸在痛苦里，张毅非常难过，他发誓一定要让陆峰受到法律的制裁。只有这样才能恢复婷婷的名誉，让她重拾信心，恢复健康。

可是张毅想归想，却不知道该怎么办。他听人说打官司是要有证据的。他到哪儿去收集证据呢？张毅为了婷婷的事情一筹莫展。就在这时，一个女人的出现让事情有了转机。

一天上午，张毅接到了一个陌生女人的电话：“你是杨婷的男朋友张毅对吧？”张毅愣住了，问对方是谁？有什么事情吗？对方说：“你不要管我是谁，我打你的电话是为了你的女朋友杨婷，我可以和你聊聊陆峰的事。”这个女人还主动加了张毅的微信，给他发了个见面的时间和地点。为了婷婷，张毅决定前往。

原来这个女人叫周琳，是陆峰前任秘书。周琳说她在陆峰手下工作时，曾多次受到陆峰的性骚扰，陆峰给她发过骚扰短信，打过骚扰电话，发过骚扰视频，还在办公室对她动手动脚。可她和婷婷不同，她家境贫寒，这份工作对她来说太重要了，为了保住工作她忍气吞声。但她的退让换来的反而是陆峰的得寸进尺，陆峰更加明目张胆，甚至连续几个晚上以陪客户为借口要求她陪着陆峰到深夜，再这样下去后果不堪设想，不得已她跳槽到了别的公司。这几天，她偶然遇到原来的同事，才知道了杨婷的事情。她愿意把所有的证据都提供给杨婷，让陆峰受到法律的制裁。

在和周琳见面之后，张毅坚定了帮助杨婷起诉陆峰的决心，并安慰杨婷放下包袱，坚强起来，面对男友的支持和鼓励，杨婷最终决定起诉陆峰。

这天，张毅在小区的宣传栏看到了区妇联的介绍，就带杨婷来到了妇联寻求帮助，妇联为他们联系了法律援助中心，希望援助中心能够帮助杨婷维护女性的合法权益。法援律师接案后，调取了陆峰猥亵杨婷行政处罚案件的卷宗材料，并收集了这件事通过峰会传播的证据以及陆峰颠倒黑白污蔑杨婷名誉的证据，代杨婷提起了民事侵权诉讼。庭审过程中，经法院委托，医疗机构对杨婷的精神状况进行了司法鉴定，认为杨婷的精神抑郁状况源于陆峰对她的猥亵，陆峰颠倒黑白的言行更是加深了对她的伤害。法院结合杨婷提交的证据，以及陆峰多次骚扰女下属的事实，认定陆峰的行为严重侵害了杨婷的身心健康，应当承担侵权责任，依据《中华人民共和国侵权责任法》和

《最高人民法院关于审理人身损害赔偿案件适用法律若干问题的解释》的相关规定，判令陆峰向杨婷公开书面赔礼道歉，并赔偿物质和精神损失三十余万元。

可是，陆峰不是已经被拘留过了吗？怎么还要承担赔偿责任呢？

这就涉及了我们要讲的法律知识：法律责任竞合。法律责任竞合，是指一个行为既违反了民法，又违反了行政法或者刑法，因此同时产生民事责任、行政责任或者刑事责任。

《中华人民共和国侵权责任法》第四条规定："侵权人因同一行为应当承担行政责任或者刑事责任的，不影响依法承担侵权责任。"

也就是说，民事、行政和刑事责任作为三种不同性质的法律责任，各有它们的发生根据和适用范围。不能因为承担了行政责任或刑事责任，就免除民事责任。

本案中，陆峰的猥亵行为不仅触犯了《中华人民共和国治安管理处罚法》，理应受到行政拘留的处罚。更是侵害了杨婷个人的人身权利，也给杨婷造成了精神伤害，其后颠倒黑白的言行更加深了对杨婷的伤害，因此理应承担赔礼道歉、赔偿物质和精神损失的民事侵权责任。

陆峰败诉了，事情的黑白得到了还原，杨婷终于等来了公正的判决。但事情到此并没有结束。陆峰事业上的成功多半是依靠岳父的提携。陆峰猥亵杨婷事件案发后，他一直害怕莉莉知道真相，所以他拒绝向警方提供家人的实际居住地址，公司也帮着他隐瞒被拘留的事实。但陆峰没想到，杨婷起诉后，法院把受理通知书、起诉状、证据材料、开庭传票等都寄到他家里来了。被蒙在鼓里的妻子莉莉这时才知道，老公居然是个经常骚扰女性的衣冠禽兽。

莉莉再也不想和陆峰过下去了，她向法院起诉离婚，并把杨婷案件中的证据材料作为陆峰对婚姻存在过错的证据提交给法庭。最后，法院判决准予离婚，孩子判归莉莉抚养，一多半的财产都判给了莉莉，陆峰只拿到了很少的一部分。

莉莉的父亲对陆峰更是失望至极，他亲自打电话给陆峰公司的董事长，告诉他陆峰已不再是他的女婿。陆峰很快失去了他总经理的职位。

陆峰玩弄女性自视聪明的做法，最终人财两失，赔了夫人又折兵。

律师点评：

猥亵、性骚扰，这是多么可怕的字眼！如果我们说陆峰的猥亵行为是对杨婷的第一次伤害，那么后来他对杨婷名誉的诋毁，公司对陆峰的包庇、纵容，不明真相的同事对杨婷的指指点点就构成了对杨婷的第二次伤害。杨婷的维权之路走得无比艰难曲折，男友张毅以爱和包容给了她巨大的精神支撑，我们社会也应为她提供更多的帮助和支持。法院的判决让陆峰付出了应有的代价，也让我们看到司法的公平、正义就在身边。

律师介绍

李辉，女，上海市诚至信律师事务所合伙人，日本神户大学法学博士，上海市律师协会文化传媒业务研究委员会委员，华东政法大学兼职教授，上海松江区多家政府机构的法律顾问，中央电视台《法律讲堂》节目主讲人，多家杂志撰稿人。李辉律师从事法律援助工作多年，并常为政府机关、企事业单位、社区居民开展公益法律讲座，普法、讲法。主要业务领域为：婚姻家庭法律事务、公司治理与风险防范、文化传媒企业法律服务、政府机构法律服务。

本期节目总编导：杨　晖

编导：杨　梅

一张收条惹的祸

推荐单位：北京市法律援助中心

主讲人：北京中勉律师事务所　崔保国

关键词 民事行为能力、证据规则

2013 年 4 月初的一天上午，北京市某区人民法院的执行庭里，高法官正在接待一位名叫王大力的中年男子，高法官对王大力说："我们已经找到被执行人了，可是人家说，你儿子王海已经把全部执行款都领走了，这是怎么回事啊？"王大力一脸疑惑地说："不可能啊，我们要是把钱领走了，还找法院执行什么呢？"高法官说："那你看看这张收条吧。"说着递给了王大力一张纸条，接过纸条王大力仔细地看了起来，只见纸条中写到，今收到贸易公司刘文学交来交通事故赔偿款人民币 17 万元，收款人王海，2013 年 3 月 7 日。看过收条以后，王大力彻底糊涂了，自己的儿子从来没说过收过人家钱啊？高法官见状便对王大力说："您还是先回去吧，您问一下王海，这张收条是不是他写的？这钱王海到底收了没有？问清楚以后您再过来找我。"

这是一起怎样的交通事故？这起执行案是如何提起的呢？我们还要从王海遭遇的那场车祸说起。

王海是王大力的独生子，1996 年 10 月出生，2012 年 9 月，王海从陕西农村考入了北京的一所中等专业学校学习，开学后第三天的下午，王海下课后与几个同学相约到学校外面的超市购物，可就在王海正常穿越超市前面的人行横道时，一辆小客车突然从王海的左侧疾驶而来，直接将王海撞飞出去。事故发生后，同学们很快把王海送到了医院抢救，经过医生检查，王海的三根肋骨骨折，同时还出现了血气胸，最重的伤是脾破裂需要切除，事故发生后的第10天，交通队出具了交通事故认定书，交通队认定，事发当时小客车司机闯红灯，并且超速驾驶，对本次交通事故承担全部责任，王海无责任。

突如其来的车祸给王海一家人造成了经济上和精神上的双重打击，一个16岁的花季少年，在一场交通事故中重度伤残，这对于任何家庭来说都是难以接受的，王海的父母省吃俭用，含辛茹苦地供孩子上学，就是希望王海能早日学有所成，现在一个本来很健康的孩子，受到如此大的伤害，这对于一个本来很贫困的家庭来说，无疑是雪上加霜。在交通队为事故双方进行调解时，肇事司机刘文学说，自己是一家贸易公司的员工，自己开的车也是贸易公司的车，而且这辆小客车除了交强险之外，没有再投保其他的商业保险，贸易公司现在愿意赔偿，但是因为经营困难，暂时无力支付任何赔偿款项。

王大力为了给儿子看病，已经将家里的全部积蓄5万元都交到了医院，可医院说医疗费需要10万元，为了早日得到赔偿，在好心人的提醒下，王大力便来到了北京市法律援助中心，向法律援助中心提出了法律援助申请，法援中心的工作人员经过审查，认为王海的申请符合北京市法律援助条例的相关规定，于是很快便批准了王海的申请，并为他指派了法援律师。法援律师收集了相关证据之后，于2012年12月向北京市某区人民法院提起了诉讼，因为肇事司机在事发时开的是公司的车，这种行为属于职务行为，依照法律规定，应当由肇事司机的单位来承担赔偿责任，所以法援律师代理王海起诉要求保险公司和贸易公司赔偿王海的残疾赔偿金、医疗费、护理费、精神损害抚慰金等项费用合计人民币30万元，由于案件事实很清楚，法院在经过两次开庭之后，很快就下达了判决书。法院判决保险公司和贸易公司赔偿王海的残疾赔偿金等项费用合计人民币28万元，2013年3月，保险公司按照判决书确定的内容，向王海支付了赔偿费用11万元，但贸易公司却没有按照判决书确定的付款时间和金额向王海支付这17万元的赔偿款，于是王大力便代理儿子王海向法院提出了强制执行的申请，可就在执行庭法官通知王大力到法院谈话的时候，却出现了故事开始时的那一幕情景。

高法官拿出了一张收条，说这是贸易公司提交给法院的证据，按照收条的内容，王海已经收到了全部的赔偿款项，那么这张收条是如何形成的？收条是王海写的吗？回到了在王海所在学校附近临时租住的房屋，王大力便将在法院执行庭发生的情况告诉了还在养伤的王海，并将收条复印件交给王海辨认，王海看过收条后愣愣地呆了半天才说："我真的没有收这些钱，这张收条是我写的，可这些钱我真的没有收。"王大力见状便追问道："孩子啊，你可不能说瞎话，你一个农村孩子到北京来读书可是件很不容易的事，你可不能收了钱不认账，给咱乡下人丢脸，给我丢脸。"王海涨红了脸向父亲解释："我真的没收这些钱，那天司机找到我，说公司财务需要有个手续，让我先写收条，他拿着收条交到公司财务才能把钱领出来，如果我不写这张收条，公司是不会把这些钱交给我的。我哪知道，这家公司是在骗我？"

听了儿子王海的解释，王大力也傻了眼，自己的儿子给人写的收条，可是白纸黑字，这次可真是跳进黄河也洗不清了。2013 年 4 月中旬的一天，执行庭的高法官再次找到了王大力，高法官说："鉴于王海本人确认收条是自己所写，但声明却未收到赔偿款项的特殊情况，本案已经终止执行，如果能够经过法律程序，确认王海本人没有收到这些赔偿款项，到时可凭借生效的法律文书再恢复执行。"

听了高法官的一席话，王大力赶忙又赶到了北京市法律援助中心，向法援中心的工作人员再次提出了法律援助申请。法援中心的领导对这起原本很简单，但却突然生变的案件非常重视，并很快批准了王海的申请。仍然指派原来的承办律师为王海提供法律援助。2013 年 5 月，法援律师代理王海向北京市某区人民法院提起了诉讼，要求法院确认，王海亲笔书写的收条无效。

在法院开庭时，法援律师向法庭说明了要求确认收条无效的具体理由，第一，王海出具收条时未满 18 岁，属于限制民事行为能力人，收条没有经过其监护人的确认，不具备法律效力。第二，王海在书写收条时，本人并未收到赔偿款项，收条是在受到肇事司机刘文学欺诈的前提下而形成的，因此应当确认收条无效。

为了证明王海本人确实没有收到赔偿款，法援律师还向法庭出示了王海同室病友的证人证言，这份证言证明，在书写收条的当天，也就是2013年3月7日，王海还在这家医院进行治疗，同室的病友在当天没有看到肇事司机刘文学或者其他的任何人把赔偿款交给王海。针对原告陈述的起诉事实以及理由，被告贸易公司的律师答辩称，不同意原告提出的全部诉讼请求，贸易公司的具体理由：首先，王海在出具收条时已经年满16周岁，他的智力完全可以判断书写收条可能产生的法律后果，这份收条根本就不需要经过监护人的确认，应当认定为合法有效。其次，王海声称这张收条是在欺诈的前提之下形成的，他本人并未收到赔偿款项，但是，原告并没有向法庭提供充分的证据予以证明，而且收条本身已经明确地说清楚，王海确实收到了这笔赔偿款项。最后，证人证言也不能证明王海没有收到赔偿款项，因为证人本身也是卧床养伤的患者，那么作为一个卧床养伤的患者，他本人无法证明自己了解王海在书写收条当天所发生的全部的行为。因此，这份证人证言同样不能证明王海确实收到了赔偿款，被告贸易公司建议法庭驳回原告的全部诉讼请求。在法庭审理之中，肇事司机刘文学还作为贸易公司的证人出庭作证，证明在书写收条的当天，是由刘文学将17万元赔偿款全数交给了王海，王海的收条就是在收款之后才向刘文学出具的。就这样，审理结束了，法官没有当天宣判，在这起案件之中，涉及一个基本的法律概念，民事行为能力，那么什么是民事行为能力呢?

民事行为能力是指民事主体以自己的行为取得民事权利，承担民事义务的资格，在我国，民事行为能力自然人的民事行为能力分为三种情况：第一，完全民事行为能力人；第二，限制民事行为能力人；第三，无民事行为能力人。《中华人民共和国民法通则》第十一条规定："十八周岁以上的公民是成年人，具有完全民事行为能力，可以独立进行民事活动，是完全民事行为能力人。十六周岁以上不满十八周岁的公民，以自己的劳动收入为主要生活来源的，视为完全民事行为能力人。”第十二条规定：“十周岁以上的未成年人是限制民事行为能力人，可以进行与他的年龄、智力相适应的民事活动；其他民事活动由他的法定代理人代理，或者征得他的法定代理人的同意。不满十周岁的未成年人是无民事行为能力人，由他的法定代理人代理民事活动。”

一审法院能支持王海的诉讼请求吗？2013 年 7 月，一审法院对本案进行了公开宣判，法院认为，原告王海虽然属于限制民事行为能力人，但是依法可以进行与他的年龄、智力相适应的民事活动，作为一般的生活常识，收条理应在收到他人款项后才能向他人出具，原告王海已满十六周岁，对于这一生活常识应当具备。关于原告王海所述，收条是在未收款且在他人欺诈的前提之下才形成，这一说法因为没有向法院提供充足的证据，法院对此不予采信。被告提供的收条和证人证言，内容能够相互印证，法院予以认可。最后法院以证据不足为由，驳回了王海要求确认收条无效的诉讼请求。

听完一审的判决结果，王大力父子当庭就哭了，哭得很委屈，善良的父子怎么也没有想到，竟然有人能昧着良心来欺骗他们，王海无缘无故的遭遇车祸落下残疾不说，居然还得不到最基本的补偿，最后还要背上一个骗子的骂名。这天大的冤屈可到哪儿去说啊？案件的主审法官告诉王大力，现在法院判决你们败诉，主要是因为你们向法院提供的证据不够充分，如果你们不能接受案件的一审判决结果，可以重新收集证据，依法提起上诉，王大力当庭就表示，一定要上诉，不但是为了这 17 万元的赔偿款，更重要的是要替王海讨回一个公道，不能让别人说自己的儿子就是一个骗子。

北京市法律援助中心在得知案件的一审结果之后，非常同情王大力父子的遭遇，并第三次批准了王海的申请，为王海指派了原来的承办律师继续提供法律援助。

2013 年 8 月上旬，案件上诉到了中级人民法院，在递交上诉状之后，法援律师将一支录音笔交给了王大力，并悄悄地告诉他：“你要经常去找贸易公司和肇事司机刘文学，不管对方态度有多不好，你都千万别责怪他们。你就跟他说，只是为王海要一个说法，为什么明明没有给王海钱，却要撒谎给了。记住，不管是面谈还是通过电话，一定要把每次的谈话内容都做好录音。”随后法援律师耐心地把录音笔的使用方法一遍遍地教给王大力，直到王大力闭着眼睛都能熟练操作这支录音笔为止。

此后，王大力父子按照法援律师的交代，多次来到贸易公司，但贸易公司的老板每次都是以有事到法院去说为由，拒绝与王大力父子对话，无奈之下，王大力父子只能多次在肇事司机刘文学下班的路上，找到刘文学，要求刘文学给王海一个说法，最后经不住王大力父子的软磨硬泡，刘文学在一次谈话中，被王大力录下了如下内容：“老哥我跟你说吧，我也是给人打工的，我和您无冤无仇的，我没有必要害你们父子，我就是按照老板的交代，让王海写了收条，当时我也确实没有给王海钱，我把收条交给老板之后，老板告诉我，剩下的事你就别管了，我哪知道老板拿了收条就不认账了呢？你就认个倒霉吧，你一个乡下人是打不赢这场官司的，就算我给你赔不是，你以后可千万别来找我了。”

功夫不负有心人，意外得到了这样的录音，王大力父子和法援律师对这起案件的二审结果充满了必胜的信心，法援律师马上把这段录音交给了二审法院，并向二审法庭提出了公开审理本案的申请。

2013 年 8 月，中级人民法院公开开庭审理了这起案件，法援律师代理王海向法庭陈述了要求撤销原审判决，依法改判确认王海为贸易公司出具收条无效的上诉请求，在法庭质证阶段，法援律师出示了王大力取得的录音，并向法庭说明，录音取得程序合法，录音内容明确显示肇事司机刘文学并未将交通事故赔偿款交给王海，同时王海在出具收条时未满十八周岁，收条的内容与王海的真实意思不符，因此应当认定收条无效。贸易公司的代理律师则表示，不认可录音的真实性，并声称无法证明录音内容来源于肇事司机刘文学。对此法援律师反驳说，刘文学是贸易公司员工，贸易公司有义务通知刘文学到庭辨认录音的内容，如果贸易公司不认可这段录音的真实性，可以向法庭提供相反的证据，也可以向法庭申请对录音内容进行司法鉴定。眼见录音证据对自己越发不利，贸易公司的律师便向法院解释，刘文学在公司任职才一年多，与公司没有签订正式的书面合同，也没有给公司留下相关的身份信息，在本次开庭之前，刘文学已经自动离职不知具体下落，公司现在无法与刘文学取得联系，所以在无法取得刘文学本人声源的情况下，暂不向法庭提出对录音进行司法鉴定申请。随后，二审法庭又听取了双方的辩论意见，便宣布休庭。那么录音能作为民事诉讼的证据吗？

《中华人民共和国民事诉讼法》第六十三条规定：“证据包括：（一）当事人的陈述；（二）书证；（三）物证；（四）视听资料；（五）电子数据；（六）证人证言；（七）鉴定意见；（八）勘验笔录。证据必须查证属实，才能作为认定事实的根据。”

在本案中，上诉人王海一方向法庭提交的录音是一种视听资料，它属于民事诉讼八类证据中的一种，在司法实践中，录音作为有效证据应当同时具备三个基本条件：第一，录音内容必须真实客观全面，录音没有被剪接、剪辑或者伪造的痕迹；第二，录音的取得必须符合法律规定，如果录音是在采取了违法的方式取得，比如，非法侵入他人住宅，以窃听方式取得这种录音资料，就不能作为诉讼证据来使用；第三，各条件对方未反驳，或者反驳的理由不成立。那么就本案而言，录音和收条的证明内容是截然相反，收条证明了王海收到了这笔赔偿款，而录音则证明王海没有收到这笔赔偿款。那么如何判断收条和录音的真伪呢？这需要法官结合全案的证据情况综合考虑。如果贸易公司不认可录音的真实性，那么作为贸易公司它只要能够证明录音证据取得程序违法，或者能够证明录音证据不是来源于刘文学本人的声音，再或者能够证明录音内容有剪接、剪辑的伪造痕迹，只要符合这三个条件之一，作为贸易公司，它就可以推翻这段录音证据的效力。同时，因为录音来源于贸易公司的员工，作为贸易公司就有义务通知刘文学到庭辨认录音内容，并且提供相反的证据，但是在本案审理过程中，贸易公司仅仅向法庭说明肇事司机现在已经离职，无法取得联系，所以贸易公司的这种做法是不能否定这段录音证据的效力的。

可单凭这段录音，法院就真能推翻收条的效力吗？2013年9月上旬，为了查清案件的事实，二审法院的法官通过多方努力，终于找到了本案的关键人物，肇事司机刘文学，并向刘文学说明了作伪证的危害和严重后果。

经过法官的说服和教育，肇事司机刘文学终于向法官承认，自己没有将赔偿款交给王海，王海出具收条是在没有收到款项的情况下向刘文学出具的，同时刘文学还证明录音证据的内容就是自己所说的内容。

2013年9月中旬，中级人民法院对本案进行了第二次公开开庭审理，刘文学也作为证人出席了本次庭审活动，刘文学证明本人并未将交通事故赔偿款交付给王海的事实，并确认录音内容确是自己所述内容。随后二审法庭又听取了上述人与被上诉人双方对于刘文学证人证言的质证意见以及补充的辩论意见，当庭对本案进行了宣判。

法院认为，上诉人王海一方提供的录音证据和证人刘文学的证人证言都是在一审结束之后形成的，依法可以作为二审的新证据，贸易公司虽然否认录音证据以及证人证言的真实性，但未向法院提供相反的证据，应视其为放弃举证责任，录音证据和证人证言相互印证，因此法院确认该两份证据的真实性。

此外，王海出具收条时未满18周岁，属于限制民事行为能力人，收条内容与王海的真实意思不符，根据上述情况，王海虽然为贸易公司出具了收条，但是根据现有证据无法认定王海实际收到了贸易公司的赔偿款项，贸易公司坚持声称已经向王海支付了赔偿款项，其行为已构成欺诈，最后法院判决，撤销原审判决，并依法改判确认王海为贸易公司出具的收条无效。二审宣判结束后，王大力父子激动得泪流满面，向法庭及法援律师表达了真心的感谢。

此外，二审法院认为贸易公司指使肇事司机刘文学在一审期间作伪证，妨碍了民事诉讼的正常进行，所以决定对贸易公司处以一万元罚款。

2013年10月初，王大力代理王海向案件的一审法院提出了恢复执行的申请，并很快就得到了交通事故的赔偿款17万元。

律师点评：

案件结束了，谎言终于被击破，但这个案件仍带给我们很多思考，假如没有王大力父子的执着，假如没有法律援助律师的智慧，假如没有二审法官的公正和勤勉，这张惹祸的收条还会被确认无效吗？我们真诚地希望，诚信能成为我们每个人的习惯，这样我们每个人的生活就能少一些烦恼，多一些快乐。

律师介绍

崔保国，男，北京中勉律师事务所合伙人。北京市律师协会建设工程法律服务专业委员会委员。中央电视台《法律讲堂》栏目资深主讲人，多家媒体法律点评专家。执业二十余年，主要业务领域为房地产开发和建设工程、公司治理与风险防范等法律服务。

本期节目总编导：杨　晖

编导：杨　晖

坠入桥下的小客车

推荐单位：北京市法律援助中心

主讲人：北京中勉律师事务所　崔保国

关键词　特殊侵权责任

2013年4月9日晚上十点多，在北京市某郊区县的一座公路桥上，几辆警车闪烁着刺眼的警灯，数名警察正在进行现场勘查工作。就在几分钟之前，这里刚刚发生了一起交通事故。附近的村民站在警戒线外好奇地观望着警察们的工作，其中一个中年模样的村民悄悄地对几个旁观者说："太可怕了，我就住在桥边上，刚才我出门倒垃圾，刚好看见一辆小客车歪歪扭扭地上了桥，不知为什么一下就撞倒桥栏栽到河里去了。"旁边的村民追问道："哎，这桥不是还在修吗？桥上堆了那么多东西，白天都不好开，晚上不出事才怪呢。"那位中年农民回答说："这桥修了可有一段时间了，但还是能通车的。"

当晚十一点多的时候，警察使用吊车将坠入河中的小客车打捞上岸。警察发现小客车中有两名中年男子，均已死亡。警察从两位死者的衣服里发现了他们的身份证件，坐在驾驶座上的死者叫康永海，坐在副驾驶座上的死者叫贾利民，两个人外表看不出有什么皮外伤，小客车前后窗户的玻璃都是封闭的，看来两个人都是在事故发生后因为水压没能打开小客车的门窗而溺水死亡。警察随即将两名死者送到了县医院的太平间，并将事故车拖回公安交通管理局进行鉴定。

这辆掉进河里的小客车从何处而来？发生这起交通事故的原因是什么呢？我们还是要从事故发生前的几个小时说起。

康永海是北京市某郊区县的一位农民。2013年4月8日晚上六点多的时候，康永海开着一辆小客车到邻村的朋友贾利民家里串门。这哥俩今年都刚满四十岁，他们从小学到中学都是同班同学，俗称“发小儿”，哥俩的感情非常好。见到康永海来家做客，贾利民从酒柜里拿出一瓶白酒在康永海前面晃着说道：“咱哥俩好长时间没见面了，今天可要好好喝点。”贾利民的妻子孙桂花在旁边也笑着说道：“大兄弟，你来一趟不容易，利民在家老念叨你们哥俩交情最好，今儿你一定好好喝点儿，可别和我们假客气。”康永海回答说：“谢谢兄弟和弟妹了，我刚买了一辆小客车，开了还不到一个月呢。这要是喝高了我可怎么回家啊？兄弟你还是自己来吧。”贾利民一听可不干了：“你又不是新司机，你平常半斤八两的量我又不是不知道，你要是真怕喝多了出事就少喝点，我正好要去你们村里找我的一个朋友谈点事儿，喝完了咱俩一块走，我也看一下你新置办的小车怎么样。”说到这里，康永海也就不好再推辞，就在饭桌前坐了下来。不一会儿，孙桂花为他们端上了酒菜，这哥俩就开始边喝边聊起来。康永海也知道酒后驾车的危害，没敢放开喝，可两个人最后还是喝完了一瓶五十二度的白酒。

两个多小时以后，酒足饭饱的康永海和贾利民勾肩搭背地走出了贾家的院子。康永海坐进了小客车的驾驶室，贾利民就坐到了副驾驶的位置上。这时已经是晚上九点多了，天已完全黑了下来。小客车发动起来便沿着公路向着康永海所住的村子开去。孙桂花站在家门口向他们挥手道别，可是大家都没有想到，他们哥俩这一次踏上的竟是一条不归之路，在公路桥上坠河溺水身亡。那他们这辆车是怎么坠入河中的？难道仅仅是因为酒后驾车吗？

由于死者的身份在交通事故的现场就已经确定，交通队很快通知了两名死者的家属。两家的十几位亲属当晚就赶到了医院，康永海的妻子张玉凤和贾利民的妻子孙桂花对死者的遗体进行了辨认。十几位家属顿时哭成了一片，这从天而降的惨剧让两家人陷入了巨大的悲痛之中。因为两家人经常互相走动，所以张玉凤和孙桂花早就成了情同手足的姐妹。孙桂花将事发前康永海和贾利民喝了一瓶白酒的事儿告诉了张玉凤，两个人都埋怨丈夫开车还喝那么多白酒，两家人来到事发的公路桥查看，这一看不要紧，觉得他们的死不那么简单，桥上堆着好多施工用的建筑材料，有的地方虽能过得去，但地方很窄，就是车技好的司机从这里经过都要格外小心，她们就向交警提出疑问：难道这起车祸跟施工就没有关系吗？交通队的警官告诉死者家属："因为属于重大交通事故，交通队要对事故车辆和死者进行鉴定，同时还要进行必要的调查。所以，事故的具体责任认定要过一段时间才能有结果。"

事故发生将近一个月后的一天上午，交通队的警官通知张玉凤和孙桂花到交通队来。当张玉凤和孙桂花赶到交通队时，负责承办本案的警官交给两人各一份交通事故认定书。张玉凤和孙桂花仔细地看了起来，只见交通事故认定书中写道：2013 年 4 月 8 日晚 9 时 50 分，康永海驾驶小客车由西向东行驶至正在维修的龙泉镇公路桥时，因操作不当致使小客车辗压到路面堆放的物料，小客车发生侧滑，穿越桥面护栏坠入河中，造成两人死亡的后果。经委托鉴定机构对小客车以及死者进行鉴定，确认小客车当时的车速为每小时七十公里，而事发路段的机动车时速限制为最高每小时六十公里。康永海的血液中酒精含量为每百毫升 90 毫克，贾利民的血液中酒精含量为每百毫升 180 毫克。所以，司机康永海醉酒驾车、超速行驶且操作不当是造成本次交通事故的原因，由康永海对交通事故承担全部责任。

看过交通事故认定书之后，张玉凤和孙桂花有些不明白，张玉凤向刘警官问道："我听说那座桥正在维修，事故发生后我也到现场看过，那桥面上不是摆着好多材料吗？这事故和那些材料就没有关系吗？"刘警官听完之后向张玉凤和孙桂花解释："您说的没错，龙泉镇的那座桥确实在维修，可施工单位在桥的两侧都设置了安全警示标志，康永海是因为醉酒驾驶没注意到这些标志才出的事故，所以这事故和施工单位没有关系。您要是不相信，可以看一下交通队的现场勘查记录和事故现场的照片。"张玉凤沉默了一会儿无奈地回答说："我一个乡下人没什么文化，哪儿看得懂那些东西啊，我们家老康要不是喝了那几杯酒，哪儿会惹出这么大的祸害啊！"说到这里，张玉凤和孙桂花都忍不住抽泣起来。

从交通队出来后，这一对患难姐妹的心里说不出的难受。康永海和贾利民都是家里的顶梁柱，平时全指着他们在外面打工的收入过日子。哥俩突然间这么一走，这两家人以后的日子可怎么过啊？姐妹俩开始商量，咱姐俩文化程度都不高，是不是该找个懂法的人问问这事儿到底该怎么办呢？

经过好心人的介绍，张玉凤和孙桂花来到了北京市法律援助中心，向法律援助中心的律师叙述了交通事故的经过，并提出了法律援助申请。

什么是法律援助呢？法律援助是指由政府设立的法律援助机构组织法律援助人员，为经济困难或特殊案件的人给予免费提供法律服务的一项法律保障制度。

《北京市法律援助条例》第九条规定："公民对下列需要代理的事项，因经济困难没有委托代理人的，可以向法律援助机构申请法律援助：……

（七）因交通事故、工伤事故、医疗事故、产品质量事故以及其他人身伤害事故造成人身伤害请求赔偿的；……。"

根据上述规定，北京市法律援助中心经过审查，很快就批准了张玉凤和孙桂花的申请，并指派了两位经验丰富的法援律师为她们提供法律援助。

法援律师找到了交通队的刘警官了解了交通事故的处理经过，并查阅了相关档案材料，包括交通事故现场勘查笔录、现场照片、证人证言等。

经过初步调查，两位法援律师从现有证据分析，康永海醉酒驾驶以及超速行驶的事实，其真实性应当是不容置疑的。但是，交通事故认定书中的一段话引起了法援律师的注意，那就是事发时公路桥正在维修，而小客车是在辗压到路面堆放的物料后才坠入河中的。那么，公路桥的施工方有没有过错呢？

经过多方调查，法援律师了解到龙泉镇公路桥是在事发前一个月开始维修的，其桥面严重坑洼不平，这次维修就是要垫平桥面。施工单位是某路桥公司。由于维修期间不能断路施工，所以在全长500米长的桥上，分散着三十余处维修点，通行车辆要不断曲线绕行维修点才能通过这座桥。

有了这样的发现，两位法援律师决定走访一下附近的村民。当法援律师到达龙泉镇公路桥时，发现确实如交通队认定的那样，尚未完成修复的十余处维修点前都设有明显的安全警示标志。在和当地的几户村民了解情况时，一位村民却向法援律师说了这样一个情况：“桥面维修时是设置了一些警示牌，但并不是每处维修路面都有这种标志。前些天出了一起交通事故后，桥面上每处维修点才都设置了警示牌。”听到这样的信息，法援律师感觉案件好像出现了一线转机，连忙问道：“您说的可是真的？”这位村民说道：“我从来不说瞎话，不会骗你们。你这一说我想起来了，就在出事的那天，我们村里有一户人家结婚，那家人开车接亲时也走过那座桥，还有人给摄像呢。要不我带你去找找那户人家，看看录像里有没有你们想要的东西？”听到这里，法援律师真的是喜出望外，拉上这位村民就直奔新婚的那户村民家去了。

在找到那户人家后，经过同来的村民解释弄清了事情的原委。小两口赶忙热心地找出了结婚当天的录像，就在新房里播放起来。当录像播放到接亲车队经过龙泉镇公路桥时，法援律师瞪大了眼睛仔细地看了起来，还真是像几位村民先前说的一样，在三十余处维修点中，有几处还真的没有设置安全警示标志。法援律师随即请求这对新人和他们一起到了镇上的一家音像商店，把整盘录像作了几份复制品，并为几位村民作了谈话记录。

2013 年 8 月，法援律师代理张玉凤一家及孙桂花一家将路桥公司起诉到了北京市某区人民法院，请求法院判决路桥公司和保险公司赔偿康永海和贾利民的法定继承人死亡赔偿金、丧葬费、被抚养人生活费、精神损害抚慰金、车辆损失费用等项合计人民币 52 万元。

法院开庭时，张玉凤、孙桂花及两位法援律师坐到了原告席上，而张玉凤和孙桂花两家人的十余位亲属都坐在旁听席上。开庭时，法援律师向法庭说明了要求路桥公司承担赔偿责任的理由：根据交通队的现场勘查笔录及现场照片，虽然能够确认在公路桥东西两侧均设置了安全警示标志，但未能显示该路桥全程的三十余处维修点前都设置了这种安全警示标志。因此，路桥公司存在明显的过错，应当承担相应的赔偿责任。路桥公司的律师在答辩时称：不同意原告提出的全部诉讼请求。首先，交通队出具的交通事故认定书及现场照片等项证据已经确认了在公路桥东西两侧均设置了明显的安全警示标志的事实，因此可以确认被告在施工过程中没有过错；其次，交通事故认定书已经确认了小客车驾驶员康永海存在醉酒驾车、超速行驶且操作不当的过错，康永海对本次交通事故承担全部责任的结论已经得到交通队的确认。所以，被告在本次交通事故中没有任何过错，不应当承担赔偿责任。

在举证质证阶段，法援律师向法庭出示了由村民处取得的录像资料并进行了当场播放。除此之外，法援律师还申请让三位村民出庭作证，证明公路桥在事故发生前有部分维修点前并未设置安全警示标志。据此，法援律师向法庭说明：录像及证人证言取得程序合法，两份证据均证明被告路桥公司并未在公路桥的全部维修处均设置了安全警示标志，据此应当认定被告路桥公司作为施工单位存在过错。

路桥公司则表示，上述录像和证人证言不足以推翻交通事故认定书，对该两份证据的证明内容不予认可。此后，原被告又发表了各自的辩论意见。由于原被告双方分歧较大，在主审法官征询双方是否同意调解时，原被告都表示拒绝调解。

很显然，本案存在两个争议焦点。第一，被告路桥公司在公路桥的维修施工中是否有过错。第二，交通队出具的这份交通事故认定书的证据效力如何认定？我们来了解一下。

《中华人民共和国民法通则》第一百二十五条规定："在公共场所、道旁或者通道上挖坑、修缮安装地下设施等，没有设置明显标志和采取安全措施造成他人损害的，施工人应当承担民事责任。"

《中华人民共和国道路交通安全法实施条例》第三十五条规定："道路养护施工单位在道路上进行养护、维修时，应当按照规定设置规范的安全警示标志和安全防护设施。……道路施工需要车辆绕行的，施工单位应当在绕行处设置标志；……。"

在本案中，路桥公司虽然在公路桥东西两侧均设置了警示标志，但并未在全部维修处均设置警示标志，致使通行车辆在绕行各维修处时不能都得到明确的安全提示。因此，根据上述法律规定，路桥公司作为公路维修的施工单位存在过错，依法应当承担赔偿责任。

关于交通队出具的交通事故认定书，我们要做一下说明。交通事故认定书是由公安机关以各种调查资料为依据而作出的认定交通事故当事人责任的一种法律文书。在民事诉讼中，如果当事人对于交通事故认定书认定的事实或对责任认定有不同意见，可以向法庭提供相反的证据。如果其他证据足以推翻交通事故认定书时，法院可以对交通事故认定书不予认可。当然，如果当事人不认可交通事故认定书，但未提供充分证据的，那么交通事故认定书就自然会成为法院认定事实的依据。

针对这起交通队已经认定康永海承担全部责任的交通事故，法院又会作出怎样的判决呢？

2013 年 10 月中旬，北京市某区人民法院对本案进行了公开宣判。法院认为：原告提供的录像系由与其无利害关系的案外人拍摄，录像内容完整、清晰地显示被告路桥公司未在其全部维修路段均设置明显的安全警示标志，原告提供的证人证言与录像的证明内容能够互相印证，法庭对该两份证据的真实性予以确认。被告路桥公司提供的交通事故认定书及其现场照片，未能全面显示全部维修路段均设置了安全警示标志，法庭对此交通事故认定书所作结论不予认定。最后，法院判决被告路桥公司承担本次交通事故的次要责任，赔偿原告张玉凤及其子女死亡赔偿金、丧葬费、被抚养人生活费、精神损害抚慰金、车辆损失费用等项合计 16 万元，赔偿孙桂花及其子女死亡赔偿金、丧葬费、被抚养人生活费、精神损害抚慰金等项合计 15 万元。

一审宣判后，路桥公司以一审法院认定事实错误为由向中级人民法院提起了上诉，要求改判康永海承担交通事故的全部责任，驳回一审原告提出的全部诉讼请求。两个月后，中级人民法院经过审理，最终驳回了路桥公司的上诉，维持原判。

二审判决宣判后，路桥公司未自动履行判决书的判决内容。于是，法援律师又代理张玉凤和孙桂花两个家庭，向案件的一审法院提出了强制执行申请。经过一审法院执行法官的努力，张玉凤和孙桂花终于在2014年春节前收到了执行款31万元。姐妹俩领款前特意定做了两面锦旗，分别送给了一审法院和北京市法律援助中心。送给一审法院的锦旗写的八个字是：公正执法，一心为民。送给北京市法律援助中心的锦旗上写的八个字是：情暖人间，法律援助。

律师点评：

案件结束了。因为法院的公正审理，死者的家属总算是得到了基本的补偿，而路桥公司也为自己的疏忽付出了代价。可这样的事故是不是根本就不应该发生呢？根据公安部的统计，近十年来，我国每年发生交通事故近五十万起，死亡人数近十万人。而酒后驾驶、超速行驶、超载等违章行为又是造成事故的主要原因。律师真心地呼吁全社会的每个交通参与者都珍视自己和他人的生命，让我们的生活少一些悲剧，多一些平安和快乐。

律师介绍

崔保国，男，北京中勉律师事务所合伙人。北京市律师协会建设工程法律服务专业委员会委员。中央电视台《法律讲堂》栏目资深主讲人，多家媒体法律点评专家。执业二十余年，主要业务领域为：房地产开发和建设工程、公司治理与风险防范等法律服务。

本期节目总编导：杨　晖

编导：杨　晖

婆媳矛盾丈夫身亡

推荐单位：山西省吕梁市离石区法律援助中心

主讲人：山西省吕梁市离石区法律援助中心　党红艳

关键词　特殊侵权责任，胎儿民事权利能力

李琴今年25岁，是一家保险公司的会计。最近一段时间，她老觉得不对劲儿。每天茶饭不思，干啥都没精神，早上起床还有点恶心。李琴想着，难道是怀孕了？！她赶紧买了一支验孕棒，果然是阳性，她心里不踏实，又跑到医院去检查，这才确定是怀孕了。本来怀孕是件喜事，但是李琴拿着这张报告单是怎么也高兴不起来，心里一个劲地埋怨自己太不小心了。原来，李琴和男友刘磊还没有结婚，是未婚先孕，李琴这下可是犯了愁。

要趁刚刚发现怀孕，抓紧时间办喜事也能来得及，可是李琴对结婚这件事一点把握都没有。因为她有一位不答应这门亲事的准婆婆。李琴是地道的农家子弟，父母都是农民，还有两个弟弟，一个上大学，一个上高中，家庭条件可想而知。大学毕业后，李琴为了能帮衬父母，顺便照顾城里读高中的弟弟，决定回县城找工作。在一次招聘会上，李琴认识了现在的男友刘磊，两个人聊得非常投机，刘磊还给李琴传授了一点面试的小技巧。人生地不熟的李琴，对这个热情的大男孩有了几分好感。没过几天，他俩都顺利地通过招聘考试，还被同一个保险公司录取。李琴分到了财务科，刘磊分到了办公室。

到了一个单位又是同龄人，李琴和刘磊很快就熟悉起来，慢慢地这两个年轻人之间互生情愫，都感觉有点意思。刘磊也是一个苦孩子，虽然是本县人，家就在城里，但父亲早年病逝，母亲王淑云一直没有再嫁，硬是靠自己在事业单位的那点工资，把刘磊抚养成人。丧夫的痛苦和生活的不易，让王淑云把全部的心思都投入到刘磊身上，对刘磊的生活照顾得无微不至，相应管的也比较多。而刘磊从小和母亲相依为命，非常理解母亲的艰辛和不易，对母亲格外孝顺。

刘磊顺利找到工作，母亲王淑云算是松了口气，接下来的任务，就是给儿子成家娶媳妇了。对于刘磊找什么样的妻子，王淑云有自己的想法，也经常在儿子面前说叨。因为自家条件一般，她想让刘磊找一个家庭条件好一点的女孩，最好父母能帮衬点，将来儿子的压力也小。可亲戚朋友们一连给刘磊介绍了几个女孩，刘磊都推三阻四不肯去相亲，后来才支支吾吾地说，自己正谈着一个对象。当刘磊把李琴的情况一说，王淑云马上就表示反对："一个外县的女孩，孤身在外，还要贴补两个弟弟，这样的情况将来会给你带来多大的生活压力？说什么我也不能同意。"刘磊是个孝顺的孩子，但在这件事情上，他并没有遵从母亲的意思和李琴分手，而是一直琢磨怎么能说服母亲。而李琴呢，知道刘磊母亲的态度后，心里多少有些不舒服，但想想自己的情况，也能理解刘磊的母亲，所以她也不催着刘磊结婚，即使现在怀孕了，也是你情我愿，从没想过拿怀孕这件事去逼婚。可这肚子里的孩子该怎么办呢？

从医院一出来，李琴给刘磊打了个电话，把这事告诉了他。刘磊听到这个消息非常激动："嘿，我要当爸爸啦！琴，你走路可要小心啊，别把我儿子给磕着。"听着刘磊没心没肺得意的声音，李琴哭笑不得："你瞎高兴什么呀，婚都结不了，这孩子咱要还是不要，你得拿个主意！""哪的话，当然要了，你不许胡思乱想啊，我这就和我妈商量结婚的事。"刘磊的态度，让李琴踏实了很多，突然觉得怀孕这事也没那么倒霉，只要能过了刘磊母亲这一关，赶紧办婚礼自己也能光明正大地挺个大肚子了。

刘磊挂了电话后却发了愁。想想母亲的态度，要说服母亲那可真不是一件容易的事。他知道母亲的脾气和那一代人的传统观念，他要是敢拿这事和母亲说，那不明摆着就是逼婚吗？再说母亲会因为未婚先孕这样的事情对李琴更有看法。

可时间不等人，李琴的妊娠反应越来越严重，每天早上在宿舍里吐好一阵子，刘磊都替李琴有些不好意思了。就这样拖了一个月，刘磊绷不住了。这天早早回到家里坐沙发上，心事重重，欲言又止。王淑云也看出来刘磊这是有心事，面对面干坐了半天，还是当妈的先开口了。“我说儿子，你是就看上她了？”听母亲的口气？像是有商量的余地，刘磊抬起眼来感激地看着母亲赶紧说道：“妈……我们确实很好，而且那什么……李琴那什么了……”

王淑云什么都明白了，这生米都做成熟饭了，这事她还怎么反对啊。其实王淑云也做了两手准备。一方面，她坚决不同意儿子和李琴交往。另一方面，她也托人打听李琴家的情况。打听的结果虽然不是上上之选，可人家李琴在家乡口碑很不错，父母也都是实诚人。现如今李琴肚子里又有了自家的骨肉，王淑云怎么忍心棒打鸳鸯再没了孙子？当妈的心就软了：“那还等啥呀，别等着挺个大肚子再结婚让人家笑话。”一听这话，刘磊喜出望外，马上就给李琴打电话，李琴也是又意外又开心。两个人紧锣密鼓见了双方的家长，下了聘礼，定了日子，高高兴兴地把喜事办了。

婚礼在匆忙中办完了，小两口只能暂时和王淑云住到一起。而刘家的房子，是刘磊父亲单位的福利房，也就六七十平方米。王淑云本来就对李琴有那么点成见，可李琴偏偏又是个质朴有余伶俐不足的人，在一块生活难免会磕磕绊绊的。比如，李琴妊娠反应吃什么都吐，刘磊常常会给李琴买些麻辣风味的小吃。王淑云就对此很不满意，唠叨着说做好了饭不吃又在外面乱花钱。一来二去双方都有些不开心，刘磊夹在中间，也是两头难。日子久了，小两口就盘算着啥时候才能买个新房搬出去住，可是一来没钱，二来又不好撇下母亲一个人，所以也就是想想罢了。

买房这件事，其实王淑云也想到了，按照中国传统观念，老人给儿子买婚房，也是顺理成章的事。自己这些年也攒了点钱，虽然不够付全款，但首付应该差不多。如果不是李琴突然怀孕，她原本计划先买套房，再给刘磊找对象，或许能找到一个条件更好的。所以每天晨练完王淑云就到处看看哪些楼盘有优惠活动。可巧的是，有天城里一个口碑不错的楼盘正好有促销活动，敲锣打鼓的好生热闹。刘磊和李琴路过，就凑上去看，没想到王淑云正好也在那里看房。一家人凑到一块，王淑云跟儿子儿媳妇把自己的心意说了。这下可把小两口乐坏了，尤其是刘磊心里觉得母亲对自己付出得太多了，平日里生活那么俭朴，原来是在给自己攒买房的钱。正好那天的房源不错，三个人很快瞅准了一套房，这套房子总价 45 万元，母亲付 15 万元首付的话，可真是解决了大问题。一家人高高兴兴交了订金，回到家里。

过了几天王淑云就替他们交了首付款拿回购房合同。小两口打开一看，李琴有点不高兴。这购房合同上，怎么就写着刘磊一个人的名字。原来，婆婆王淑云留了个心眼，觉得房子她付首付，房本上就只能写他儿子的名字。

本来婆婆买房只写儿子的名字也无可厚非，但儿媳李琴却转不过这个弯来。她是这么想的，婆婆给了 15 万元首付，但余下的 30 万元再加上几乎翻倍的利息，自己也得帮着还贷款，那凭什么只写刘磊的名字呢。前段时间几个女同事还在一起讨论，新出来的婚姻法已经明确规定了，买房子时，谁的父母给掏了钱房子就是谁的，不算夫妻共同财产，另一方帮着还了贷款，离婚时最多给加点利息退回来。看来婆婆的心思，往小里说还是把自己当外人看待，往大里说是根本不看好这桩婚事。自己家里穷，弟弟们正是需要帮助的时候，这也不至于让你们当贼防着吧？李琴按捺不住心里的委屈，又不好当着婆婆的面对刘磊说些什么。直到第二天早上，好不容易等婆婆晨练出门了，李琴终于忍不住，和刘磊哭诉自己的委屈。“你妈一直就防着我，婚都结了，孩子也快生了，还不把我当自家人看待！这以后的房贷是咱俩一起还吧，为什么只写你的名字？”刘磊被李琴突如其来的一串话说得都缓不过神来，愣了一下才反应过来说：“你原来是为这个发这么大的火啊？你简直就是无理取闹嘛，我妈付首付怎么也得尊重一下我妈的感受，不写我的名字，难道写你的不成？我妈能答应咱结婚已经不错了，要不是因为你怀孕，她连结婚都不同意，怎么可能把房子写成你的名字？”

听到这里，李琴火更大了："刘磊，我可没用孩子逼你结婚，除了我家穷点，我没什么地方配不上你？你和你妈也太欺负人了，你要是认为我高攀你了，我今天还就不攀了！"说着，摔门走了。一路上，李琴边哭边走，想着刘磊的懦弱和对婆婆的唯命是从，婆婆的强势和平日里对她的不冷不热的态度，让她突然觉得这日子过得没有一点希望，于是拿出了手机，噼里啪啦就给刘磊发了一条短信。短信只有一句话："我们离婚吧。"刘磊马上回复过来："等孩子出生了，爱离不离。"就这样，两个年轻人一人一句，把矛盾升到了最高级。

这一架吵完，李琴又搬回到单位宿舍住，刘磊也憋着一股劲，好多天不搭理李琴。一来是觉得李琴不应该这么看重财产，二来也是想冷静一段时间再好好谈谈。可是突然有一天，刘磊收到了法院的传票，李琴竟然起诉离婚了！原来李琴是这么想的，自己是有身孕的人，搬出来这么久了刘磊居然不闻不问，甚至工作上需要和李琴接触的事情也故意交给其他人，她觉得刘磊不只是懦弱，更是无情。再加上之前发生的事情，一气之下李琴一纸离婚诉状递到法院。刘磊拿着传票冲到办公室把李琴拉出来责问道："李琴你怎么这么绝情？非要离婚？竟然还起诉？"李琴说："你不是说等孩子出生了就离婚吗？你要的是孩子，又不是我，孩子我打了，你可以离婚了！""啥？孩子打掉了？李琴啊李琴你心够狠啊！好！法庭见！"

刘磊和李琴的案子非常简单，没有共同财产和子女，双方又都同意离婚，法院很快作出了准许双方离婚的判决。拿到判决书，李琴突然觉得空落落的，就像做梦一样，自己竟然离婚了，也不知道刘磊心里是啥滋味。其实此时此刻，刘磊不比李琴好受，这天晚上他一个人去了酒吧。他们谁也没想到，一场灾难即将降临……

刘磊也不知道自己喝了多少瓶啤酒，一直喝到凌晨酒吧要关门才出来。他摇摇晃晃地往家的方向走去，谁知马路上有个井盖是空的，旁边也没有任何标志，刘磊根本没看到，一脚踏空掉了下去。等到清晨被环卫工人发现时，刘磊已因头部失血过多，没有了任何生命体征。

刘磊的突然死亡，给母亲王淑云带来了巨大的打击。本来中年丧夫已经够悲惨了，原以为给儿子娶妻生子就能安享晚年，没想到却又变成老来丧子，一下子就昏了过去，被送到了医院。而这边，李琴听说刘磊遭遇意外，有如晴空霹雳，顿时陷入无边的自责当中。悔不当初自己意气用事如此决绝，才导致了意外的发生。李琴觉得自己就是一个罪人，对不起死去的刘磊，也对不起婆婆。

生活还要继续，刘磊的后事要办理，王淑云也需要人照顾。李琴把娘家人叫来，帮忙料理刘磊的后事，她则在医院照顾王淑云。王淑云在医院里醒来，看见身边是李琴，什么话也没说，闭上眼睛扭过头去，摆摆手让李琴出去。李琴坐在床前，泪如泉涌地说："妈，我对不起您，我生是刘家的人，死是刘家的鬼，我一定会为您养老送终，把孩子养大成人，才能对得起刘磊。"

"什么？孩子不是打掉了吗？"王淑云突然转过头半坐起来。其实李琴哪舍得打掉孩子，她只是气不过刘磊说的"生完孩子就离婚"这句话，认为自己不过是奉子成婚，所以才骗刘磊说孩子打掉了，看刘磊什么反应。可没承想刘磊根本无法原谅李琴的这一举动，愤而同意了离婚。正是两个人谁也不服软，才酿出天大的祸事啊。

听完李琴的这番哭诉，王淑云的心情十分复杂。一方面孩子还在，总算是给了她活下去的一点希望。而另一方面，她觉得若不是李琴提出离婚，还说打掉了孩子，刘磊能发生意外吗？在她看来，刘磊就如同是死在了李琴手里。所以王淑云觉得，孩子是我们刘家的骨肉，可你和刘磊已经离婚了，刘家的事情你就没资格过问了。

王淑云的反应在李琴的意料之中。但李琴觉得，刘磊的意外虽然与他醉酒有关，可是如果井盖盖好的话，刘磊也不至于丢了性命。眼看着婆婆受此重创，浑身瘫软连床都下不了。不管有没有资格，总得帮刘磊讨个说法，好让婆婆和肚子里的孩子将来的生活有个着落。所以她几次和婆婆说要去争个公道，可婆婆就是没同意。怎么办呢？她自己也搞不清楚，难道真的和刘磊没关系了，就没权利去做这些事儿吗？

这天，她正巧路过“法律援助便民服务大厅”便进去咨询了一番。值班律师告诉她，根据我国民事诉讼法的规定，判决书双方都签收以后，并不是立即生效，而是要等15天的上诉期满双方都没有上诉才生效。刘磊是拿到判决的当天发生的意外，也就是说这份判决还处于未生效的状态。因此，李琴还是刘磊的配偶，仍可以行使配偶的权利为受害人请求赔偿。可是告谁呢？谁来告呢？婆婆把家里积蓄全部交了首付，这段时间生活开支和处理刘磊后事的一些花销用的都是李琴的那点工资和娘家的一点贴补，哪还有钱请律师呢？刘磊的突然离世已经让李琴快崩溃了，又冒出来的这一系列问题让李琴越想越头大，于是她决定申请法律援助。虽然李琴有固定收入，不属于法律援助对象，但是鉴于李琴怀孕在身、王淑云卧病在床的特殊情况，法援中心还是受理了申请，指派律师帮她打这个官司。

回到家李琴把从律师那里打听到的消息和申请法律援助的事情告诉了婆婆。王淑云看着儿媳妇渐渐隆起的小腹和每日忙碌的身影，虽然嘴上不说，但心里的疙瘩也在慢慢解开了。听她说着这些事情的进展也不再拒绝，算是默认了。

李琴虽然读过大学，但学的是财经对法律知识懂的并不多，只是觉得这事应该有人负责任，但究竟是谁来负这个责，就没头绪了。办案律师通过调查得知，刘磊出事的那个路段，当天市政管理处正在清理管道，为新汛期的到来作准备。清理工作刚刚完成就下起了雷阵雨，工作人员忙着避雨，没封好井盖就收工了。律师告诉李琴，像这种情况属于施工造成的侵权责任，是一种特殊侵权责任，特殊侵权责任与一般侵权责任不同，实行的是过错推定或无过错责任。因此，市政管理处作为城市公用设施的职能管理部门，提供的是公共服务性工作，有义务在服务过程中为社会公众提供安全保障，如果不能证明自己尽到安全提示义务，那么就推定为有过错，需要承担责任。因为市政管理处仅仅是城建局的一个下属单位，没有独立的诉讼主体资格，所以本案的被告是城建局。再说原告，在民事诉讼中，受害人死亡的，由他的近亲属作为原告向法院起诉。近亲属的范围包括配偶、父母、子女、兄弟姐妹、祖父母、外祖父母、孙子女、外孙子女。在作为原告起诉时，并不是所有的近亲属都参与，而是参照继承法的继承顺序进行。先由第一顺序继承人配偶、父母和子女作为原告起诉，这个案子里，李琴和王淑云就是原告。

拿到起诉状后李琴有些纳闷，赔偿项目只有死亡赔偿金、丧葬费和精神抚慰金，怎么没有孩子的抚养费呢？这孩子在刘磊去世之前已经怀上了，而且已经快生了，抚养费是肯定要支出的费用啊。说到这里，我们要提到一个问题，就是胎儿的民事权利能力，自然人的民事权利能力始于出生，终于死亡，未出生的胎儿是没有民事权利能力的。尽管在继承法中规定了："遗产分割时应当保留胎儿的份额。"在工伤赔偿中也规定了"遗腹子女可以申请供养亲属抚恤金"。但是在人身损害赔偿的相关法律中还没有明确规定胎儿有请求抚养费的权利，所以只能等胎儿出生后，另行提起诉讼。案子进入审理阶段后，法援律师将本案的特殊情况和法官进行了交流。律师建议法庭中止审理，等待胎儿出生后连同抚养费的问题一并审理，这样就避免了李琴将来再次诉讼。办案的法官非常同情李琴的情况，最高院也对这种特殊问题有规定，可以中止审理。两个月后，李琴的孩子出生了。律师申请追加刚出生的婴儿为共同原告，法庭准许并重新确定了开庭时间。法院认为，因市政管理处施工时疏忽大意没有采取安全保障措施，也没有尽到安全提示义务，是造成刘磊意外身亡的主要原因，应当承担 70% 的赔偿责任；刘磊大量饮酒导致观察和控制能力降低是意外发生的另一原因，本身也存在一定的过错，自身应当承担 30% 的责任。原告请求的各项经济损失共计 68 万余元，城建局应当赔偿 48 万元。李琴通过诉讼拿到了赔偿款，如数交给了婆婆王淑云，她知道这样能让婆婆更安心。又过了一段时间，新房如期交工，婆媳俩搬进了新房，开始了新的生活。

律师点评：

根据《中华人民共和国侵权责任法》第九十一条第一款的规定："在公共场所或者道路上挖坑、修缮安装地下设施等，没有设置明显标志和采取安全措施造成他人损害的，施工人应当承担侵权责任。”所以，市政管理处应当承担赔偿责任。案件审理时，我国民事法律中仅有继承法中规定了：“遗产分割时应当保留胎儿的份额”，所以本案只能等待胎儿出生后再主张权利。2017年3月15日公布的《中华人民共和国民法总则》第十六条规定：“涉及遗产继承、接受赠与等胎儿利益保护的，胎儿视为具有民事权利能力。但是胎儿娩出时为死体的，其民事权利能力自始不存在。”这一规定正式确立了胎儿的民事权利能力，在今后涉及胎儿权益保护的案件中，胎儿可以享有一定的民事权利能力了。

房子该写谁的名字？一次信任危机引发了这场家庭悲剧！其实婚前婚后的财产归属问题《最高人民法院关于适用〈中华人民共和国婚姻法〉若干问题的解释（三）》有很明确的规定。法律是公平的，作祟的是那颗自私的心。如果人与人之间特别是家庭成员之间，能多一些信任和理解，多换位思考，这样的家庭悲剧就不会再上演。

律师介绍

党红艳，女，山西省吕梁市离石区法律援助中心律师，山西省律师协会青年工作委员会副主任，国家二级心理咨询师。2003年从事法律援助工作，扎根在基层，全心全意为困难群众提供法律服务。2013年被司法部评为全国法律援助“优秀服务标兵”，2012年、2013年连续两次受到中央电视台法制频道和司法部法律援助司的联合嘉奖，2017年1月山西省律师协会评为“优秀青年律师”。

本期节目总编导：杨　晖

编导：杨　梅

跋

“扬社会正义，助弱者维权。”——这是本书给人留下的最深刻印象。

法律援助工作是一项重要的民生工程，完善法律援助制度是党的十八届三中、四中全会确定的法律援助改革的主要任务。习近平总书记提出：努力让人民群众在每一个司法案件中都感受到公平正义。中央电视台社会与法频道着眼于法治中国、平安中国建设，关注法律援助事业发展。为形成“尊法学法守法用法”的浓厚社会氛围，几年来，我们坚持与各地法律援助单位合作，搜集整理典型案例，普及法律知识、弘扬法治精神，努力办好“法律援助在行动”专题节目。

2010 年 10 月 27 日，“法律援助在行动”专题节目在中央电视台社会与法频道《法律讲堂》栏目开始播出。六年多以来，栏目组先后六次选拔出法援机构有办案经验的近二十名律师登上讲坛，共制作播出法律援助节目 157 期，可谓“每天一个经典案例，每案都是感人故事”。本书的编辑者们从 157 期节目中精选出 27 篇经典案例集结成册，以飨读者。

六年来，社会与法频道与司法部法律援助工作司每年都联合召开节目座谈会，共同探讨如何运用电视手段服务和谐社会的构建和依法治国方略的宣传，如何将法律知识的实用性和案例思想的启发性相结合，在普及法律知识的同时宣传法律援助工作的社会意义，展现我国法援工作的辉煌成果。“法律援助在行动”专题节目已成为受观众喜爱、受司法机关重视的品牌节目。

每一期节目都饱含法律援助工作者在法援一线的默默奉献和台前幕后的心血，他们的付出也收获了广大观众的好评。栏目组每天都会收到大量的观众来信、来电、电子邮件和微信，其中一位来自山西吕梁山区的观众给栏目组写信说，他看了中央台播出的“法律援助在行动——丈夫外出打工之后”

这期节目后恍然大悟，原来自己家里多年解决不了的难题可以通过法律援助免费打官司去解决。后来，案子终于在法院立了案，并有了满意的结果。“法律援助在行动”不但赢得了广大公众的青睐，诸多专家学者也给予了高度肯定，他们普遍认为，央视开辟这一档专门宣传法律援助事业的节目意义非凡，普及了法律知识，弘扬了社会正义。

“平出于公，公出于道。”习近平同志在党的十八届四中全会第二次全体会议上的讲话中说到，“要坚持把全民普法和守法作为依法治国的长期基础性工作，采取有力措施加强法制宣传教育”。探索法治宣传的新形式，如何讲好中国法治故事、弘扬中国精神，也是央视社会与法频道普法宣传的新课题。“法律援助在行动”作为一个成熟的品牌节目，我们会一直坚持做下去，为法治中国的建设贡献力量。

中央电视台社会与法频道总监　王广令